不是庖丁也可以解牛

修訂版

沈銓龍，金躍軍，才永發 著

野人超愛 BBQ、易牙殺子獻烹、素食皇帝、廢片變肺片……
中華飲食文化筆記，寫不盡的味蕾記憶

▶ 太過奢侈的官員餐點，殘羹剩飯也值萬錢？
▶ 皇帝欽點的「大救駕」，助趙匡胤拿下南唐？
▶ 松鼠鱖魚的由來，全因乾隆指名要吃供品？

探索從原始社會到 21 世紀中華飲食文化的演進，
全面呈現不同時代的飲食風貌

目錄

前言

第一章　石器之餐：原始飲食的探源歷程

　　開篇定論 ── 啟人心眼的酸甜苦辣……………………010

　　食俗禮儀 ── 約定俗成的趣味飲食……………………013

　　兵戈食話 ── 名役名品的機緣碰撞……………………014

　　名家食味 ── 增光添色的名士品鑑……………………016

　　名品由來 ── 口耳相傳的智慧典藏……………………019

　　美器食談 ── 相得益彰的飲食器具……………………021

第二章　青銅饗宴：先秦飲食的禮樂之道

　　開篇定論 ── 啟人心眼的酸甜苦辣……………………030

　　食俗禮儀 ── 約定俗成的趣味飲食……………………032

　　兵戈食話 ── 名役名品的機緣碰撞……………………041

　　名家食味 ── 增光添色的名士品鑑……………………042

　　盛宴美食 ── 令人垂涎的美味世界……………………044

　　名品由來 ── 口耳相傳的智慧典藏……………………047

　　廚家風範 ── 留名千古的飲食權威……………………052

　　美器食談 ── 相得益彰的飲食器具……………………055

目錄

第三章　進食天下：秦漢飲食的革新風貌

開篇定論 —— 啟人心眼的酸甜苦辣 ‥‥‥‥‥‥‥‥‥‥ 060

食俗禮儀 —— 約定俗成的趣味飲食 ‥‥‥‥‥‥‥‥‥‥ 063

兵戈食話 —— 名役名品的機緣碰撞 ‥‥‥‥‥‥‥‥‥‥ 071

名家食味 —— 增光添色的名士品鑑 ‥‥‥‥‥‥‥‥‥‥ 073

名品由來 —— 口耳相傳的智慧典藏 ‥‥‥‥‥‥‥‥‥‥ 075

廚家風範 —— 留名千古的飲食權威 ‥‥‥‥‥‥‥‥‥‥ 083

美器食談 —— 相得益彰的飲食器具 ‥‥‥‥‥‥‥‥‥‥ 084

第四章　胡風漢韻：魏晉飲食的交融魅力

開篇定論 —— 啟人心眼的酸甜苦辣 ‥‥‥‥‥‥‥‥‥‥ 088

食俗禮儀 —— 約定俗成的趣味飲食 ‥‥‥‥‥‥‥‥‥‥ 091

兵戈食話 —— 名役名品的機緣碰撞 ‥‥‥‥‥‥‥‥‥‥ 095

名家食味 —— 增光添色的名士品鑑 ‥‥‥‥‥‥‥‥‥‥ 097

盛宴美食 —— 令人垂涎的美味世界 ‥‥‥‥‥‥‥‥‥‥ 099

名品由來 —— 口耳相傳的智慧典藏 ‥‥‥‥‥‥‥‥‥‥ 101

廚家風範 —— 留名千古的飲食權威 ‥‥‥‥‥‥‥‥‥‥ 106

第五章　盛世佳餚：大唐飲食的繁華盛景

開篇定論 —— 啟人心眼的酸甜苦辣 ‥‥‥‥‥‥‥‥‥‥ 110

食俗禮儀 —— 約定俗成的趣味飲食 ‥‥‥‥‥‥‥‥‥‥ 112

名家食味 —— 增光添色的名士品鑑 ‥‥‥‥‥‥‥‥‥‥ 121

盛宴美食 —— 令人垂涎的美味世界 ‥‥‥‥‥‥‥‥‥‥ 126

名品由來 —— 口耳相傳的智慧典藏 …………………………… 139

廚家風範 —— 留名千古的飲食權威 …………………………… 155

美器食談 —— 相得益彰的飲食器具 …………………………… 156

第六章　南北之味：宋元飲食的多元融合

開篇定論 —— 啟人心眼的酸甜苦辣 …………………………… 162

食俗禮儀 —— 約定俗成的趣味飲食 …………………………… 166

兵戈食話 —— 名役名品的機緣碰撞 …………………………… 175

名家食味 —— 增光添色的名士品鑑 …………………………… 177

盛宴美食 —— 令人垂涎的美味世界 …………………………… 181

名品由來 —— 口耳相傳的智慧典藏 …………………………… 185

廚家風範 —— 留名千古的飲食權威 …………………………… 194

美器食談 —— 相得益彰的飲食器具 …………………………… 197

第七章　宮廷饕餮：明清飲食的極致傳承

開篇定論 —— 啟人心眼的酸甜苦辣 …………………………… 204

食俗禮儀 —— 約定俗成的趣味飲食 …………………………… 209

名家食味 —— 增光添色的名士品鑑 …………………………… 215

盛宴美食 —— 令人垂涎的美味世界 …………………………… 224

名品由來 —— 口耳相傳的智慧典藏 …………………………… 230

廚家風範 —— 留名千古的飲食權威 …………………………… 244

美器食談 —— 相得益彰的飲食器具 …………………………… 245

目錄

第八章　食在當下：近代飲食的嶄新篇章

開篇定論 ── 啟人心眼的酸甜苦辣……………………250

食俗禮儀 ── 約定俗成的趣味飲食……………………257

名家食味 ── 增光添色的名士品鑑……………………272

盛宴美食 ── 令人垂涎的美味世界……………………279

名品由來 ── 口耳相傳的智慧典藏……………………281

廚家風範 ── 留名千古的飲食權威……………………296

美器食談 ── 相得益彰的飲食器具……………………310

前言

　　中華文化源遠流長，豐富多彩，其中的飲食文化更不待言。在中國傳統文化教育中的陰陽五行哲學思想、儒家倫理道德觀念、中醫營養攝生學說，還有文化藝術成就、飲食審美風尚、民族性格特徵等諸多因素的影響下，創造出彪炳史冊的中餐烹飪技藝，形成博大精深的中華飲食文化。

　　把飲食上升到文化層面，就不僅僅指「吃」了，其外延已涉及到人們的思想意識、道德觀念、藝術審美等領域。常言道：民以食為天。果腹是人生的第一需要，也是飲食文化的起點，有了這個基礎，才會隨歷史的演變，衍生出豐富多彩、流派紛呈的風味名吃和各大菜系。

　　提到「吃」，很多人都會說，華人的烹飪技術是世界一流的，但對於「吃」的真正韻味則知之甚少。而透過本書的閱讀，則能使讀者朋友透過「吃」這種飲食行為，來更多的了解「吃」的文化與歷史內涵。

　　這本書以歷史年代為主線，輔以準確簡潔、引人入勝的文字敘述，詳盡介紹了中華飲食文化的眾多趣聞，其涉獵食俗禮儀、兵戈食話、名家食味、盛宴美食、名品由來、廚家風範、美器食談等諸多板塊，集趣味性、知識性與文化性、休閒性於一體。飽覽此書猶如暢遊浩瀚中華飲食文化長河，輕鬆自如！因此，可以說，該書是心靈和佳餚的交流，腸胃和品味的貫通，文化和歷史的追述。

　　為追求本書的知識性與文化性，我們力圖使讀者在閱讀此書後，能對中華飲食文化有系統和深入的了解，能感受到中華飲食文化的博大精深，能體會到中華飲食文化是一個知識的寶庫，能認識到飲食文化是中華文化的重要組成部分之一。

　　而為追求本書的趣味性和休閒性，以「名家食味」這一板塊為例：名

前 言

人與美食常常是你中有我，我中有你，兩者相得益彰。這些傳說，在歷代人們的口耳相傳中，不斷豐富、發展，因而帶有明顯的時代、地域特徵。其中善意附會者有之，張冠李戴者有之，不同版本相互矛盾者有之，然而，人們似乎不計較這些，每於茶餘飯後津津樂道，尤其在接待遠方朋友的酒桌上，更會如數家珍般滔滔不絕講出某名吃、某菜的來龍去脈或掌故淵源。

當然，所有的這些結果還有待讀者評價。品鑑此書，希望能為有心人平添幾許談資雅趣，能為忙碌的人們送去一點溫馨快樂。

第一章
石器之餐：原始飲食的探源歷程

 第一章　石器之餐：原始飲食的探源歷程

　　距今大約兩百萬年前，在古老的東方這塊土地上，先人就已經開始發明和運用簡單的石、木工具，和自然界抗爭，謀求自己的生存和發展。而先人自己並不會意識到，他們為生存所進行的一切鬥爭也一步一步創造自己了的文化，其中當然是飲食文化。但由於那時還沒有文字記載，今天我們已很難了解在那漫長的歲月裡，關於古人飲食方面的詳細情況。直到春秋戰國時期的諸子百家，以及後世的史書作者，才根據他們所掌握的實物或口傳資料，並按照他們各自的認知和分析，追寫了許多有關遠古社會人們的生產、生活的故事。

開篇定論 ── 啟人心眼的酸甜苦辣

茹毛飲血的原始飲食

　　在原始社會，人類的飲食方式和一般動物並無多大區別，不知烹飪為何物，按先哲的話說，這種生吞活剝的飲食行為就是「茹毛飲血」。

　　東漢班固的《白虎通義》說：「古之時未有三綱六紀，民人但知其母，不知其父，⋯⋯飢即求食，飽棄其餘。茹毛飲血，而衣皮葦。」《禮記・禮運》說：「昔者先王⋯⋯未有火化，食草木之實，鳥獸之肉，飲其血，茹其毛。」它們大概的意思是說，原始人還不知用火，所以是生吃鳥獸的肉和草、木果實，渴了喝動物的血和溪裡的水，冷了就披上獸皮。

　　在原始社會早期，因為原始人類還保留有動物的特性，因此還不至於有不適宜生食的感覺。《禮記・王制》便認為當地氣候較暖時，雖沒有火食，也沒有大害。隨著時間的發展，原始人類漸漸有開始學會火食，即用火燒烤食物。有相關資料記載，生活在東北黑龍江地區最早的居民鄂倫春

人，他們在學會火食以後，烤肉煮肉都只做到五六分熟，當時的人們認為熟透了反而不好吃，實際上他們的胃口是適宜生食的。

貴州地區有的苗族也喜食生肉，東北的赫哲族則愛吃生魚。這表明進入火食時代以後，人類或多或少還懷念著過去那種茹毛飲血的生活，常常要品味祖先所創造的那種生活模式。

構木為巢的有巢氏

按古籍記載，中國最早的一位聖人叫「有巢氏」。《韓非子・五蠹》裡說：「上古之世，人民少而禽獸多，人民不勝禽獸蟲蛇。有聖人作構木為巢，以避群害，而民悅之，使王天下，號之曰『有巢氏』。」《三墳書》裡也說：「有巢氏生，俾人居巢穴，積鳥獸之肉，聚草木之實。天下九頭咸歸有巢。」《路史》等書中也有類似的記載。於是有巢氏便成為人盡皆知的一位古帝王。有巢氏的最大貢獻是初步解決了人們的居住問題，使人避免毒蛇猛獸的侵害。這是人們擁護他當領袖的主要原因。從飲食的角度看，他教人獵取禽獸的肉，採集草木的果實作為食物，這也是他對飲食文化、歷史的一大貢獻。

據古籍資料中描述的社會生活狀況，有巢氏的時代應屬於舊石器時代早期。那時，人們僅僅懂得打製和利用粗糙的石器來狩獵禽獸，或採集野生草木籽實、根莖來充飢。由於中國古籍中把有巢氏列在燧人氏之前，而燧人氏又是發明人工取火的一位聖人，那就是說在有巢氏時代，人們還不懂得用火燒食，當時人們吃的是生肉、生果，喝的是禽獸的血和溪澗裡的生水。

第一章　石器之餐：原始飲食的探源歷程

流傳最廣的燧人氏造火

自從人類掌握了用火，發明了取火和保存火種的方法，便獲得了光明、溫暖和熟食。人類最早使用的是天然火，稱作天火。天火包括火山熔岩、枯木自然火、岩石碰擊引火、閃電雷擊和隕石落地所燃之火。自然界中還有一些能自發生火的物質，據古籍中的記載，有稱為「燧木」的火樹等。

在原始時代，可以說天火時有發生，人類起初見到熊熊烈火，和其他動物一樣，都要逃之夭夭。但是人與動物畢竟是有區別的，在一處不大的火區，在大火熄滅後的餘燼中，他們在恐懼中感覺到了溫暖，於是便有意收集一些柴草，將火種延續下來，藉此度過難熬的嚴寒。

有時在被大火燒盡的森林中，也會發現一些燒死的野獸和烤熟的堅果，取過一嘗，別有一番滋味，於是人類開始了燒烤食物的試驗，不知不覺將烹飪發明出來。

事實上，人類最早用火的確切證據還沒有找到，所以開始用火的年代我們也不得而知。周口店北京人洞穴發現過用火遺跡，洞穴中發掘到厚達4～6公尺的灰燼層，夾雜著一些燒裂的石塊和燒焦的獸骨，還有燒過的樸樹籽。北京人的年代最早可達50～70萬年。在其他較早的人類化石地點，也曾發現炭層和燒骨，但還不能肯定是用火的遺跡。

中國歷史上將人類造火的功勞給了「燧人氏」。在古代不僅有燧人氏造火的說法，也有說黃帝或伏羲造火的。至今還保存在一些民族中的例證，是採用鑽木的方法取火。中國海南島周邊生活的黎族百姓，他們的做法是，用一塊山麻木削成砧板，在一側挖成若干小穴，穴底刻一豎槽，槽下有導燃的艾絨。當用一根細木桿垂直快速地在穴孔上鑽動時，摩擦部位發熱以至冒出火星，火星透過豎槽降落到艾絨上，艾絨就被點燃了。而中

國雲南的佤族則用硬木在蒿竿上鑽火，鑽出的火星可將火草點燃。

火在起初的用途是有限的，歸納起來，只有取暖和熟食兩大項。此外，火還可以用來獵取野獸和防備猛獸襲擊，火是工具，也是武器。自從人工取火成功，人們再也不用擔心篝火突然熄滅，他們已經一躍而成火的主人。

原始人類自從有了自己造出的火後，就開始有比較穩固的火化熟食，因而大大加快了進化的速度，體質形態越來越接近於現代人。有了人工火，它照耀著人類進化之路。如果沒有這火，我們現在必定還在猿人圈裡徘徊。

食俗禮儀 —— 約定俗成的趣味飲食

原始飲食風俗 —— 平均分食

在遠古的原始社會，人們遵循著一條共同的原則，這就是對財物的共同占有，平均分配。當時氏族[01]內食物是公有的，食物煮熟以後，按人數平均分配，一人一份。這時住所中既沒有廚房和飯廳，也沒有飯桌，一個家庭的男女老少，都圍坐在火塘旁用餐。所以，在新石器時代的地穴式、半地穴式和地面式住所中，都毫不例外發現有火塘遺跡。

這些火塘大多設在房子的中心部位，其形式有圓形、方形或瓢形諸種，凹下地面。

在出土的裴李崗和仰韶等新石器時代文化遺址中，都曾發現有火塘的

---

[01] 《白虎通義》所反映的是東漢今文經學派的政治及學術思想。其內容十分豐富，幾乎涉及了漢代社會生活的各個方面，是研究古代政治、哲學、民俗、語言等歷史文化現象的重要參考資料。

第一章　石器之餐：原始飲食的探源歷程

遺跡。這些現象表明，火塘是遠古人類生活中不可缺少的。火塘大多設置在遠古人住所中心部位的現象，則反映了原始家族圍灶燒烤食物，共嘗美味，共用天倫之樂的一種食俗。

在這些火塘遺跡旁，還常發現有陶罐或陶釜，遠古人們便是利用這些炊器在火塘上燒煮食物，然後平均分吃，這就是最原始的分食制。

兵戈食話 —— 名役名品的機緣碰撞

原始人的主要食物來源方式 —— 狩獵

狩獵是原始人為維持生計、獲得衣著及其他用途而進行的捕獲或獵殺野獸的過程。這是一個需要多種技巧才能完成的綜合過程，比如制定計畫（學習並掌握多種技巧）、細緻觀察（按圖索驥的能力）、悄悄靠近、原地守候、獵殺動物並尋路回家。狩獵需要多種武器和工具，包括投射物、投刺物、屠宰刀、陷阱、誘餌以及製造武器和工具的設施。

原始人狩獵的對象一般都是哺乳動物。然而，因為在史前及當代人類中存在大量複雜的狩獵活動，因此狩獵被認為是推動遠古人向現代人方向進化的一項重大創新。

據相關專家現有資料整理顯示，原始人的狩獵一般有以下幾種方式：

■ 吃腐肉

即把動物屍體集中起來作為食物。儘管這不是嚴格意義上的狩獵，但一些分析者認為它是推動人類採取狩獵方式的一個過渡形式。

■ 游獵

包括追蹤、潛近、打傷獵物、接著將之捕獲或獵殺幾個步驟，這可能是最普遍的狩獵方式。

■ 群體游獵

將獵物朝一個方向驅趕，比如布置好的網兜、峽谷或懸崖，在這些地方可以捕獲或獵殺大量的獵物。一個著名的例子就是北美西部有名的「趕野牛」。

■ 蹲點狩獵

僱用一個固定的獵手，並使用誘餌引誘獵物或埋伏起來靜待獵物走向獵手埋伏好的地方。

■ 下套狩獵或陷阱狩獵

即通常在獵物外出覓食的必經之路設好獵套（帶有誘餌）或挖好陷阱來狩獵的方法。

■ 漁獵

是一種基於陸地狩獵技術的方式，轉而應用於湖海、河流及近海區而進行的狩獵。這種方式常被認為是一個獨立的生計方式，特別是用矛叉叉魚就需要與陸上游獵相似的技術。

■ 海生哺乳動物狩獵

人們駕著小船圍獵海豹、水獺、鯨，除了魚叉上必須繫上一些繩子以便將獵物牽到船上或岸邊，其所用技術與陸上游獵的技術非常相似。在地球北部的近海區，這是一種主要的生計來源。

第一章 石器之餐：原始飲食的探源歷程

狩獵是推動人類進化的唯一因素還是多個元素——包括採集、分配、嬰兒養育以及語言能力等等——之中的一個，學者們對此意見不一。

有一點要補充的是，在後來的戰爭理論和實踐中，人們或多或少地是受益於原始人的圍獵的。

名家食味——增光添色的名士品鑑

伏羲、神農對飲食方面的貢獻

據相關古籍記載，伏羲氏、神農氏是繼有巢氏、燧人氏之後的兩位古帝王。古籍中關於伏羲、神農的記述較之以前的「有巢氏」、「燧人氏」要具體得多。傳說伏羲、神農兩位聖人的發明貢獻很多，然而這兩位聖人對人類最重大的貢獻，莫過於解決了人類的飲食問題。

伏羲氏在飲食方面的貢獻，一是織網捕魚，創立了漁業；二是馴養牲畜，創立了畜牧業。

神農氏在飲食方面的貢獻，一是創立了農業，二是發明了陶器炊具（這一點我們會在後面的文字中著重論述）。《三皇本紀》說：「炎帝神農氏……斫木為耜，揉木為耒。耒耨之用，以教萬民，始教耕。故號『神農氏』。」《淮南子‧修務訓》也說：「古者民茹草飲水，採樹木之實。……神農氏始教民播種五穀……」《通志‧三皇紀》說：「炎帝神農氏起於烈山……民不粒食，未知耕稼，於是因天時，相地宜，始作耒耜，教民藝五穀。故稱之『神農』。」《周書》佚文中又有「神農耕而作陶」的記述，認為陶器也是神農氏發明的。

016

伏羲、神農的這四項發明都是人類飲食發展史上的大事。網罟的發明，開創了捕捉魚類的新途徑，使人們的食源從陸地發展到水上，產生了漁業。畜牧業的創立，把那些原來屬於野獸，但性情比較溫順的狗、豬、牛、羊等馴養起來，讓牠們繁殖發展，人們的肉食來源更加有了保證。農業的產生，不僅大大豐富了食料來源，而且使人們飲食結構由原來的以肉類食物為主逐漸改變為以糧食、蔬菜為主。

有一點要說明的是，上述古籍中有關伏羲氏、神農氏的記述，都是後人追記的，當然不會那麼確切，而且常常塗上一層神話色彩，更難免把一個時代或者一個氏族部落裡的某些發明集中到一個人身上，但令人信服的是，從中國考古工作者迄今為止發掘的新石器時代的許多遺址中，出土的大量實物與上述故事傳說相印證，在年代上和地域上也相當接近，甚至十分吻合。

發明蒸穀為飯的黃帝

黃帝是中國原始社會發展到父系氏族公社以來聲望最高的一位帝王。他姓公孫，名軒轅。史料記載，原來炎帝的部落為中原各部落的首領，發展了五百多年之後，勢力日衰。而稱之為黃帝的一個部落，當時可能比較進步，力量也強大，他們打敗了炎帝部落，還擒殺了苗、瑤等氏族的首領蚩尤，於是中原地區的各個氏族部落都臣服了黃帝。這就是《史記》中所說的黃帝「設左右大監，監於萬國」的政治局面。司馬遷在他的《史記》中，將軒轅黃帝列為帝王本紀之首。幾千年來，中國的漢族一直自稱為黃帝子孫。可見黃帝在中國歷史上地位的顯赫。

在生產力水準低下的原始社會，作為一個享有崇高威望的領袖或他的氏族，都必須在改善民食方面有所作為。軒轅黃帝以他的武功、政教著

 第一章　石器之餐：原始飲食的探源歷程

稱，促進了中國社會的進步和發展，同時他又進一步解決了民食問題，促進了中華飲食文化的發展。《史記・五帝本紀》說，黃帝「藝五種，撫萬民」。三國時，譙周的《古史考》則有「黃帝作釜甑（音贈，舊讀竟）」的記載，並說「黃帝始蒸穀為飯，烹穀為粥」。上述這些記載，文字雖不多，但包含著豐富的內容，說明在黃帝執政時期，人民的飲食狀況又有了較大的改善。

黃帝「藝五種」，並不是說黃帝最先發明了農業。前面已經說過，中國的農業生產早在神農氏時代，甚至更早些時候就已出現了。但是農業生產，從刀耕火種開始，是一步一步發展的。在不同的氏族部落中，從事農業生產的時間也有先有後。我們把黃帝「藝五種」理解為種植品種的增加、種植方法的改進以及在更多的氏族部落中的推廣，使更多的人民生活有所改善，應該是不會錯的。

黃帝時代出現的「飯」和「粥」，這是食品烹飪史上的一大變化。因為在此之前，人們只是把生食烹製成熟食而已，並沒有什麼具體的膳食名稱。而飯和粥則是有具體含義的食品。粥雖然有「薄粥」（稀）、「厚粥」（稠）之分，但都是將稻米、粟米之類的脫殼糧食放在釜中煮製而成的，既好吃又容易消化；「飯」則是人們懂得用蒸氣傳熱，將脫殼的米、黍之類的糧食製成較乾的食品。人們根據自己的喜好烹製這兩種不同的食品，不僅有賴於不同的炊器，而且懂得使用蒸汽導熱的知識，同時還包含著懂得使用石臼、木杵除去穀殼的技術。這些都是人類飲食史上的重要發明。

黃帝時期還有一重大發明，這就是煮海水為鹽。史籍中有黃帝的臣子宿沙氏始煮海水為鹽的記載。據考證，中國最早製鹽的時間與黃帝的時代十分接近，說明在黃帝時代，人們已經懂得製鹽和用鹽來調味了。鹽的出現，又是人類飲食史上的一個進步。在此之前，有「烹」而無「調」；有鹽之後，「烹調」這個概念才算完成了。不僅食品的滋味更加香美，而且更

有益於人體健康。因此，我們可以說，在軒轅黃帝時期，中國人的飲食狀況已有了突出而明顯的變化。

名品由來 —— 口耳相傳的智慧典藏

學會了烤肉的原始人

在原始年代，在燧人氏發明了火以後，原始人最初會用火做什麼呢？原始人首先利用的應該是火所具有的那些最顯而易見的功能，例如，照明和取暖。只是到了後來，由於原始人部落中的燧人氏發明了「鑽燧取火」，在有了可靠火源的基礎上，使得原始人得以有更多的機會接觸到火，從而逐步加深對火的認知。透過對火的利用，原始人有可能是首先發現了用火可以烤化冰凍的肉類食品，在多次用火烤化冰凍肉類食品的過程中，原始人發明了用火烤製肉類食品的方法。

我們可以做這樣一個假設：原始人在寒冬季節一邊圍著火堆取暖，一邊吃被凍的硬邦邦的肉類食品。在這一過程中，原始人發現，與常溫狀態下的肉類食品相比，那些冰凍的肉類食品很難被咬入口中，即使咬入口中，咀嚼起來口感也很差，但如果將冰凍的肉類食品放在火上烤一陣子，凍肉就會軟化下來。於是，原始人開始逐步嘗試在吃冰凍的肉類食品時，先將其放在火上烤一會兒再食用。在多次用火烤冰凍的肉類食品的過程中，原始人中的燧人氏觀察發現，如果肉類食品的某一部分在火中被燒烤的時間太長，或者是火燒得很旺，就有可能將肉類食品的該部分燒焦，以至於不能食用。但是，只要合理的控制燒烤的時間和火候，被燒烤的肉類食品就會散發出誘人的香味，吃起來也會格外的鬆軟和易於咀嚼。於是，

第一章　石器之餐：原始飲食的探源歷程

經過長時間的探索，燧人氏終於發明了用火烤製肉類食品的方法，並透過「教人熟食」，將自己的發明傳播給了其他原始人。

燧人氏發明的「鑽燧取火」，以及用火烤製肉類食品的方法，堪稱是人類演化史上具有劃時代意義的兩項偉大發明，它代表著人類從此告別了像野獸一樣生存的「茹毛飲血」時代，並邁入了享用熟食的文明時代。

荊南名餚湘妃糕的傳說

湘妃糕是一道歷史悠久的荊南名菜。傳說很久以前，堯帝禪讓給舜，舜帝即位後關心民間疾苦，帶了娥皇、女英兩位妃子南巡，一路來到荊楚大地王家湖（就是今天的湖南王家湖）邊上。不料湘妃娥皇因一路辛苦染了疾病，茶飯不思，什麼菜也不想吃。舜帝勸她，何不吃點鮮魚？娥皇一聽，果然高興起來，但過了一會兒又說，不想吃魚了。舜帝問她為什麼，她說魚肉雖鮮美，可惜刺多難咽。

湘妃的這番話傳到御廚耳朵裡，他就取來大魚一條，去其頭尾，剔刺去骨，將魚肉剁成茸泥，加入夾心肥肉、蛋清、生粉等佐料一起攪拌調勻，放入籠中旺火蒸熟，涼後切成條塊為糕狀，獻給湘妃。娥皇嘗後胃口大開，不數日身體就好了起來。舜帝十分高興，稱之為「湘妃糕」。

此後，人們在燒製這種魚糕時，再配以肉圓、火腿、雞湯等加工，味更鮮美。傳至宋代以後，湘妃糕還成為「上奉天子，下宴群臣」的佳餚。特別是在荊楚大地，一時奉之為席上頭菜，有「沒有湘妃糕，不成正筵席」之說。

美器食談－相得益彰的飲食器具

美器食談 —— 相得益彰的飲食器具

從石烹到陶烹的原始飲食法

■ 石烹

在陶器尚未發明之前，人們還是兩手空空。最初的熟食，那是最簡單不過的。既無爐灶，也還不知鍋碗為何物，這時的烹飪方式主要還是燒烤。還有一種「石板燒」，不僅有現代民族學的例證，也有古代文字記載。《禮記‧禮運》注云：「中古未有釜甑，釋米捋肉，加於燒石之上而食之耳。」《古史考》也說：「神農時民食穀，釋米加燒石之上食之。」就是說，將米和肉放在燒燙的石板上烤熟再吃。

在現在的雲南傣族，還保留著利用石塊熟食的方法。他們宰牛後，將削下的牛皮鋪在挖好的土坎內，盛上水和牛肉，然後將燒紅的石頭一塊塊投進水裡。鄂倫春人也用燒石投進樺樹皮桶裡煮食物，有時還把食物和水裝進野獸的胃囊，架在篝火上燒烤。類似辦法在世界其他原始民族中也很流行，如平原印第安人也用牛皮當鍋烹煮食物。這些方法可稱之為無陶烹飪法，原始人類的美味大餐就用這種原始的辦法做了出來。

■ 陶烹

當神農氏創立了農業，種植業成為一種主要的食物獲得手段後，人們的飲食結構發生了根本性的變化。穀物已成為主要的食物，不過如何食用，卻成了一大難題。穀物一般不宜於生食，起初大概是將穀粒放在石板上熱烤，或放在竹筒中烹熟。

人們在不斷尋求烹飪穀物的新方法。陶器發明了，人類又完成了一項科學革命。有了陶器，可以將它直接放在火中炊煮，這為從半熟食時代進

021

第一章　石器之餐：原始飲食的探源歷程

入完全的熟食時代奠定了基礎。陶器顯然是為適應新的飲食生活而創造的，當種植業發明以後，人類有了比較穩定的生活來源，不再像過去那樣頻繁遷徙，開始了定居生活，陶器正是在這種時候來到人們的飲食生活裡的。最初的陶器多為炊具，也可以證明這一點。

中國先民發明的蒸法

據《古史考》記載：「黃帝始造釜甑，火食之道成矣」。又說「黃帝始蒸穀為飯」、「烹穀為粥」。最早的加砂炊器都可以稱為釜，古人說它是黃帝始造。陶釜的發明具有第一位的重要意義，後來的釜不論在造型和質料上產生過多少變化，它們煮食的原理卻沒有改變。更重要的是，許多其他類型的炊器幾乎都是在釜的基礎上發展改進而成。例如甑便是如此。甑的發明，使得人們的飲食生活又產生了重大變化。釜熟是指直接利用火的熱能，稱為煮。而甑烹則是指利用火燒水產生的蒸汽能，稱為蒸。有了甑烹作為烹飪手段後，人們至少可以獲得超出煮食一倍的可口食物。

甑這種食器在陶器出現之初似乎還沒有發明。在中原地區，陶甑在仰韶文化時期[02]（仰韶文化是距今約 5,000～6,000 年中國新石器時代的一種文化。1921 年首次在河南省澠池縣仰韶村發現。主要分布於黃河中下游一帶）已開始見到，但數量不多，器形也不很規範。到龍山文化時期（龍山文化泛指中國黃河中、下游地區約新石器時代晚期的一類文化遺存，屬於銅石並用時代文化，因發現於山東章丘龍山鎮而得名，距今約 4,350～3,950 年），甑的使用就十分普遍了，黃河中游地區的每個遺址幾乎都能見到陶甑。不過在黃河上游，尤其是黃河下游地區，即便到龍山時代，所能

---

[02] 氏族是原始社會以共同血緣關係結合而成的一種血族團體。其成員出自一個共同的祖先。氏族是人類各族普遍存在過的社會組織。產生於蒙昧時代的中級階段，約相當於舊石器中、晚期。常以某種動、植物作為本氏族共同的圖騰標記。氏族是社會的基本經濟單位，實行生產資料公有，集體勞動，平均分配，沒有剝削和階級。公共事務由選舉的氏族長管理，重大事情由氏族成員會議決定。成員都處於自由、平等的地位。

找到的用甑的遺跡也不是太多。

在水稻產區長江流域，甑的出現較仰韶文化要早出若干個世紀。長江中游地區的大溪文化（大溪文化指中國長江中游地區的新石器時代文化，因發現於四川省巫山縣大溪遺址而得名，年代約為西元前 4400～前 3300 年）已有甑，屈家嶺文化（屈家嶺文化年代約為西元前 2550～前 2195 年，屈家嶺文化因發現於湖北京山屈家嶺而得名，主要分布在湖北）中更為流行。甑出現的最早年代約在西元前 3800 年。

在長江下游地區的三角洲，馬家浜文化（馬家浜文化是長江下游地區新石器時代文化，距今約六七千年，主要分布在太湖地區）和崧澤文化（崧澤文化距今約 6,000～5,300 年，屬新石器時期母系社會向父系社會過渡階段，以首次在上海市青浦區崧澤村發現而命名。崧澤文化上承，是長江下游太湖流域的重要的文化階段）居民都用甑蒸食，著名的河姆渡文化（河姆渡文化是中國長江流域下游地區古老而多姿的新石器文化，第一次發現於浙江餘姚河姆渡，因而命名。它主要分布在杭州灣南岸的寧紹平原及舟山島，它的年代為西元前 5000～前 3300 年）則發現了最早的陶甑，其年代為西元前 4000 年上下。從後來甑出土的地點多集中在黃河中游和長江中游地區來看，表明中部地區飯食的比重超過其他地區。

陶甑這種食器是在器底刺上一些孔洞，做成箅，以便蒸氣自下上達。使用時將甑套裝在釜口上，下煮上蒸。

崧澤文化居民的甑略有不同，通常做成沒有底的筒形，然後再用竹木編成箅子，嵌在甑底使用。蒸食時，將甑套在三足的鼎上。這樣便形成為一種複合炊器，考古學家們稱之為甗。龍山文化開始，甑的下部由實的鼎改為空的鬲，到商周時發展為重要的青銅禮器之一。

在當時，不同地區的飲食器具是有一定的差別的。最明顯的是北方的甑不如南方的古老。差別還表現在其他飲食器具上。如鼎，黃河中下游地

第一章　石器之餐：原始飲食的探源歷程

區七千年前原始的陶鼎便已廣為流行，幾個最早的文化集團都用鼎為飲食器，從鼎的製法到造型都有驚人的相似之處，都是在容器下附有三足。陶鼎大一些的可作炊具，小一些的可作食具。

鼎在長江流域較早見於下游的馬家浜文化，河姆渡文化只是晚期才有鼎。中游的大溪文化也只是晚期有鼎，而屈家嶺文化則盛行用鼎。河姆渡和大溪文化雖不多見鼎，卻發現許多像鼎足一樣的陶支座，可將陶釜支立起來，與鼎同功。

釜[03]為圓底，如無支撐則很難作為炊具使用，這又促成了陶灶的發明。

陶灶可以使釜穩坐其上，然後在下面點燃柴禾加熱。此種器具的發明時間大約與釜的發明時間相差不遠，南北均有發現，以北方仰韶和龍山文化所見為多。仰韶文化的陶爐小而且矮，龍山文化的為高筒形，陶釜直接支在爐口上，類似陶爐在商代還在使用。南方河姆渡文化陶爐為舟形，沒有明確的火門和煙孔，為敞口形式。

原始社會新石器時代晚期，中原及鄰近地區居民還廣泛使用陶鬲和陶甗作為炊煮器。這兩種器物都有肥大的袋狀三足，受熱面積比鼎大得多，是兩種進步的炊具，它們的使用貫穿整個銅器時代，普及到一些邊遠地區。此外還出現了一些藝術色彩濃郁的實用器皿，有的外形塑成動物的樣子，表現了飲食生活豐富多彩的一面。

隨著生產力的進步和發展，定居生活開始，一座座簡陋的房屋聚合成村落，人們按一定的社會和家族規範生活空間。生活在距今六七千年前的關中地區仰韶文化居民，居住的是半地穴式房屋，上面是木結構的草屋頂。居室中間多半是平面像葫蘆瓢形的火塘，火塘旁邊還埋有一個陶罐，

---

[03] 「釜」、「鼎」、「鬲」、「甗」的區別：「釜」、「鼎」、「鬲」、「甗」，是最早出現的陶製炊具。前三種都是煮食用的鍋子，區別是釜底部無足，鼎有三個實心足，鬲有三個空心足。鼎主要用以煮肉食，負載大，所以用實心足。鬲主要用來煮粥飯，負載小，空心足可加大受熱面。甗像底部有許多小孔的陶盆，其作用相當現在用於蒸飯的籠屜，可置於釜上或鬲上配合使用。

那是專門儲備火種的。烹飪用的陶罐可以直接煨在火塘內,也可以用石塊支起來。到了龍山文化時期。人們普遍住上了抹得平整光滑的白灰面房子,居室中心仍固定為火灶之所。

宜作水器和食器的彩陶

在史前時期,陶器被發明後,又經過了約兩千年的發展,陶器製作就達到很高水準,精製的彩陶出現了。但彩陶不宜作炊器,可以作水器和食器等,一些大型彩陶器是在特定場合使用的飲食器。

彩陶是史前時期最優秀的藝術成就之一,是人類藝術史上的一座豐碑。石器時代彩陶是史前人審美情趣的集中展現,也是史前藝術成就的集中展現。有些研究者特別稱之為「彩陶文化」。

生活在黃河流域渭水沿線黃土原上的新石器時代先民,最先在陶器上施用了彩色,可以說黃河流域是世界彩陶發祥地之一。仰韶文化的彩陶在中國新石器時代彩陶中占有十分重要的地位。仰韶文化前期彩陶以紅地黑彩為主要特色,紋飾多為動物形及其變體,具有濃厚的寫實風格。還有不少幾何形紋飾,紋飾線條多採用直線,紋飾複雜而繁縟,代表了黃河流域彩陶的主流。

次之是後期出現的白衣黑彩,依然能見到寫實圖案,更多見到的是垂弧紋等,紋飾線條多採用弧線,紋飾比較簡練。

半坡文化時期(半坡文化屬黃河中游地區新石器時代的仰韶文化,位於陝西省西安半坡村,年代距今約 6,800 ~ 6,300 年)和廟底溝文化時期(屬於新石器時代的仰韶文化和龍山文化遺址。首先在河南廟底溝發現,故稱廟底溝類型文化。經科學測定為西元前 3910 年左右)的彩陶都盛行幾何圖案和象形花紋,紋樣的對稱性較強。發展到後來,紋飾格調比較自

第一章　石器之餐：原始飲食的探源歷程

由，原來的對稱結構發生了一些明顯變化。半坡居民的彩陶流行用直線、折線、直邊三角組成的幾何形圖案和以魚紋為主的象形紋飾，主要繪製在缽、盆、尖底罐和鼓腹罐上。

象形紋飾有魚、人面、鹿、蛙、鳥和魚紋等，魚紋常繪於盆類陶器上。在有的器物上，寫實的魚、鳥圖形與三角、圓點等幾何紋飾融為一體，彩紋富麗繁複，寓意深刻。

廟底溝的彩陶多展現在盆、缽和罐上，增加了紅黑兼施和白衣彩陶等複彩，紋飾顯得更加亮麗。彩繪的幾何紋以圓點、曲線和弧邊三角為主，圖案顯得複雜。

廟底溝幾何紋彩陶主要表現為花卉圖案形式，象形題材主要有鳥、蟾和蜥蜴等。鳥紋占象形彩陶中的絕大多數，鳥姿多樣，有的佇立張望，有的振翅飛翔，還有的伺機捕物或奮力啄食。

按數量來說，發現彩陶數量最多的是馬家窯文化（因首先發現於甘肅省臨洮縣的馬家窯村而得名。馬家窯文化是仰韶文化向西發展的一種地方類型。馬家窯文化的年代約為西元前 3300～前 2050 年），出自黃河上游地區的彩陶色彩鮮麗，常常是紅、褐、黑、白數彩並用。彩陶紋樣也十分豐富，見到相當複雜的圖案組合形式，常見的紋樣有渦紋、波紋、同心圓、平行線、網格紋、折線、齒帶紋等，陶工手下的彩繪線條流暢多變，具有較強的動感。

地處黃河下游地區的大汶口文化（屬於中國黃河下游地區的新石器文化。因發現於山東泰安大汶口遺址而得名。主要分布在山東省及江蘇省淮北地區。年代為西元前 4300～前 2500 年）的彩陶，所用色彩比較豐富，有黑、白、紅、赭諸色。紋飾構圖傾向於圖案化，紋樣有網格紋、花瓣紋、八角星紋、折線、渦紋，全部為幾何形紋飾。有些紋飾與仰韶文化有一定的連繫，表現出兩種文化之間的一種特別的關係。

我們不能將彩陶僅看作是把粗糙的陶器進行了一個簡單的顏色處理，豐富的紋飾不是陶工們隨心所欲的作品，而是那個時代精神的表露，是人類情感、信仰的真情流露。

　　在彩陶之後，又出現了一種黑陶，不過它相比於彩陶製作上更精緻，但這種黑陶器皿一般都是貴族們使用比較多。

　　黑陶胎薄，表面光亮，造型周正，代表了史前陶業的最高水準。

第一章　石器之餐：原始飲食的探源歷程

第二章
青銅饗宴：先秦飲食的禮樂之道

第二章　青銅饗宴：先秦飲食的禮樂之道

夏商周時期，也就是先秦時期，飲食文化的區域特徵更加清晰，這在人們的食物種類、食物結構、烹飪方法、烹飪器具、飲食風味上都有明顯的表現。而且，商代青銅器面世，為人們提供了更能傳熱的金屬鍋，炊具得到了改進。有了銅鍋，可以烹油炒菜，炸、溜等烹調方法也隨之產生。這一時期的廚人重視選料、配菜，講究火候和調味。

周代時調味品種類更多，已能生產醬、醋、飴蜜等調味料，肉食必用薑、桂（桂皮）。周人的餐席已出現許多新品類的菜餚，例如用醋浸漬而成的瓜菜，用牛百葉、大蛤蜊製成的齏，還有鹿脯、豕脯、麋醢、蟹醢、醃魚等。可以說，商周時代的飲食文化已初結碩果。

開篇定論──啟人心眼的酸甜苦辣

列鼎而食的周人

周人列鼎而食從一定程度上說是其禁酒的結果，酒器派不上用場了，所以考古發現西周時的酒器遠不如商代那麼多，即便在一些大型墓葬中，甚至一件酒器也找不到，而食器的隨葬卻有逐漸增加的趨勢。

在出土的周代貴族墓葬中，一般都隨葬有食器鼎和簋（音鬼），鼎多為奇數，而簋則是偶數，鬲則隨兩者增減。考古常常發現用成組的鼎隨葬，這些鼎的形狀、紋飾以至銘文都基本相同，有時僅有大小的不同，容量依次遞減。列鼎可以有規律地陳列或盛膳食，這就是「列鼎而食。」

列鼎這種飲食形式的出現，是等級制度在周代飲食生活中的最充分展現。用鼎有著一套嚴格的制度。據《儀禮》和《禮記》的記載，大致可分別為一鼎、三鼎、五鼎、七鼎、九鼎等。其大概情況是：

- 一鼎：即盛豚，就是小豬，規定「士」一級使用。士居卿大夫之下，屬貴族等級最低一等。
- 三鼎：可以盛豚、魚、臘（就是大塊乾鹹肉，小動物則是整隻），或盛豕（即大豬）、魚、臘，有時又盛羊、豕、魚，稱為「少牢」，為士一級在特定場合下所使用。
- 五鼎：即盛豕、羊、魚、臘、膚（就是帶皮的大塊肉）。也稱為「少牢」，一般為大夫中的下大夫一級所用，有時上大夫和士也能使用。周代貴族爵位大致分卿、大夫二等，其中卿又分上中下三級，大夫也是分上中下三級。
- 七鼎：即盛牛、羊、豕、魚、臘、腸胃、膚，稱為「大牢」，為卿大夫所用。所謂大牢，主要指包括有牛，再加上豕和羊，而少牢主要指豕和羊。
- 九鼎：即盛牛、羊、豕、魚、臘、腸胃、膚、鮮魚、鮮臘，也稱為「大牢」。《周禮・宰夫》說：「王日一舉，鼎十有二」，十二鼎實為九鼎，其餘為三個陪鼎。九鼎為天子所用。東周時國君宴卿大夫，有時也用九鼎。

九鼎配八簋。與鼎相配的簋，周代的列鼎——九鼎之一，形似碗而大，有蓋和雙耳。

周的銅簋下面帶有一個中空的方座或三足，有人考證說那是用於燃炭火溫食的。用簋的多少，一般與列鼎相配合，如五鼎配四簋，七鼎配六簋，九鼎配八簋。

九鼎八簋，即為天子的飲食規格。簋通常用於盛飯食，九鼎所配的八簋究竟盛哪幾種飯食，到目前為止還不十分清楚。據《禮記・內則》所列，飯食在周代確有八種，分別是黍、稷、稻、粱、白黍、黃粱、稰

第二章　青銅饗宴：先秦飲食的禮樂之道

（成熟而收穫的穀物）、樵（未完全成熟的穀物），或許這些就是盛在八簋裡的。

在周之前的商代，鼎不僅被看作是地位的象徵，而且也是王權的象徵。原先僅僅作為烹飪食物用的鼎，在商代貴族禮樂制度下成為第一等重要的禮器，又稱作彝器，就是所謂的「常寶之器」。鼎不再是一種單純的炊器和食器，它成了貴族們的專用品，被賦予了神聖的色彩，演化為統治權力的象徵。一般平民不僅絕不允許使用銅鼎，即使是用泥燒製的陶鼎也不行。

這裡有一個典故，據說春秋五霸之一的楚莊王與晉國在中原爭霸，他陳兵於東周王朝邊境，向周王室的大臣問九鼎的「大小輕重」。後世將「問鼎」比喻為圖謀王位，正來源於此。值得回味的是，這九鼎儘管如此神聖，到了戰國時竟被弄得下落不明，成了一樁歷史公案。

食俗禮儀 ── 約定俗成的趣味飲食

細說古代的分餐制

據相關資料考證，至少在唐代以前，古代中國人都是分餐進食。他們進行飲食時，一般都是席地而坐，面前擺著一張低矮的小食案，案上放著輕巧的食具，重而大的器具直接放在席子外的地上。後來說的「筵席」，正是這古老分餐制的一個寫照。因為食案不大不重，一般只限一人使用。

從一些考古發現的資料上，可以看到古代分餐制的真實場景。在漢墓壁畫、畫像石和畫像磚上，經常可以看到席地而坐、一人一案的宴飲場面，看不到許多人圍坐在一起狼吞虎嚥的場景。

分餐制下的低矮的食案是為適應席地而坐的習慣而設計的，從戰國到漢代的墓葬中，出土了不少實物，以木料製成的為多，常常飾有漂亮的漆繪圖案。漢代盛送食物還使用一種案盤，或圓或方，有實物出土，也有畫像石描繪出的圖像。承托食物的盤如果加上三足或四足，便是所謂的食案。

　　其實最晚在龍山文化時期便已發明了小食案進食這種方式。在山西襄汾陶寺遺址發現了一些用於飲食的木案，木案平面多為長方形或圓角長方形，長約1公尺，寬約30公分上下。案下三面有木條做成的支架，高僅15公分左右。木案通塗紅彩，有的還用白色繪出邊框圖案。木案出土時都放置在死者棺前，案上還放有酒具多種，有杯、觚和用於溫酒的鐎。稍小一些的墓，棺前放的不是木案，而是一塊長50公分的厚木板，板上照例也擺上食器等。

　　在陶寺遺址中，還發現了與木案形狀相近的木俎，略小於木案，俎上放有石刀、豬排或豬蹄、豬肘，這是我們今天所能見到的最早的一套廚房用具實物，可以相像當時長於烹調的主婦們，操作時一定也坐在地上，木俎最高不過25公分。

　　陶寺遺址的發現不僅將食案的歷史提到了四千五百年以前，而且也指示了分餐制在古代中國出現的源頭。古代分餐制的發展與這種小食案有不可分割的連繫，小食案是禮制化的分餐制的產物。

先秦時的宴飲樂舞

　　據史料記載，早在夏商時期的宴席上就已經盛行歌樂侑酒的習俗。《管子‧輕重甲》載：「昔者桀之時，女樂三萬人，晨噪於端門。樂聞於三衢。」這句話的意思是：在夏桀時，早晨，三萬女樂的歌舞聲傳遍了大街

第二章　青銅饗宴：先秦飲食的禮樂之道

小巷。從當時的社會發展水準分析，女樂多至三萬，可能有些誇張，但是奴隸主以歌舞侑酒的做法恐怕已成為習俗。

先秦時期，每當主人請客人喝酒，主人會手執點燃的蠟燭，另一隻手抱著備用的燭炬，在前面領路，客人起身謙讓時，主人將燭火交給僕人，與客人揖讓，相互唱著詩歌。主人用歌來表達對客人的誠意，客人則用歌抒發其內心的感激。

大約在西周後期，宴飲活動中已開始形成席間自舞娛賓的習俗。《詩經》中的〈鹿鳴〉、〈南有嘉魚〉、〈噫嘻〉、〈振鷺〉、〈絲衣〉等詩都是當時宴飲時所唱的宴歌。

古人認為〈鹿鳴〉是《詩經》的「四始」之一。《史記·孔子世家》認為：「〈關雎〉為〈風〉始；〈鹿鳴〉為〈小雅〉始；〈文王〉為〈大雅〉始；〈清廟〉為〈頌〉始。」把「四始」看作是《詩經》中的最高峰。〈鹿鳴〉是周天子宴樂群臣嘉賓時唱的歌曲。〈鹿鳴〉全詩三章：第一章描寫主人鼓瑟吹笙，邀請嘉賓；第二章讚揚嘉賓的懿行善言；第三章寫賓主和樂，「鼓瑟鼓琴」達到了情歡意濃，興致淋漓的地步。由於主人對嘉賓的盛情款待，並以幣帛相贈，因此主人一般都得到「投桃報李」的禮遇。所以這首詩成為歷代統治者為籠絡人心而舉行的各種鄉宴活動的首選樂曲，並把學習〈鹿鳴〉當作為官的一種精神修養。

這一時期，貴族們崇尚以樂舞侑酒的風氣愈演愈烈，以致形成了大規模的宴飲樂舞行列——佾，用佾多少，隨地位元等級的變化有嚴格限制。《左傳·隱公五年》記載：「天子用八，諸侯用六，大夫四，士二。」但在實際運用中，貴族卻往往超過規定。《論語·八佾》記載：季孫氏身為大夫，卻用天子之樂八佾，引起孔夫子的強烈不滿和譴責。每佾人數多少，有兩種說法。一說每佾皆八人，八佾則為六十四人，六佾則為四十八人。另一說每佾根據用佾的多少而逐級遞減，如用八佾，則每佾八人，合

起來六十四人；若六佾，則每佾六人，共三十六人；若用四佾，則每佾四人，共十六人。

不管哪種說法，都說明春秋時期，王公貴族已開始在宴飲中運用大型樂舞侑酒行樂了。這在出土的歷史文物中也可得到驗證。西元1978年，在湖北隨縣出土的曾侯乙墓中，發現了一整套編制齊全、製作精美、音域寬廣的樂器。特別是那一套六十五件（鈕鐘十九件、甬鐘四十五件、鐘一件）的編鐘，依大小順序排列三層，懸掛在曲尺形的銅木鐘架上，全套編鐘重達2,500多公斤。其低音雄渾，中、高音悠揚清越，十二個半音齊全，能演奏各種樂曲。樂器完全按照墓主人生前飲宴作樂的情景安放。它的出土震驚了世界。透過這些出土的樂器和文物，我們可以相像當時的宴飲樂舞水準已達到相當高的境界。

除此之外，在酒宴中賦詩也是先秦人的一種習慣。據《左傳・昭公十六年》記載，鄭國六卿為晉國范宣子設宴餞行，宣子說：「請各位賦詩一首讓我知道鄭國的心意。」於是，子產誦〈高裘〉，詩中有一句「彼其之子，邦之彥兮」（意思是：那個年輕人，是邦國的俊才啊！），表達了他對宣子才能的讚美；子大叔則誦〈褰裳〉：「子惠思我，褰裳涉溱：子不我思，豈無他人。」其大意是：如果你愛我想念我，就提衣襟渡溱河來。你若不想我，難道就沒有別人愛我了嗎？這首詩原是鄭國青年男女調情的歌曲，子大叔用它來暗示范宣子，倘若晉國對鄭國沒有誠意，鄭國將與其他大國結成聯盟。鄭國六卿都用《詩經》中的民歌，巧妙從各個角度表達了鄭國的外交態度，使得范宣子不敢小瞧鄭國。所以范宣子也用《詩經・周頌・我將》中的「日靖四方（意思是日日謀求安定四方）」這句話轉達了晉國將遵奉周天子的旨意，大力協助諸小國平亂御敵的外交政策。

 第二章　青銅饗宴：先秦飲食的禮樂之道

周代時形成的飲食禮俗

最晚在周代，飲食禮儀形成了一套相當完整的制度。飲食內容的豐富，居室、餐具等飲食環境的改善，促使高層次的飲食禮儀產生了，與禮儀相連繫的一些習慣也逐漸形成了。

史書上說的「周公制禮作樂」，就是指輔佐周成王管理國家的周公旦，為了鞏固周王室的統治，加強對分封諸侯的控制，他從政治到文化制定了一套完整的典章制度。這是把宗法制和等級制結合起來而制定的君臣、父子、兄弟、親疏、尊卑、貴賤等等方面的禮儀。周代的飲食禮俗，經過儒家後來的精心整理，比較完整地保存在《周禮》、《儀禮》和《禮記》中。這裡我們簡單敘述一下客食之禮、待客之禮、侍食之禮、喪食之禮、進食之禮、侑食之禮、宴飲之禮。

■ 客食禮儀

作為客人去赴宴時，入座的位置非常有講究，要求「虛坐盡後，食坐盡前」——古時席地而坐，要坐得比尊者、長者靠後一些，以表示謙恭。而飲食時則要盡量坐得靠前一些，靠近擺放膳食的食案，以免食物掉在坐席上，不雅。

當宴席開始，食物端上來時，客人要起立。在有貴客到來時，所有的客人都要起立，以表示恭敬。如果來賓地位低於主人，必須端起食物面向主人道謝，等主人寒暄完畢之後，客人才可入席落座。

做客時，對於主人準備的美味佳餚，客人不可隨便取用。須得「三飯」之後，主人才指點肉食讓客人享用，還要告知客人所食肉物的名稱，細細品味。所謂「三飯」，指一般的客人吃三小碗飯後便說吃飽了，須主人再勸而食肉。宴飲將近結束，主人不能先吃完飯而撤下客人，為了表示對客人的尊重，要等客人吃完後才能停止進食。

待客禮儀

主人接待客人的方式及禮儀，上面已有介紹。這裡主要說一下僕從待客的禮節。僕從安排筵席，對於食品的擺放有嚴格的規定，例如帶骨的肉要放在淨肉的左方，飯食要放在客人左邊，肉羹則放在右邊。膾炙等肉食放在外邊，醯醬[04]調味品則放在靠人近些的地方。酒漿也要放在近旁，蔥末之類可放遠一點。如有肉脯（小塊的乾鹹肉）之類，還要注意擺放的方向。主要是為了客人取食方便。

僕從端出菜餚時，不能面對客人和菜盤子大口喘氣。僕從回答客人問話時，必須將臉側向一邊，避免呼氣和唾沫濺到盤中或客人臉上。如果上的菜是整尾的燒魚，一定要將魚尾指向客人，因為鮮魚肉從尾部易與骨刺剝離。乾魚則正好相反，上菜時要將魚頭對著客人，乾魚從頭端更易於剝離。冬天的魚腹部肥美，擺放時魚腹向右，便於取食。夏天的魚鰭部較肥，所以將背部朝右。而對於酒樽、酒壺的擺放，一定要將酒壺的壺嘴對著客人。

侍食禮儀

作為小輩或少者陪長者飲酒時，給長者斟酒時須起立，離開坐席面向長者拜謝後再飲酒。如果長者一杯酒沒飲盡，小輩不得先飲盡。長者如有酒食賜予小輩和僮僕等低賤者，他們不必辭謝，因為地位差別太大，作為小輩或少者沒有辭謝的資格。

陪侍年長位尊的人共食時，少者還得準備先吃幾口飯，叫做「嘗飯」。雖先嘗食，卻又不得自個兒先吃飽肚子，必得等尊長者吃飽後才能放下碗筷。少者吃飯時還得小口小口吃，而且要快些嚥下去，準備隨時能回復長者的問話，防止有噴飯的事情發生。

對於熟食製品，侍食者都得先嘗嘗。如果是水果之類，則必讓尊者先

---

[04] 醯即醋。醯醬：就是用醋拌的醬，古人主要用它來調味。

第二章　青銅饗宴：先秦飲食的禮樂之道

食，少者不能搶先。古來重生食，尊者若賜給你水果，如桃、棗、李子之類，吃完這果子，剩下的果核不能扔下，必須放到懷裡拿回家，否則便是極不尊重的行為。如果尊者將沒吃完的食物賜給少者或小輩，若是盛食物的器皿不易洗滌乾淨，得先倒在自己用的餐具中，然後才可食用。

■ 喪食禮儀

無論是普通老百姓還是王子、大臣，如果去世的話，親人及朋友都必須遵循喪食之禮。老百姓死去，家裡三日不做飯，而由鄰里鄉親送些粥來給家屬吃。如果是君王去世，王子、大夫、公子（庶子）、眾士三日不吃飯，但以食粥服喪。大夫死了，家臣、家中老人、子姓（泛指子孫、後輩）都只能吃粥。魯悼公死後，季昭子問孟敬子道：「為君王服喪，該吃什麼？」敬子說：「那當然是吃粥，吃粥為天下之達禮。」

而對於病人，在服喪時可以受到一些照顧，不必死守吃粥的規矩。服喪之禮到了後來，發展到一些孝子終身食粥，連鹽菜都要戒絕。

■ 進食禮儀

據《周禮》等古籍記載，進食時無論主賓，對於如何使用餐具，如何吃飯食肉，都有一系列具體的行為準則，這些準則主要有下面這麼多的「不要」：

共食不飽。和別人一起進食，不能吃得太飽，要注意謙讓。

毋摶飯。不要把飯摶成大團，大口大口吃，有爭飽不謙之嫌。

毋放飯。要入口的飯不要再放回飯器中去，別人會感到不衛生。

毋流歠。不要長飲大嚼，讓人覺得自己是想快吃多吃。

毋咤食。咀嚼時不要讓舌在口中作聲，有不滿主人飯食之嫌。

毋嚙骨。不要啃骨頭，一是容易發出不中聽的聲響，使人感到不敬

重。二是怕主人感到是否肉不夠吃，還要啃骨頭致飽。三是啃得滿嘴流油，面目可憎可笑。

毋投與狗骨。客人自己不要啃骨頭，也不要把骨頭扔給狗去啃，否則主人會覺得你看不起他準備的飲食。

毋反魚肉。自己吃過的魚肉不要再放回去，應當接著吃完。

毋固獲。「專取曰固，爭取曰獲。」是說不要喜歡吃某一種食物就只獨吃那一種，或者爭著去吃，有貪吃之嫌。

毋揚飯。不要為了能吃得快些，就揚起飯料以散去熱氣。

飯黍毋以箸。吃黍飯不要用筷子，但也不是提倡直接用手抓。吃飯時用匙，筷子是專用於吃羹中之菜的，不可混用。

毋嚃羹。吃羹時不可太快，快到連羹中菜都顧不上嚼，既易出惡聲，也有貪多之嫌。

毋絮羹。客人不要自行調和羹味，這會使主人懷疑客人更精於烹調。

毋刺齒。進食時不要隨意剔牙齒，如齒塞須待飯後再剔。周墓中曾出土過很多牙籤，並不是絕對禁止剔齒。

毋歠醢。不要直接端起肉醬就喝。肉醬本來很鹹，是用於調味的。

濡肉齒決，乾肉不齒決。溼軟的肉可直接用牙齒咬斷，不可用手撕。而乾肉則不能用嘴撕咬，須用刀匕幫忙。

毋炙。大塊烤肉或烤肉串不要一口吃下去，如此不經細嚼，狼吞虎嚥，儀態不佳。

當食不嘆。吃飯時不要唉聲嘆氣，吃飯時要忘憂，不可哀嘆。

射禮禮儀

舉行射禮，是周統治者觀德行，選臣侯、明禮樂的大事，且不能無筵席。《詩·大雅·行葦》不吝筆墨，為我們描繪了射禮之宴，「肆筵設席，

第二章　青銅饗宴：先秦飲食的禮樂之道

授幾有緝御。或獻或酢，洗爵奠斝。醓醢以薦，或燔或炙。嘉殽脾臄，或歌或咢。敦弓既堅，四鍭既鈞，舍矢既均，序賓以賢。敦弓既句，既挾四鍭。四鍭如樹，序賓以不侮。」開宴期間，人們拉弓射箭，不僅活躍了筵席氣氛，更展現了周人的禮樂精神。

這種射禮的場面不僅在儒家經典的描述中可以見到，更見於東周時代的一些圖案紋飾，從中可以極清楚地找到勸酒、持弓、發射、數靶、奏樂的活動片斷，生動具體地再現了當時的情形。

端午節食俗的來歷

端午節吃粽子這個食俗的來歷，歷代有不同解釋，最普遍的說法是為了紀念戰國時代（西元前475～前221年）的愛國詩人屈原約（西元前339～約前278年）。屈原是楚國人，他非常熱愛自己的國家，勇於在國君面前講真話，因此得罪了很多人，被罷官流放。後來，他知道國都被秦國攻占以後，悲痛萬分，投江自盡了。傳說屈原死後，人們非常懷念他，於是常用竹筒盛米投入江中，以祭奠屈原。

傳說有一天晚上，有人忽然夢見了屈原，就問他是否吃到送給他的米飯？屈原說，送的米飯全被魚蝦吃掉了。他請人們以後用竹葉包飯，做成菱角的樣子，這樣魚蝦就不會再來吃了。於是，人們就按屈原說的方法把米飯包起來，投到江裡。這就是端午節吃粽子的來歷。

粽子，古時稱「角黍」，因為它是用黍米為原料做成的，外面用有香氣的葉子包成尖角的形狀，又因為這種尖角形很像棕櫚樹的葉心，所以又叫粽子。漢代過端午節時，已有了吃粽子的習俗。俗語說：「食過五月粽，寒衣收入箱」，意思是：吃過端午節的粽子，禦寒的衣物就可以收到箱子裡了。中國大部分地區的季節在這個時候由春到夏，天氣將變得越來越

熱，而粽子是一種米製涼食，不僅有獨特的色、香、味、形，而且具有清熱降火的作用，可以說是一種時令佳品。

古人過端午節時，除了吃粽子外，還有飲雄黃酒和吃大蒜的習俗。古人認為雄黃酒具有避邪或驅除災難、祛病和解毒等作用。所以，過端午節時人們一般都要喝一點。隨著科學的進步，醫藥知識得到普及，人們了解到雄黃酒具有毒性，喝了會引起中毒反應，因此，現在都不再飲用了，但在有些地方，人們還要用艾[05]條（也叫艾捲，是用棉紙包裹艾葉碾成的絨製成的圓柱狀長捲）蘸著酒往地上灑，用來殺菌驅蟲。

兵戈食話 —— 名役名品的機緣碰撞

因一碗羊羹而完敗的宋國

日常生活中，留心觀察一下，可以發現有些哺乳類動物在覓食和進食時具有非常明顯的排他性。一般來說，正常狀況下有自尊意識的人本不會為飲食而導致人際關係的緊張和糾紛，但在飢荒嚴重、食物奇缺或者飲食同人的自尊心攪在一起時，就會發生大大小小的事情。這是原始的野蠻性遺留在人的潛意識裡的表現。

先秦時，尤其是春秋戰國時期，戰爭、動亂，與人民的飢餓互為因果，部分統治者雖也採取了所謂的救荒政策和救荒方法，如戰國時代的梁惠王實行「河內凶，則移其民於河東，移其粟於河內，河東凶亦然」（出自《孟子》，意思是：如果河內發生了災荒，那麼就使百姓遷居到河東，把糧

---

[05] 艾為菊科多年生草本植物，可用作藥物。也有些地方端午節時人們用它洗澡，大概是起到除癬除菌的作用。

第二章　青銅饗宴：先秦飲食的禮樂之道

食遷移到河內種植，但河東的災荒情況還是沒有得到根本的解決）的救災措施，但終因不能解決根本問題而受到孟子的嘲笑。

飲食問題在一定程度上是最容易傷及人的自尊心的，它是人們心靈深處的一個敏感問題。有些因飲食造成的事端還導致了戰爭的敗績，喪師辱國。《左傳‧宣公二年》記載宋國與鄭國交戰，交鋒之前宋國主帥華元殺羊宴請士卒，為華元駕車的羊斟，沒有分到羊羹。這刺傷了羊斟的自尊心，使他懷恨在心。宋鄭兩國交戰之時，羊斟對華元說：「之前分羊羹給誰喝你說了算，但現在的事我說了算。」於是他把載著華元的戰車馳入鄭國戰陣之中，結果主帥華元被俘，宋人大敗。後人一致譴責羊斟，認為他是以私害公的典型，其實起因竟只是沒有喝到羊羹——飲食的原因。

名家食味——增光添色的名士品鑑

孔子對飲食的態度

孔子的飲食觀和他的政治主張一樣著名。他把禮制思想融會在飲食生活中，其中一些教條法則直到今天還在發揮作用。儒家的食教比起道家和墨家的刻苦自制更易為常人接受，尤其易為統治者所利用。

典籍中關於孔子飲食生活的實踐內容，比起其他學派的代表人物既豐富又具體。《論語》一書是孔子言行的紀錄，其中包含不少食教內容，尤其以〈鄉黨〉一篇為代表。

孔子對飲食很講究，有「八不食」的習慣，從現在的保健、飲食衛生觀點看，大部分也是正確的，要求很高的。這「八不食」分為三類：

- 第一，色味方面。食物變顏色了不吃，變味了不吃。
- 第二，食物品質方面。糧食陳舊了不吃，魚和肉不新鮮了不吃，不時鮮的蔬菜不吃。
- 第三，製作方面。烹調不當的食物不吃，佐料放得不當的飯菜不食，從市場上買回的酒和熟肉不吃。這八不食，對飲食衛生的要求很全面，對當代人也是一種啟發。

孔子對於自己的一大套飲食說教，大部分是身體力行的，在特殊情況下，才有某些違反。

以孔子為代表的儒家的飲食思想與觀念是古代中華飲食文化的核心，它對中華飲食文化的發展有著不可忽視的指導作用，儒家所追求的平穩社會秩序，也毫不含糊展現在飲食生活中，這也就是儒家所宣導的「禮樂」的重要內涵所在。

墨家和道家對飲食的態度

在東周時期的社會大動盪、大變革中，湧現出許多學派，它們的代表人物著書立說，開展爭辯，形成百家爭鳴的局面。各個學派幾乎都有與自己學術思想相關聯的飲食理論，這些理論直接影響到整個社會生活。這裡就說說墨家和道家的飲食主張。

墨家的代表人物是墨子。墨子生活極其儉樸，提倡「量腹而食，度身而衣」。他的學生，吃的是藜藿之羹[06]，穿的是短褐[07]之衣，與一般平民無異。為了解決社會上「飢者不得食」、「寒者不得衣」和「勞者不得息」的

---

[06] 藜藿之羹，相傳是古代帝王經常食用之菜，始於堯時期，是取用藜和豆葉煮成的無味之羹。藜又叫灰灰菜。藿：大豆的葉。
[07] 短褐，短，這裡通「裋」。短褐之衣，指僕僮所穿的粗陋的衣服。

第二章　青銅饗宴：先秦飲食的禮樂之道

「三患」問題，墨子除提倡社會互助外，又提出積極生產和限制消費的主張，反對人們在物質生活上追求過高的享受，認為只求吃飽穿暖即可。

他反對不勞而食，自以夏禹為榜樣，自願吃苦，晝夜不息。而且還造出一條聖王制定的飲食之法，即「足以充虛增氣，強股肱，耳目聰明，則止。不極五味之調、芬香之和，不致遠國珍怪異物」。也就是說，墨家不求食味之美、烹調之精，飲食生活維持在低水準。

老子認為發達的物質文明沒有什麼好結果，主張永遠保持極低的物質生活水準和文化水準。老子提倡「節寢處，適飲食」（大意是凡是要健壯體魄修煉性情以求長生的人，應當調節睡眠和日常行為，適度飲食）的治身養性原則，比起墨家來，似乎倒退得更遠。老子學派的門徒末流既有變為法家的，也有變為陰謀家的，更有變為方士的，他們以清虛自守，服食求仙，夢想長生不老。

盛宴美食 —— 令人垂涎的美味世界

歷史上延續時間最長的宴飲活動 —— 鄉飲酒

鄉飲酒是中國歷史上延續時間最長、最為盛行的一種飲宴活動。這種筵宴由地方官員舉辦，具有宣揚禮教和團結地方紳士的政治意義。由於宴會的參加者不同，有的側重於尊賢敬老；有的側重於社交燕樂；有的側重於籠絡地方紳士。這類飲宴活動，從周代起，一直延續到清末，綿延了數千年。

具體有以下幾種類型：據《周禮·地官·鄉大夫》和《儀禮·鄉飲酒禮》記載，周代諸侯之國的鄉大夫是主管政教、禁令等事務的地方官員，他們有責任對本鄉士人的德行、才能進行考察，每三年一大比，推舉德、

才最高的人，推薦給國君去任用。人選確定之後，臨行前鄉大夫要設宴以賓禮相待，並請本鄉德高望重之人（多為年老退休的官員）陪飲，叫做「鄉飲酒」。這是第一。

周代尚武，以射取士。州官每年春、秋兩季在序（學校）舉行兩次習射。習射時，由州官舉辦的飲宴活動也叫「鄉飲酒」。這是第二。

周代基層的行政組織叫黨（五百戶），黨的行政長官叫「黨正」。黨正每年年終舉行臘祭時的飲宴活動也叫「鄉飲酒」。這是第三。

有的地方官員每年要宴請一次本地有聲望的人，表示敬賢，也藉此機會宣傳禮教，扭轉社會上酗酒無度的風氣。這是第四。

有「天下第一家」之稱的孔府宴

孔府宴是孔府接待貴賓、襲爵（沿襲的爵位）上任、祭日、生辰、婚喪禮儀等場合特備的高級宴席。早在兩千多年前，孔子對飲食就非常講究。隨著歷代帝王對孔子的不斷加封、追諡，而歷代不衰，加上歷代帝王、欽差等官員來曲阜祭孔，甚至有的帶廚師來，逐漸地，孔府宴席集全國各地之精華，集魯菜之大成，其特點是色、香、味、形、名、料等俱佳。

孔府宴的菜料有名貴的駝蹄、熊掌等，也有地方特產，如微山湖[08]出產的魚蝦等是孔府菜中常用料，並有專門的佃戶（指租種貴族、地主土地的人）供給。

孔府宴分五大類，具體為：

---

[08] 微山湖位於山東省的西南部，由微山，昭陽，南陽，獨山四湖組成，又稱南四湖。微山湖南北長約三百餘里，總面積達 1,260 多平方公里。是中國北方最大的淡水湖。被譽為「齊魯明珠」，列為重點保護溼地。微山湖物產豐富，向來有「日出斗金」的說法，湖內有各種魚，蝦類動物七八十種，水生植物四十餘種，水禽、鳥類達八十餘種，是個名副其實的天然博物館，被命名為中國「麻鴨之鄉」和「烏鱧之鄉」。

第二章　青銅饗宴：先秦飲食的禮樂之道

◆ 第一類：壽宴

　　壽宴是孔府宴的一部分，孔府專門備有冊簿，記載孔府及夫人、公子、小姐以及至親等要員的生辰，屆時要設宴慶祝，這樣周而復始，形成了壽宴。壽宴上的名菜佳餚非常精美，餐具講究，陳設雅致。菜餚名稱也各有寓意，如「福壽綿長」、「壽鷟鴨羡」、「長壽魚」等。製作精細，其「一品壽桃」是孔府壽宴中的第一珍餚。

◆ 第二類：花宴

　　花宴是孔府的公子舉行婚禮及小姐出嫁時所設的宴席。孔府一向聯姻富貴之家，因此，花宴自然是高貴而體面，這類宴席，席間空出「喜」字，席中心有「雙喜」形高盤。菜餚名稱也貼切雅緻。如「桃花蝦仁」、「鴛鴦雞」、「鳳凰魚翅」、「帶子上朝」等。

◆ 第三類：喜慶宴

　　喜慶宴是指凡孔府內有受封、襲封、得子等喜慶之事，都要辦宴祝賀。這種宴席面上往往突出喜慶氣氛。其菜名多美好、吉祥之意。如「陽關三疊」、「四喜丸子」等。

◆ 第四類：迎賓宴

　　迎賓宴是迎聖駕、款待王宮大臣等高級官員所用的宴席。由於孔府的特殊政治職能和地位，各代帝王崇尚儒教，有時皇帝來曲祭孔，有時派王子大臣前來，接待這些高級官員的宴席規格較高，席面上有山珍海味，如「瓊漿燕菜」、「熊掌扒牛腱」、「御筆猴頭」等。

◆ 第五類：家常宴

　　家常宴是孔府自己接待親友所用的宴席，菜品也常常隨季節而變換。孔府內除內廚、外廚外，還有自設的小廚房，烹調各自的飯菜。

孔府宴經過歷代發展，形成了獨特的風味。並有「天下第一家」之稱。品嘗孔府宴與一般宴席有所不同，例如喜宴在開席前要鳴放鞭炮，講究一菜一格，一菜一味。除此，每道孔府菜都有一個美麗的傳說。值得一提的是，孔府的糕點如黑麻糕、元寶酥、如意餅、壽桃等等，製作十分精巧且形色優美，為一般點心所不及。孔府菜的命名極為講究，寓意深遠。有的沿用傳統名稱，也有的取名典雅古樸，富有詩意，如「詩禮銀杏」等。

在飲食器具上，孔府宴也非常講究，銀、銅、錫、漆、瓷、瑪瑙、玻璃等各質餐具齊備，並因菜餚變化而採用不同器具，取其形象完美。在多種盛器中，除魚、鴨、鹿等專用象形餐具外，還有方形、圓形、元寶形、八卦形、雲彩形等器具。這些盛器點綴了席面的富麗堂皇。簡言之，孔府宴的菜餚之所以有其特色，是遵循了孔子「食不厭精，膾不厭細」的原則。

孔府飲食文化在孔子飲食思想的直接影響下，歷時兩千五百餘年，傳承七十多代而長盛不衰，自成體系。這可以說是中華飲食文化發展史上的一大奇蹟。

名品由來 —— 口耳相傳的智慧典藏

史上最早的一組名食 —— 周「八珍」

談到中國古代飲食名品，人們常常提到出現最早的周「八珍」。

「周八珍」具體指什麼？《禮記・內則》中對這八種食品的原料、調味料、烹製工藝乃至炊器及注意事項都有具體的記述，從此為我們保存了兩

第二章　青銅饗宴：先秦飲食的禮樂之道

千多年前這一組名食的珍貴資料。按照《禮記・內則》的記載，周「八珍」是這樣的八種食品：

◆ **第一，淳熬**

其具體做法是將肉醬煎熱，澆在陸稻米飯上，再拌入煉好的動物油。這種飯食、肉醬、油脂的味道滲入米飯之中，一口多味，不需要再吃菜餚下飯，類似今天南方人喜食的蓋澆飯。「淳」，這裡是澆、拌的意思，指拌入動物油，「熬」是煎的意思，指煎肉醬。所以名叫「淳熬」。

◆ **第二，淳母**

淳母的做法與「淳熬」完全一樣，不同的是，淳母的米飯原料不是陸稻米而是黍米。

◆ **第三，炮豚**

炮豚的製作工藝非常複雜。它是將小豬殺死，掏去內臟，以棗填滿小豬的腹腔，用蘆葦把小豬纏裹起來，再塗抹一層帶草的泥巴，放在火中猛燒。這種方法古時叫做「炮」。炮畢，剝去泥巴，然後將手洗淨，揉搓掉燒製時豬體表面形成的皺皮，再用稻米粉調製成糊狀，塗遍小豬全身，然後投入盛有動物油的小鼎，動物油必須埋沒豬身。再將小鼎坐在盛水的大鍋裡，大鍋中的水面不能高出小鼎的邊緣，以免水溢入鼎中。用火燒熬三天三夜後，將小豬取出，用肉醬、醋等調和後食用。

◆ **第四，炮牂**

炮牂的製作工藝與炮豚完全一樣，不同的是炮牂不是烹製小豬，而是小母羊。

◆ **第五，搗珍**

搗珍是用牛、羊、麋鹿、鹿、獐等動物的里脊肉，經反覆捶打，除去

肉中的筋腱，烹熟之後，取出揉成肉泥而食。製作這一佳餚最關鍵的要求是：必須用細嫩的里脊肉，必須反覆捶打，除淨筋腱，所以叫做「搗」。

◆ 第六，漬

這種珍品的做法是：選用剛剛宰殺的新鮮牛肉，切成薄片，放在美酒裡浸泡一整夜，然後調上肉醬、梅漿、醋等調味料而食。其關鍵要求是：肉要新鮮，要切薄，而且必須視肉的紋理橫著切。

◆ 第七，熬

熬是將牛肉或者鹿肉、麋肉、獐肉經過捶打，除去皮膜，攤在葦箄上，再撒上薑、桂和鹽，以小火慢慢烘乾而成。類似後來的肉脯。這種肉脯溼吃乾吃均可。如想吃溼軟的，可放在肉醬裡煎食；想吃乾的，只要捶打鬆散即可。

◆ 第八，肝膋（音遼，意思是腸上的脂肪，也泛指脂肪）

這一珍品的製法是：取狗肝一副，用狗腸脂肪蒙起來，配以適當的汁子放在火上烤炙，使脂肪滲入肝內（烤時不能用蓼草作為香料）。再以米粉糊潤澤，另取狼的臆（就是胸）間脂肪切碎，與稻米合製成稠粥。一起食用。

從「周八珍」中，我們可以看出早在兩千多年前，中國的烹飪科學已經發展到很高的水準。特別是在以下幾個方面相當講究：

其一是在淳熬與淳母中已懂得將肉醬等與米飯合在一起，不需另以菜餚佐食。

其二是已經懂得選用動物肉中不同部位的肉，烹製不同的食品。如搗珍一食，特別強調要用脊側的嫩肉；肝膋中強調狗的網油，狼的臆間油等。

第二章　青銅饗宴：先秦飲食的禮樂之道

其三是很講究衛生。如漬這種食品只用酒浸，不用火烹，因此特別強調要用現殺的新鮮牛肉。做炮豚、炮牂揉搓肉皮時，必須將手洗淨等等。

其四是講究刀功、刀法。如製作漬時，不僅強調要切薄，而且要按肉的紋理橫切。因為這種肉是生食的，橫著切才容易咬碎。

其五，炮牂的製作工藝可以說令人嘆為觀止。這兩種食品都是整隻渾烹，既要味道入肉，內外熟度一致，又要成型完整，不能散爛，難度是很大的。因此他們別出心裁把最原始的「炮」法與油烹法結合使用，而且在油烹時，對導熱方法採取了特異的手段。如先將渾豬、渾羊用蘆葦纏裹入火燒製，這一工序既可使豬、羊半熟定型，又使肉中吸收了蘆葦的清香滋味，具有古時「炮」肉的風味；油烹前以稻米粉糊塗抹，說明已懂得掛糊的道理，大鍋中盛水，水中坐小鼎，小鼎中盛動物油，油中才放食品，三天三夜慢慢熬熟，這種間接而又間接的導熱方法，絕對可以避免外熟裡生。

「周八珍」開創了用多種烹飪方法製作菜餚的先例，後世令人眼花繚亂的各種菜餚，均是在此基礎上發展而來的，甚至在菜名上也襲用「八珍」，至今還有「八珍糕」、「八珍麵」、「八寶粥」之類，雖然內容在不斷更新，但名稱卻歷代相沿，說明周代「八珍」在中國飲食史上占有的重要地位。

名饌「西施舌」的由來

西施被譽為中國古代四大美人之一，與她有關的民間傳說頗多。烹飪史上與她相關的美食也不少。

歷史悠久的福建名菜「西施舌」，就有一段這樣的傳說。據說春秋戰國時期，越王勾踐滅吳後，他的夫人偷偷叫人騙出西施，將石頭綁在西施

身上，然後沉入大海。從此沿海的泥沙中便有了一種似人舌的文蜊，大家都說這是西施的舌頭，所以稱它為「西施舌」，這是個多麼豔麗的名字！

「西施舌」是沿海食品文蜊的一個品種，屬瓣鰓軟體動物，雙殼貝類。牠肉質軟嫩、氽、炒、拌、燉，其鮮美的味道都令人難忘。1930年代中國著名作家郁達夫在福建時，也稱讚長樂「西施舌」是閩菜中的神品。

河南名餚 ── 杞憂烘皮肘的典故

河南名餚杞憂烘皮肘歷史悠久，這道菜的由來，據傳說與《列子》記載的「杞人憂天」這個典故有關。

傳說春秋戰國時期，杞國（今河南杞縣）有位老人，整天胡思亂想，疑神疑鬼，擔心天會塌下來，為此茶飯不思，終日欠食少眠，身體日益虛弱。他的好友王良知道以後，就請他到家裡做客，勸導他說：天是空的，是不會塌下來的；地是實的，也陷不下去，不必為此擔心。說完吩咐家人準備酒飯款待。席間廚師為他製作一味佳餚「烘皮肘」。這道菜透明發亮，色似琥珀（琥珀是史前松樹枝的化石，形成於4,000萬～6,000萬年前），吃起來皮脆肉爛，香甜可口，果然使老人胃口大開，樂而忘憂。

王良又告訴老友說：這個菜在烘燒時加入冰糖可以潤肺，加黑豆可以壯筋，加杞果（枸杞子）可以補腎，加大棗可以補肝，所以此菜味美好吃，補虛健身，可以延年益壽。老人回家後命人如法炮製，一日一餐，憂慮漸消，身體很快恢復健康。此菜傳開後，成為杞國的一道地方名菜，因此取名「杞憂烘皮肘」。

第二章　青銅饗宴：先秦飲食的禮樂之道

廚家風範 —— 留名千古的飲食權威

將飲食和政治完美結合起來的伊尹

　　伊尹是夏末商初人，名摯，輔佐商湯，立為三公，官名阿衡。伊尹的身世極不平常，他本是一個棄嬰，有夫氏（一個小國的國名）的一個女子在採桑時，在桑林發現了他。女子將嬰兒獻給了國君，國君便將撫養的責任交給了庖人（廚師）。

　　在庖人的教導下伊尹長大成人，成了遠近聞名的廚界能人。商湯聽到伊尹的聲名，三次派人向有夫氏求賢。後來商湯向有惋氏（有夫氏國君的女兒）求婚，這使得這個小邦之君十分高興，不僅心甘情願地把女兒嫁給了商湯，而且還答應讓伊尹做了隨嫁的媵臣。商湯鄭重其事地為伊尹在宗廟裡舉行了除災去邪的儀式，在桔槔上點起火炬，在伊尹身上塗上豬血。到了第二天，商湯正式召見伊尹。伊尹開口就從飲食滋味說起，以此引起商湯的興趣。伊尹談道，凡當政的人，要像廚師調味一樣，懂得如何調好甜、酸、苦、辣、鹹五味。首先得弄清各人不同的口味，才能滿足他們的嗜好。作為一個國君，自然須得體察平民的疾苦，洞悉百姓的心願，才能滿足他們的要求。

　　伊尹對商湯說，商朝不過是個小國，方圓不到百里，不可能具備各種美味，只有當天子的，才有可能得到各種佳餚。伊尹實在是太了解烹調術了，他口中所說的那一整套烹調理論，使商湯佩服得很。他說只有掌握了嫻熟的技巧，才能使菜餚達到久而不敗，熟而不爛，甜而不過，酸而不烈，鹹而不澀苦，辛而不刺激，淡而不寡味，肥而不膩口。伊尹強調說：美味好比仁義之道，國君首先要知道仁義即天下的大道，有仁義便可順天命成為天子。天子行仁義之道以拯救天下，太平盛世自然就會出現。

伊尹的這一番滔滔不絕的鴻篇大論，不僅說得商湯饞涎欲滴，而且使得這位開國之君的思想發生了重大改變。商起初為夏的屬國，商湯按成規要朝見夏桀，向夏納貢。夏桀的殘暴，徹底破滅了商湯原準備輔佐他的幻想。自從聽到了伊尹的高論，更堅定了他攻伐夏桀推翻夏王朝的決心，當即舉伊尹為相，立為三公。商湯終於在伊尹輔佐下，推翻了夏桀的殘暴統治，奠定了商王朝的根基。商湯所以能得到天下，與伊尹的大力輔佐是分不開的。

伊尹的言論中不僅列舉了四面八方的飲食特產，更重要的是「三材五味」論，道出了中國文明早期階段烹飪所達到的發展高度，表明夏商之際的飲食生活區域性局限已經打破，南北的交流已經成為事實。伊尹有「烹調之聖」美稱，「伊尹湯液」為人傳頌千年不衰。

後來，調和鼎鼐甚至成了宰相管理國家的代名詞，這正與伊尹的出身相關。

殺子獻烹卻又被後世普讚廚藝的易牙

易牙，雍人（古代指宰殺、烹飪的人，即廚師），名巫，又名雍巫、狄牙。他不僅精於烹調，而且長於辨味。在調味、辨味方面，廚藝非同一般，「淄澠之合……嘗而矢口之」（見《列子》）。大意是：淄水、澠水皆是齊國境內的河流，將這兩條河的水放在一起，他居然能辨出哪個是淄水，哪個是澠水，竟然沒有一次錯的。

易牙本是一個太監（當時叫寺人），受寵於齊桓公的夫人長衛姬（即衛共姬），後因齊桓公的寵臣寺人貂的引薦，才有機會獻佳餚給齊桓公品嘗。齊桓公是個重飲食的人，便說：「你善於調味嗎，我嘗盡天下百味，唯獨嬰兒的味道沒嘗過。」善於逢迎的易牙，於是一狠心把他的小兒子蒸

第二章　青銅饗宴：先秦飲食的禮樂之道

了給齊桓公，從此之後，深得齊桓公厚寵。

齊桓公有吃宵夜的習慣，只要夜半不餓，易牙就使出渾身解數，煎、炒、烹、炸，以迎合齊桓公的口味。每每齊桓公吃飽後，才心滿意足地睡上一覺，一直睡到天亮也不醒。易牙自從抓住齊桓公的胃口後，深得齊桓公的恩寵，晚年昏庸無道的齊桓公，居然異想天開，想讓易牙出掌政權，成為繼伊尹而後的庖廚宰相。於是趁著管仲臥病將死之時，問他說：「群臣當中，誰可為相？」管仲回道：「知臣莫如君。」齊桓公便提出心中第一號人選，說：「易牙如何？」管仲不以為然，說：「殺掉自己的孩子以迎合您，這不符合人情常理，不能任用他。」齊桓公接著舉出開方（開方本是衛國人，為了顯示自己對齊桓公的忠心，父親死了也不去奔喪，因此受到齊桓公重用）及寺人貂二人，管仲都表示反對。等到管仲一死，齊桓公親近他們三人。過了沒多久，易牙等三人逐漸得以掌握朝政大權，齊國開始動盪不安。

兩年後，齊桓公死了，他的五個兒子（齊桓公的夫人有六個：長衛姬生無詭，少衛姬生元，鄭姬生昭，葛嬴生潘，密姬生商人，華子生雍。齊桓公與管仲都屬意於鄭姬生的姜昭，已立為太子）利用這個機會，開始互相攻擊。受寵於長衛姬的易牙，於是先下手為強，與寺人貂殺群臣，立公子無詭為國君，太子昭投奔宋襄公。宋襄公便率諸侯與太子昭攻打齊國。齊人恐慌，於是殺掉國君無詭，立太子昭為國君，這就是歷史上的齊孝公。

據傳說失去政治舞臺的易牙，跑去彭城（今江蘇徐州），師承彭祖廚藝，終成一代大廚。所以有詩寫道：「雍巫善味祖彭鏗，三訪求師古彭城。九會諸侯任司庖，八盤五簋宴王公。」易牙的為人固然令人不齒，但高超的手藝卻普獲後世的認同。後世的很多史料中將易牙列為廚行的祖師。

美器食談 —— 相得益彰的飲食器具

商周飲食器具的代表 —— 青銅器

先秦時代在貴族階層主要使用青銅[09]器作飲食器具。青銅炊煮器主要有鼎、戲、鬲三種，都是新石器時代就有的器形。其中鼎又是重要的盛食器，有方形和圓形兩種。殷墟墓還出土過一件氣鍋，中間有一透底的氣柱，柱頂鏤成鏤空的花瓣形，十分雅緻。這類氣鍋可能在商代前就發明了，它本身代表著一種高水準的烹飪技巧，說明人們對蒸氣能早就有了深入的認知。商代的盛食器有圓形的簋和高柄的豆（形狀類似帶高座的盤子），水器則有盤、缶和罐等。一般的庶民階層所用器皿大多為陶製，但造型卻與青銅器相似。

在新石器時代，人們的飲食器具還停留在陶土質的階段。到了商周時期，便一躍而進入輝煌燦爛的青銅時代，王室飲食器具也都以青銅製作。

在青銅未發明以前，商代飲食器具先有一個使用紅銅（純銅）的時期，紅銅質軟，不如青銅堅硬。青銅比紅銅有三大優點，一是熔點低，易於鑄造；二是可根據需求加減錫、鉛的比重，得到不同的硬度；三是溶液流暢，氣泡少，可鑄精美的花紋。所以青銅的發明對生產工具、貴族飲食器具而言，都是一個劃時代的創造。一些古文獻中常稱商周時代的青銅為「金」或「吉金」，吉金就是指精純美好的青銅。

商周時代，青銅鑄造業全部被王室占有，權貴們用青銅製作鼎以盛肉，做簋或敦以盛黍、稷、稻、粱，做盤以盛水，做爵或尊以盛酒。他們用這些青銅食具或蒸或烹，演繹為權力的象徵。下面我們對出土的商周王

---

[09] 所謂青銅，是指純銅和其他化學元素的合金，最常見的是銅與錫、銅與鉛的合金，顏色呈青灰色，因而得名。

第二章　青銅饗宴：先秦飲食的禮樂之道

室的鼎食器作一下介紹：

鼎是商周王室最常用的炊器，相當於現在的鍋，用於煮肉盛肉，形態大多是網腹、二耳、三足，也有四足的方鼎。最早的青銅鼎都是仿照陶鼎而製作的，但又具備陶鼎所沒有的某些特徵，如鼎的兩耳一般立在口沿上，目的是在取用鼎時，用鉤將鼎鉤起。

迄今已出土的鼎，最小的高不過十多公分，如西周的鑐德鼎。最大的高 133 公分，寬 78 公分，口長 110 公分，鼎重 875 公斤，這就是商代後期的司母戊方鼎。該鼎立耳，長方形腹，四柱足，中空，所有花紋均以雲雷紋為地。耳的外廓飾一對虎紋，虎口相向，中有一人頭，好像被虎所吞噬；耳的側緣飾魚紋。鼎腹上下均飾以夔紋帶構成的方框，兩夔（古代傳說中一種奇異的動物，像龍，一足）相對，作饕餮形，中間隔以短扉稜。鼎腹四隅皆飾扉稜，以扉稜為中心，有三組獸面紋，上端為牛首紋，下端為饕餮紋。鼎身四面的中央部分，都是沒有花紋的長方形空白地。足部飾獸面紋，下有三道弦紋，腹內壁有銘文「司母戊」三字。

司母戊鼎是商代王室飲食器具的代表作。它的造型厚重典雅，氣勢宏大，紋飾美觀莊重，工藝精巧，是商文化發展到頂峰的產物。很顯然，這麼巨大的鼎，並非是出於實用的需求而製作的。根據鼎腹內銘文「司母戊」三字來分析，學術界許多人認為此鼎是商王為祭祀他的母親「戊」而鑄造的，在祭祀時用此鼎裝一些牲肉等祭物。

司母戊鼎於西元 1939 年出土於河南安陽北郊的武官村，是迄今世界上最大、最重、最罕見的青銅器，是中國國家博物館的「鎮館之寶」。此外，比較有名的還有盂鼎、大克鼎、毛公鼎等。

西周中晚期，不論器物的種類還是造型，都出現了一些明顯的變化，尤其是編鐘的出現，最終確立了貴族們鐘鳴鼎食的格局。西周時貴族階層中還十分流行一種銅溫鼎，這既可看作是炊具，更是一種食器。這種鼎容

積不大，高一般不過 20 公分，鼎下還有一個盛火炭的銅盤。還有一種習慣上稱為方鬲的銅器，下面也有一個放炭的爐膛，與溫鼎用途相同。這種鼎和鬲主要當是用於食羹的，羹宜熱食。它只供一個人使用，所以體積不用太大，與現代小火鍋頗有相似之處。

　　從用途上講，商周王室的鼎又分為鑊鼎、升鼎和陪鼎三大類。鑊鼎形體較大，多無蓋，用來煮牲肉。升鼎是把鑊中的熟肉放到這一類型的鼎中去，這稱之為「升」，所以叫「升鼎」，也稱「正鼎」；陪鼎是升鼎之外的另一種鼎，盛放佐料的肉羹，與升鼎相配使用，所以叫陪鼎。

　　主要用於飲食器具的鼎後來發展成為一種禮器，所謂禮器，就是帝王貴族在進行祭祀、宴會等活動時，舉行禮儀使用的器物，具有濃厚的宗教巫術色彩。後世甚至還把鼎視為國家政權的象徵，傳說大禹用很多金屬鑄為九鼎，作為傳國的重器，所以後世稱國家的棟梁大臣為「鼎輔」，就好像鍋底下的足拱托著大鍋一樣，取得政權叫「定鼎」，這些名稱均由飲食器具引申而來。

第二章　青銅饗宴：先秦飲食的禮樂之道

第三章
進食天下：秦漢飲食的革新風貌

第三章　進食天下：秦漢飲食的革新風貌

秦漢時期，中國成為統一的多民族國家，從飲食方面看，隨著社會生產力的發展和人民生活水準的提高，飲食在前代的基礎上進一步豐富化和多元化。

漢代時，在食物的不斷多樣化後，烹飪的技巧自然得到了改進。比如周代人只知道小麥飯而不知餅，東漢時期中國出現了多種麵食，包括煮麵，饅頭和芝麻餅。在一些古代出土的漢代墓葬中都發現了揉麵的場景。從整個歷史的視角來看，正是漢代人在最普通的食物原料上吸收了外來品，加上願意學習別人的文化，才最終掀開了中國飲食史上的全新篇章。

開篇定論 ── 啟人心眼的酸甜苦辣

秦漢時帝王諸侯們的不死夢想

大約在秦漢之際，追求長生不老和不朽，在統治階層中成為一股前所未有的大潮流。希望生時見到神仙，死後升仙，甚至包括皇帝們在內，都帶頭做著這種神奇而不可能實現的美夢。

秦始皇剛登上天子寶座，就開始在全國範圍內徵召數十萬人為自己修建陵墓，準備身後之事。與此同時，他又聽信方士（方士就是方術士，或稱為有方之士，用現在的話說，就是持有方術的人。一般簡稱為方士或術士，後來則叫做道士）們的蠱惑，幾次派人求取仙藥，夢想長生不老，生能萬歲。最後他親自去尋藥累得病倒了，終於把性命丟在尋找不死之藥的旅途中。儘管他這麼虔誠，十年求仙，可這位史上第一位正宗皇帝，沒想到死亡來得如此突然，僅僅只活了五十歲，便永久告別了他的不死夢想，長眠於驪山腳下了。高大的皇陵下埋藏著的，是一顆終日做著不死夢的求仙的心。

漢代時，漢武帝也追隨秦始皇求仙不死的夢想，更有飲露餐玉（即喝露水吃玉器）之舉，他同樣也不可倖免地受盡了方士的欺騙，花費的錢財十倍於秦始皇，依然是仙人未見，仙藥未得。當時的神仙家們大概感到東海仙境太遙遠了，於是又抬出一個西王母，說西方崑崙山（位於青海省境內）居住的她也擁有不死之藥。這藥取自崑崙山上的不死樹，由玉兔搗煉而成。不過西王母的藥更是可望而不可即，崑崙山下不僅有深不見底的大河環繞，還有熊熊火山作屏障，凡人誰也別想過去。

西方的仙藥沒有指望，神仙家們又說南方有美酒，飲之也可不死。漢武帝聽說後清茶淡飯寡居七日，隨後派遣欒巴（蜀郡成都人，性格耿直，喜好道術）帶領童男童女數十人去尋找能使人不死的美酒。

後來，方士們又說，即使實在求不得長生藥也不要緊，如果做到不吃人間煙火的「絕粒」境界，也一樣可以成仙。要絕粒，必須以氣充當食物，仙人都以氣為食，所以要煉氣。只有這樣，才能羽化長出翅膀來，就能身輕如鴻毛，自由自在飛翔了。不少人都相信不食五穀可以成仙，那個被太史公讚為「運籌帷幄之中，決勝千里之外」的留侯張良，功成名就之後，晚年也嚮往成仙之道，學闢穀[10]術，深陷於得道成仙的荒謬理論中。

臑鱉膾鯉的漢代飲食生活

漢統一全國後，社會穩定，經濟發達，出現了用高消費促進經濟發展的理論。被認為成書於這個時期的《管子・侈靡篇》，提出「莫善於侈靡」的消費理論，提倡「上侈而下靡」的主張，叫人們儘管吃喝，儘管駕著美車駿馬去遊玩。如何變著法子侈靡呢？可以「雕卵、雕撩」為例，叫做

---

[10] 闢穀又稱「卻穀」、「斷穀」、「絕穀」、「休糧」、「絕粒」，即不食五穀雜糧。闢穀分「服氣闢穀」與「服藥闢穀」兩大類。史書記載闢穀的人很多，闢穀時間或幾月、幾年甚至幾十年，其中難免有誇大不實之處，但這種闢穀術確實存在。

第三章　進食天下：秦漢飲食的革新風貌

「雕卵然後瀹（音悅）之，雕橑然後爨（音竄）之」，意思是在雞蛋上畫了圖紋再拿去煮著吃，木柴上刻了花紋再拿去燒。

《鹽鐵論・散不足》記載，漢以前的鄉飲酒禮俗，老者不過兩樣好菜，少者連席位都沒有，站著吃一醬一肉而已，即便有賓客和結婚的大事，也只是肉湯和米飯，再加一些細切的肉塊和熟肉。漢代時民間動不動就大擺酒筵：「殽（音餚）旅重疊，燔（音凡）炙滿案，臑鱉膾鯉。」這句話的大意是：漢代民間招待客人，魚肉重疊，烤肉滿桌，還有魚鱉、鹿胎、鵪鶉、香橙、以及鮐、鱧、肉醬和醋，物豐味美。又說漢以前不祭祀鄉會就無酒肉，即便諸侯也不隨便殺牛羊，士大夫也不隨便殺犬豕。漢時並無什麼慶典，但往往也大量殺牲，或聚食高堂，或飲食野外。街上滿是肉鋪飯館，到處都有酒館、酒樓，豪富們則用最好的器具，吃最名貴的山珍海味、飛禽走獸，過著窮奢極侈的腐靡生活。

可以說，漢代臑鱉膾鯉的宴飲已成為一種風氣，尤其是西漢以後，從上至下，都是如此。帝王公侯是身體力行者，祭祀、慶功、巡視、待賓、禮臣，都是大吃大喝的好機會。各地的大小官吏、世族豪強、富商大賈也常常大擺酒筵，迎來送往，媚上驕下，宴請賓客和宗親子弟。正因為官越大，食越美，所以封侯與鼎食成為一些士人進取的目標。

《後漢書・梁統傳》就說：「大丈夫居世，生當封侯，死當廟食（就是被廟祭、供奉的意思）。」漢武帝時的主父偃[11]也是抱定「丈夫生不五鼎食，死則五鼎烹」（在主父偃認為被五鼎所烹殺也代表地位、身分的尊貴）的決心，少時勤學，武帝恨相見太晚，竟在一年之中連升他四級，滿足了他的心願。

---

[11] 主父偃，漢武帝時大臣。臨淄（今山東臨淄）人。出身貧寒，早年學長縱橫之術，後學《易》、《春秋》和百家之言。在齊受到儒生的排擠，於是北遊燕、趙、中山等諸侯王國，但都未受到禮遇。元光元年（西元前134年），主父偃抵長安（今西安）。後直接上書漢武帝劉徹，當天就被召見，得到武帝的破格任用。後因為收受諸侯子弟賄賂而被族殺。

漢代的詩詞歌賦對於當時的宴飲場面有非常充分的描寫。如漢時所傳〈古歌〉說：「上金殿，著玉樽。延貴客，入金門。入金門，上金堂。東廚具餚膳，樵中烹豬羊。主人前進酒，彈瑟為清商。投壺對彈棋，博弈並復行。朱火揚煙霧，博山吐微香。清樽發朱顏，四座樂且康。今日樂相樂，延年壽千霜。」這些詩賦都是對漢代畫像石宴飲圖最好的注解。

食俗禮儀 ── 約定俗成的趣味飲食

兩漢時期相得益彰的宴飲樂舞

在漢代，先秦時期鐘鳴鼎食、以樂侑食的習俗被諸侯、貴族們沿襲下來。漢代統治者設立太樂和樂府兩個音樂機構。太樂掌管宗廟祭祀的雅樂，樂府則掌管供皇帝娛樂的世俗音樂。為了方便君主、貴族宴飲娛樂的需要，當時樂府和貴族之家豢養著大量樂工和專門以表演歌舞娛人的女藝人 ── 女伎。

史料記載，春秋時期就有了私養女伎的風氣。之後這一風氣一直流行下來。這些女伎大多出身低微、貧寒，色藝俱佳，她們先接受嚴格的舞蹈訓練，然後出沒於後宮、貴族、士大夫之家，供他們飲酒娛樂。秦始皇統一六國後，集中了全國的女伎，充盈宮室。到了漢朝，女伎更是盛行一時。

在東漢張衡的〈西京賦〉中，生動的記述了漢帝在後宮與年輕女子一面飲酒，一面觀看歌舞表演的場面。張禹在漢成帝時任丞相，他喜好歌舞作樂，經常在後堂一邊宴飲，一邊欣賞女伎表演，直到深夜才停止。

不止女妓隨宴飲而舞，也有宴飲者或出於娛樂或出於其他目的即興而舞的情況。楚漢爭戰時，在鴻門宴中，項莊藉口軍中沒有娛樂，請求舞

第三章　進食天下：秦漢飲食的革新風貌

劍，想乘機刺殺劉邦。項伯事先得知內情，不便明顯阻攔，於是隨之拔劍起舞，暗中保護劉邦。又《魏書・奚康生傳》記載，康生與元叉同謀，想廢掉靈太后。正光二年（西元521年），靈太后於西林園設宴招待文武群臣，酒酣相繼起舞。輪到康生，他跳起了力士舞，「及於折旋，每顧視太后，舉手、蹈足、瞋目、頷首為殺縛之機」。借用起舞的機會，想除去對手或威攝政敵。

據史料記載，漢景帝的兒子長沙定王劉發，由於母親不得寵，所以其封地較小。一次諸王進京朝賀，劉發遵旨以歌舞助興，他故意縮手縮腳舞蹈，大家都笑他動作笨拙，景帝也感到奇怪，問他為何要這樣跳舞？劉發說：「臣國小地狹不足迴旋。」劉發用一種特殊的舞姿向皇帝表達了想擴大封地的願望，堪稱即興舞蹈的另一種妙用。

漢武帝兒子燕王劉旦謀反被發覺，卻又不能發兵，十分鬱悶，於是在萬載宮設宴，與賓客、群臣、妃妾飲酒解悶。劉旦自己唱道：「歸空城兮，狗不吠，雞不鳴，橫術何廣兮，固知國中無人！」華容夫人起舞唱道：「發紛紛兮寘渠，骨籍籍兮亡居。母求死子兮，妻求死夫。裴回兩渠間兮，君子獨安居！」唱完後，在場之人無不抱頭痛哭。皇族貴族用歌舞來抒發悲痛絕望的情緒。

以上幾種情況都說明當時宴飲中即興起舞是很平常的事。

而且，邀人共舞時，如果對方不理睬或不答應都是不尊重人、輕視對方的表現。有史料記載，東漢時，大才子蔡邕被人誣陷，流放至五原（今內蒙古境內），後遇大赦，當他準備回家鄉時，五原太守王智設宴為其餞行。酒喝到盡興的時候，王智邀蔡邕起舞蔡邕沒有理睬。王智當即大罵道：「你這個囚徒，竟敢輕視我！」蔡邕拂袖而去。事後，王智懷恨在心，多次誣陷蔡邕誹謗朝廷，使得蔡邕無法回家，又在江南吳地苟活了十二年。

宴飲時，除了上述所說的主客間有「以舞相屬」（主人先舞，再邀賓

客相舞）的習俗外，賓主本人有時還會即興自我表演。這種舞蹈表演往往是以抒發舞者內心的感情或為達到某種目的而進行的。《史記・高祖本紀》記載：漢高祖十二年，劉邦平定淮南王黥布叛亂，回到沛地時，準備酒宴，招待故人父老子弟飲酒。酒喝到盡興的時候，高祖擊筑（古代的一種樂器）唱道：「大風起兮雲飛揚，威加海內兮歸故鄉，安得猛士兮守四方！」大意是：風起雲湧，群雄四起，我平息叛亂榮歸故里，但如何能找到有勇有謀的人替我鎮守四方疆土！並起身舞蹈，慷慨傷懷，激動地掉下淚來，表達了劉邦求賢定國的迫切心情和憂慮。

再比如，天漢元年（西元前100年），漢將蘇武奉命出使匈奴被扣，威武不屈。先被幽禁大窖中，後又流放北海（今貝加爾湖）。直至始元六年（西元前81年），昭帝與匈奴和親，才允許回朝。臨行前，前漢降將李陵置酒宴為其送行。李陵說：「今足下還歸，揚名於匈奴，功顯於漢室，雖古帛所載，丹青所畫，何以過子卿！」大意是：李陵安排酒筵向蘇武祝賀說：「今天你回來了，揚名於匈奴，顯露功績於漢朝，即使史籍上記載的人物，畫中描繪的人物，有哪一個能超過你？隨後李陵起舞，歌曰：「徑萬里兮度沙幕，為君兮奮匈奴。路窮絕兮矢刃摧，士眾滅兮名已頹，老母已死，雖欲報恩將安歸？」大意是：我行程萬餘里，穿過了大沙漠，為皇帝帶兵與匈奴奮戰。道路截斷，兵器摧折損壞，部下士兵死光，自己的名譽也已敗壞了。老母已死，雖想報恩又能去哪裡報呢？」表達了其內心的羞愧和悲痛。

上元節吃元宵食俗的由來

　　古人將正月十五日元宵節稱為上元節。「上元」大約來源於「三元」的說法，三元即上元、中元、下元，分別在正月、七月、十月的十五。正月

第三章　進食天下：秦漢飲食的革新風貌

十五是天官[12]生日，又是第一代天師張道陵的誕辰，從名稱上看，上元節似乎與道教有一定的關係。

然而上元節究竟起於何時，目前尚無定論。一說起源於西漢的漢文帝時期。據說正月十五這天，周勃、陳平率軍平定「諸呂之亂」後，又恰逢漢文帝登基，升任天子。為了慶賀，此後每年的這天晚上，漢文帝都出宮遊玩，與民同樂。因「夜」在古語中又叫「宵」，正月又稱元月。漢文帝便將正月十五定為元宵節。另一說起源於漢武帝時期。據說有一次漢武帝久病不愈，太一神[13]告訴他說：「不必憂慮，病很快會好轉。」不久，漢武帝果然病癒。為了答謝太一神，漢武帝在甘泉宮修建太一祠壇一座，上供太一神像，進行祭祀。其中，尤以正月十五最為隆重，從黃昏開始，通宵達旦用燈火祭典，由此形成了正月十五張燈結綵的習俗。

不論上元節吃元宵源於何時，事實上經歷了自漢以來的歷代演化，到了唐代時，這天已成為全國人民的純娛樂節日。各地都以不同形式舉行豐富多彩的娛樂活動，諸如觀燈展、猜燈謎、耍獅子、舞龍燈、踩高蹺等，再加上美酒佳餚，歌舞絲竹，全國各地都沉浸於歡樂之中。而此時的食俗中，各地卻都少不了甜香可口的元宵。

雖然各地過元宵節的時間是一樣的，但元宵作為元宵節的佳品，在不同的時期和地區卻有不同的稱謂和吃法。隋唐時稱湯中牢丸，吃法是在燒開的湯中下入糯米粉丸子煮熟，再配以蜜棗、桂花、白糖等，實際上是一種甜味的無餡圓子羹。大約到了南宋，才改為包餡，叫做乳糖圓子，因煮熟後浮於湯上，又稱浮元子。江蘇淮安稱湯圓、糖圓；無錫稱團圓；浙江

---

[12] 傳說天官名叫上元一品賜福天官，紫微大帝。天官由青黃白三氣結成，總管天上和地下的君王。每逢正月十五日，即下人間，校定人的罪福。

[13] 「太一」有幾種意思，其中主要是「道」的別稱。《呂氏春秋・大樂》指出：道是天下的精華，它是沒有形狀的；並認為萬事萬物和人類，都是由太一產生的：太一產生天地，產生陰陽，再由對立的陰陽兩氣推移而生出變化，從而產生萬事萬物。在漢武帝時代「太一神」被人們尊奉為一種至上的天神。

湖州一帶稱燈圓；河北定州稱油錘粉團；遼寧等地稱元宵。大致說來，元宵一名在民間較為普遍，可能是因為人們習慣在上元夜吃它，所以取上元節宵食之意吧。

元宵的種類是很多的，甜鹹酸辣，蒸煮煎炸，各式各樣，不一而足。元宵製作主要有兩種：一種是先將餡捏成圓粒，放置在乾糯米粉中不斷翻滾，直到滾成適當的圓球為止；另一種用吊漿粉和成麵，包餡而成。南方製作的心肺湯圓、五色桂粉湯圓都是名揚天下的美食。

飲酒食糕慶重陽 —— 重陽節食俗

重陽節是怎麼來的？為何又飲酒、登高、食糕呢？重陽節也叫重九節，因為正值農曆九月九日，二九相重。古時，人們把「九」作為陽數，所以也稱重陽節。

先說重陽節登高「飲菊花酒」的由來吧。相傳在東漢時，汝南人桓景隨方士費長房學道。一天，費長房對桓景說：九月九日，汝南有災疫降臨，你趕快在全家人的臂上都繫上裝著茱萸的小布袋，然後到高山上去飲酒，就可以避開這場災難了。桓景趕緊去照辦，但當晚他回家時卻發現，家中的雞、犬、牛、羊都死光了。他對著這些動物不禁嘆道：「你們代替了我們承受了這場災難啊！」據說重陽登高飲菊花酒的習俗就這樣流傳下來了。

等到了宋代，重陽糕的花樣款式已經非常多了。北宋時孟元老在《東京夢華錄》說：「重陽節前一兩天，各家都以粉麵蒸糕互相贈送，上面插上剪綵小旗，摻和果實，如石榴子、栗子黃、銀杏之類。又以粉作獅子蠻王之狀，放在糕上。」

明清時，京師重陽節花糕極勝。有用油糖果爐做的，有用發麵壘果蒸

第三章 進食天下：秦漢飲食的革新風貌

成的，有用江米黃米搗成的，都是剪五色彩旗作為標誌。中國幅員遼闊，各地的花糕也各具特色。有的地方重陽花糕達九層，上面飾以兩隻小羊，寓意「重陽」。在重陽這天，一些地區還有給出嫁女兒送花糕的風俗。

最早的酒令遊戲 —— 射覆

射覆，最早是把某物覆蓋起來讓他人猜的一種遊戲。「猜」，古人稱之為「射」，所以射覆就是猜所覆蓋的物品的遊戲。

射覆這種古老的遊戲根據史料考證大約始於漢代。據《漢書・東方朔傳》記載，漢武帝十分喜好神仙之道。一次，他把一些以占卜聞名的術士請進皇宮玩射覆遊戲，以此驗證他們是否具有預言的本領。武帝把一條「守宮」（即壁虎，據說經過某種技術加工，把牠的漿汁滴在宮女的臂上，具有防止宮女放蕩的功能，故稱「守宮」。）覆蓋在盆裡讓術士們猜，結果，這批占卜大師出盡了醜，沒有一人能猜中。這時以精通《周易》而聞名的東方朔坐不住了，他排出卦象，然後回答說：「把牠叫做龍吧又沒有角，把牠叫做蛇吧又有足。牠非常善於攀援岩壁，不是壁虎就是蜥蜴。」漢武帝聽了很高興，賞絲帛十匹。然後繼續試驗東方朔射覆的本領，結果，東方朔連射連中，得了大批賞物。

要想贏得射覆遊戲，最主要的就是猜，然而所覆之物千奇百怪，即使再聰明的人也難百猜百中。東方朔之所以能全部猜中，傳說大約與宮中內侍傳遞的暗號有關。傳遞暗號的手法很多，如揮扇、作手勢、吟詩、敲桌等，由射者與在旁邊的人事先約定。也許，猜酒令傳遞暗號的「傳統」就源於此吧！

射覆這種遊戲從一定程度上可以看作是娛樂活動，因而很快與宴飲結合為一體，成為酒戲中的一種娛樂和競技項目。據《續說乳》記載，東漢

末期名將皇甫嵩和賓客飲酒時，總喜歡擲骰子讓賓客來猜，當骰子還在盆中轉動時，皇甫嵩就用手遮住盆口，若擲得十點，客人猜錯，則客人被罰十杯，若客人猜對，皇甫嵩則按照規則自罰十杯。每逢此時，酒量小的客人往往脫席而逃，皇甫嵩嘲笑他們是「俗客」。唐朝時，唐玄宗立丞相，寫了一個人名，以金屬片蓋上，讓太子猜，猜中的人會得到皇帝賜予的美酒。宋明以後，射覆得到長足發展，漸漸形成各種類別。

總之，射覆不管以什麼形式出現，其基本方法都是隱藏起某物讓對方猜。藏物的方法不受限制，可以握在拳頭裡，也可以把燈盞蓋上拿來猜等，所猜的事物門類花樣繁多，或瓜子、花生，或花朵，或文字、詩詞等，從而形成包羅諸多內容的酒令。我們下面給大家介紹一下。

■ 猜花令

猜花令的遊戲過程：根據酒量把入席的人平均分成兩曹（就是兩組），以覆的一方為上曹，猜的一方為下曹，將十個酒杯扣在盤中，上曹把一朵花覆在其中一個酒杯中，將盤放到桌上，令下曹猜射，猜完後，揭開酒杯，若揭的是空杯，則斟滿這杯酒，由下曹人分飲，飲完將空杯放到盤外，若一連九杯都猜空。叫「全盤不出」，若下曹射中，將該杯及盤中所剩下的杯子都斟滿酒，由上曹人分飲。

■ 猜朵令

猜朵令的遊戲過程：先備雕刻細緻的竹盒，竹盒分上下兩層，上有蓋。遊戲時，臨時從花園採摘十多種花朵，放在下層竹盒中，然後在席間傳閱一遍，令官（就是現今所說的主持人）暗暗拿出一朵放在竹盒上層，蓋上蓋子，請眾人猜。猜中，令官飲酒，猜不中，猜者飲雙杯。射覆作為酒戲難度較大，其中最為有趣的是猜謎，它可分為字謎、數謎、詩謎、典故謎、社謎，有的簡單易猜，有的則刁鑽古怪，易覆難射。

第三章　進食天下：秦漢飲食的革新風貌

■ 花名謎令

　　猜花名謎令的過程：令官說四句話作為謎面，謎底是一名中含「花」之物。謎面說出後，由席間諸人猜，猜中免罰，猜不中則罰射者一杯。如「請君報一花，有焰最為佳，若還無焰色，罰酒不饒他」，謎底是燈花、燭花、鋼花等。再如「請君各報一花來，非剪非描不用栽，立地生來立地謝，不消不謝不音哉」，謎底是水花、雪花、酒花之類。

■ 猜詩令

　　猜詩令的遊戲過程：事先設令官兩人，乙官避於席外，甲官根據座客人數，說一句古人詩詞，然後告訴席間每人一個字。乙入席，開始猜甲所說的詩句。乙可隨意向座中每一個人提問，被問者必須在三句話中不露痕跡地嵌入甲所給的那個字。乙問遍在座之人後，須猜出甲所說的詩句。若射中，除乙外，甲與在座的眾人同飲；若猜不中，則乙飲一杯。如甲選的詩句是「只在此山中」，乙問某人：「你怎麼來晚了？」某人則回答：「不晚，我來時只有一人。」「只」在其中，其餘類推。

　　還有一種射覆也很有趣味性。覆語曰：「和棋難得，貴乎一孔而雙活。射春秋一名人。」謎面說的是下圍棋的知識：兩人棋子形成包圍和反包圍，雙方各有一眼即「一孔」，構成「雙活」，因而出現「和棋」局勢，這在下棋中是很難得的，所以為「貴」；「一孔而雙活」寓意為「兩耳（孔）相重」，所以謎底是春秋名人重耳。這條謎底由於用了棋理，所以它不用猜中與否來決定獎賞，而是註明「善弈者一杯」（就是擅長下棋的人飲一杯），這在射覆中也算是別具一格了。

兵戈食話 —— 名役名品的機緣碰撞

「官渡大戰」中因狡辯而產生的「老燒齊頭」

在今河南許昌地區提起「老燒齊頭」這道菜餚，可以說是盡人皆知。「齊頭」指的是許昌運糧河特產的鯽魚，用它製作「老燒齊頭」，金黃色美，肉細味鮮，很久之前就已是窗戶口兒吹喇叭 —— 名聲在外了。

傳說「老燒齊頭」這道名餚的產生和「官渡之戰」是有直接關係的。西元196年，曹操把漢獻帝迎接到許昌，從此東漢政治中心轉移到許昌（今河南許昌東），成了臨時都城，又稱許都。曹操挾持天子來命令諸侯，實力迅速壯大起來，使得其他諸侯（即地方實力派人物）很不滿。西元200年，袁紹帶領十萬精兵討伐曹操，大軍前鋒直指黃河岸邊的白馬（即今河南滑縣）。曹操不得不屯兵官渡（今河南中牟境內），準備迎戰。袁紹人多勢眾、軍糧充足，占有明顯的優勢。曹操一面急調兵馬增援，一面派人籌集糧草。於是無數船隻星夜兼程，經過運糧河駛向許都。由於曹操足智多謀、善於用兵，經過幾次戰役，消滅了袁紹主力，為他日後統一北方奠定了堅實的基礎。這就是歷史上著名的「官渡大戰」。「官渡之戰」是歷史上以少勝多的典型戰例。

在這場戰役期間，運糧河上千帆競發，非常壯觀。可惜中間有幾天趕上滂沱大雨，使很多運到許昌的軍糧都發生了黴變。運糧軍官生怕曹操問罪，難免情急之下偷偷地將許多糧食傾倒河裡餵魚了。有一天獻帝上朝理政，詢問糧食儲備情況，曹操讓人將運糧官找來，作了稟奏，只是不敢提及處理黴變糧食的事情。哪知曹操早已聽人匯報，自然要加以追問。運糧官預感大禍臨頭，卻不得不加以辯解。他說：「傾倒河中，是不得已而為之。但我們這樣做也不是沒有道理，黴糧入水，反倒把魚兒餵飽了，使魚兒長得又肥又

第三章　進食天下：秦漢飲食的革新風貌

大，一定能成為宮廷盛宴上的佳餚。」獻帝聽後，笑道：「這是狡辯之辭，不足為憑。」曹操則笑而不語，示意運糧官趕快退下，全無責怪之意。有趣的是，時隔不久，就有人向丞相稟報：「運糧河中的鯽魚真的養得又肥又嫩，不僅顏色變黑了許多，而且魚兒變得齊頭平尾，好看多了。」

聽到這樣的稟報，曹操於是命人打來運糧河中的鮮魚，送到御膳房。漢獻帝吃了魚餚後，非常滿意。曹操又派人捕撈更多的鮮魚，舉行盛宴犒勞「官渡大戰」中立下卓越功勳的將士。席間有人提議將運糧河鯽魚更名為「齊頭」，「老燒鯽魚」美餚稱作「老燒齊頭」應該更加有趣。於是「老燒齊頭」就這樣誕生了，許昌地區也因有這一名餚而愈顯知名。

赤壁大戰前夜誕生的「逍遙雞」

「逍遙雞」是安徽合肥的歷史傳統名菜。它用整雞製作，將整雞宰殺整形、塗滿蜂蜜後油炸，再用多種調味料滷煮，直燜至酥爛，肉骨脫離。該餚出鍋後色澤紅潤，香氣濃郁，皮脆油亮，造型美觀。食用時抖腿掉肉，滋味特別，受到國內外遊客的一致稱讚。

漢獻帝建安十三年（西元208年）。當時的漢丞相曹操率領八十三萬大軍南下進攻荊州[14]。在歷史上著名的赤壁大戰前夜，曹操親率大軍行至廬州（即今天的安徽合肥市），因長途跋涉，過度疲勞，突然臥病不起，只得在逍遙津[15]暫作休息。這逍遙津本是曹操手下大將張遼揮師激戰東吳大

---

[14] 當時的荊州，只是一個行政區劃，並沒有一個具體的地點（城市）。荊州當時管轄南陽、襄陽、南郡、江夏、武陵、長沙、桂陽、零陵八個郡。也就是大致上管轄著今河南南部、湖北、湖南全部等地區。荊州的首府自劉表任荊州牧開始，便設在襄陽（今湖北襄樊市的襄城區中心古稱襄陽城）。因此，當時的襄陽便成為荊州的政治、軍事、經濟中心。赤壁之戰後荊州被魏蜀吳瓜分。

[15] 逍遙津名稱歷史悠久，以三國古戰場聞名後世。曹魏與孫吳為爭奪合肥，相持32年，其中最著名的一次戰鬥就在古逍遙津畔。著名古典小說《三國演義》中「張遼威震逍遙津」的故事，即由此而來。至今逍遙湖心三島中還有一土丘，相傳為張遼的衣冠塚（沒有屍骨，只埋著死者的衣冠的墳墓）。

軍，威震天下的戰場。眼看破吳在即，卻群龍無首，曹操軍中上下個個焦急萬分。

曹軍在曹操親自指揮作戰過的「教弩臺」下，日夜加緊操練。這天正演習時，忽有個廬州人獻上「祕方」。隨行軍中的大廚師根據「祕方」，捉來一隻一斤左右的當地「仔雞」，配中藥和好酒滷製後，送給丞相吃。曹操已多日不進飯食，強力支撐進食，但覺雞肉味美無比，不覺食慾大增，竟一口氣吃下大半隻雞。以後，廚師連做三次，曹操都吃個精光，身體漸漸康復，數日後便下床了，重新上陣指揮。從此以後，不論他的軍隊開到哪裡，必定專請廚師餐餐必備此雞，而且不住地向人誇讚說：「真是美味逍遙雞也」。人們還為這道美餚命名為「曹操雞」。

自此以後，合肥特產「逍遙雞」出了名。後人經過不斷改進製作工藝越做越好，廣為流傳開來。如今的這種美食仍取合肥地產「仔雞」製作，並配以天麻、杜仲及冬筍等十八種名貴藥材香料，更配以曹操家鄉（今安徽亳縣）的全國名酒——古井貢酒，所以風味特別，營養滋補價值極高。

「逍遙雞」因其營養豐富，具有食療健體功效，且有歷史典故，而聞名遐邇，享譽大江南北，並知名海外。

名家食味 —— 增光添色的名士品鑑

帝王中的飲食家 —— 漢高祖劉邦

根據史料和文獻顯示，沒有哪一個天子或帝王在位時，特別精吃懂吃，實為飲食文化史上的一樁憾事。但漢朝開國皇帝——漢高祖劉邦，可以說是忠於原味的一位，原味就是一般百姓的飲食。

第三章　進食天下：秦漢飲食的革新風貌

據《西京雜記》[16]記載：「高祖為泗水亭長，遠徙驪山，將與故人訣去。徒卒贈高祖酒二壺，鹿肚、牛肚各一。高祖與樂從者飲酒食肉而去……」也就是說，劉邦當年靠二壺酒及烤鹿肚和烤牛肚起家，當上皇帝以後，為了不忘本，仍備此酒饌，天天吃喝，足見其真性情。劉邦沒功成名就前，喜歡和以賣狗肉為生的樊噲一起吃喝，自然藉機吃了不少狗肉。劉邦家貧，常耍無賴，吃了卻不付錢。樊噲無奈，只好到河的對岸去賣，藉以躲避劉邦。一日，劉邦找樊噲沒找到，知道他已到對岸，待劉邦趕到了河對岸，樊噲已賣完肉，只好一起回家。到了岸邊，恰見一老鱉（也叫「甲魚」）游來，劉邦提議把老鱉宰了，帶回去烹了吃。兩人到家後，合力宰殺，將其肉與狗肉共煮成一大鍋，二人吃後感到味道非常美。這就是傳說中的沛縣狗肉，用黿（音元，就是鱉）湯來煮的，也叫黿汁狗肉，而今當地所用的黿湯即原湯，也就是陳年的老湯。黿汁狗肉至今也是徐州一道名菜。

另外，據《史記．高祖本紀》記載，西元前195年，劉邦平定九江王英布的叛變後，班師還朝，經過故里豐沛（今徐州市），召集父老鄉親一起飲酒，據說此宴以狗肉為主，御廚烹飪得法，大家吃得盡興，從此流傳下來。而今沛縣的狗肉燒法，是將整隻狗用硝醃製一宵，去其土腥，然後切成大塊入鍋內，加五味、香料等，大火燒沸，文火燜燒十餘小時，取出拆骨，放涼後撕條或切塊食用，叫做「五味狗肉」。

---

[16]《西京雜記》是一部記載西漢佚事傳聞的筆記體小說，包括帝后公卿的奢侈好尚，宮殿苑林，珍玩異物，以及輿服典章，文人佚事，民風民俗等都多有記述。對後世文學創作產生過一定影響。《西京雜記》出自葛洪之手。但書中故事也並非全是葛洪杜撰，有些條目可能是他從當時所存典籍中摘取來的。

名品由來 —— 口耳相傳的智慧典藏

歪打正著燒出的「斬魚丸」

浙江菜裡有一道名品「斬魚丸」，又叫「燒魚丸」。雖然這道菜看起來很一般，民間卻常把它列入盛大宴席上的重頭戲，這是什麼原因呢？據說秦始皇一統天下之後，生怕六國後裔造反。於是他採取了許多集權中央的政治措施，以鞏固自己的統治地位。

秦始皇非常注重養生保健。御廚們知道他很愛吃魚，卻又忌諱多多，萬一製作的魚餚稍有令皇上不滿意的地方，主廚便會遭殺頭大禍。有一天，秦始皇傳命楚國大廚給他做一道魚菜。這個廚師害怕極了，因為前一段時間，剛有楚國人在秦始皇出巡南方的路途中「刺殺未遂」事件發生。為此有不少楚人枉受株連送了性命。萬一魚餚有欠佳處，他就性命難保了。無奈始皇派人連連催菜，皇命不敢違，廚師在驚懼恐慌中開始製作，但在製作中，這個大廚不慎用刀的力量大了些，以致整個鮮魚一截為二了。他沒有辦法，只好一不做二不休，用刀背狠狠拍擊魚身，連骨頭、魚刺盡數脫離出魚肉。

就這樣，經反覆加工，這個大廚製成一顆顆的魚肉丸子，又投進豹胎湯裡煮透。潔白晶瑩、鮮嫩味美的魚丸入碗，奉獻於秦始皇面前。秦始皇吃了非常高興。以前他吃到了魚刺，就說廚師有意戳破他的喉嚨；如果他吃到口中的魚肉酥爛了，又說廚師詛咒他碎屍萬段。這一回品嘗到別開生面的魚丸，他非常高興。此刻，御廚房裡的楚國大廚還自顧自地在那裡提心吊膽，直到皇上派人傳下話來，要對他重賞時，他才把心裡的一塊石頭放下來。

也就是從那時起，「魚丸」成了秦始皇宮膳食中備受器重的名餚。只

第三章　進食天下：秦漢飲食的革新風貌

因皇上忌諱「丸」的諧音「完」，才下令改稱「魚圓」的。後來這道魚餚傳到杭州地方，名廚們選用西湖特產的鮮魚精心製作，再添上很多山珍海味作配料，味道更為獨到，至今仍為「杭菜」中的名餚之一。

張騫從西域引進的異國珍物

經過漢初的「文景之治[17]」後，到漢武帝時，社會穩定，經濟發達，這時候漢武帝開始有時間和精力來考慮幾十年來漢朝政府屢遭匈奴人欺凌和侵擾的問題。原在很久以前的河西走廊——敦煌一帶，曾經居住過一個強大的部落叫大月氏，漢武帝想聯合這個部落共同討伐匈奴，就派張騫出使大月氏。

張騫帶領隨從歷經千難萬阻，鑿通了一條「絲綢之路」，不僅使中國的絲綢等產品遠銷西方，也從西域[18]諸國引進了許多中國原來沒有的物品。據史籍記載，有康居國的皮毛，嚴國的貂鼠皮，西海國的白孤、青翰，以及水牛、大狗、犀牛、獅子等。漢武帝所建的博望苑，大概就是當時的世界性的動物園。當時從其他各國引進的東西，有很多都是飲食原料，其中尤以從西域引入的最多。

據《史記・大宛列傳》記載：「大宛在匈奴西南，其土著耕田，田稻麥。有蒲陶酒，富人藏酒至萬餘石，久者數十歲不敗……」（大宛在匈奴西南，在漢朝正西面，離漢朝大約一萬里。當地的風俗是定居一處，耕種田地，種稻子和麥子。出產葡萄酒，富人都藏酒很多壇，可以放十多年不壞……）《博物志》裡也說：「漢張騫出使西域，帶回來塗林安國的石榴種，

---

[17] 文景之治是指西漢文帝，景帝兩代40年左右的時間政治穩定、經濟生產得到顯著發展的「盛世」。文景之治之所以成為封建社會的盛世，與文帝、景帝個人勵精圖治是分不開的。

[18] 西域狹義上是指玉門關、陽關以西，蔥嶺以東，即今巴爾喀什湖東、南及新疆廣大地區。而廣義的西域則是指凡是透過狹義西域所能到達的地區，包括亞洲中、西部，印度半島的地區。在張騫打通西域之前，已有三十餘國分布在西域地區。匈奴一直是支配西域各國的勢力。

所以叫安石榴。」《食物紀原》說：「漢使張騫始移植大宛油麻、大蒜、大夏芫荽、苜蓿、安石榴、西羌胡桃於中國。」

據統計，在漢代從西域傳入中國的食物原料有蒲頭（葡萄）、石榴、胡麻（芝麻）、胡桃（核桃）、西瓜、甜瓜、胡瓜（黃瓜）、菠菜、紅蘿蔔、茴香、芹菜、胡豆（豌豆、蠶豆）、扁豆、苜蓿、胡荽（芫荽）、萵苣、胡蒜（大蒜）、胡蔥（大蔥）等。這些蔬果、香料的引進，大大豐富了中國菜餚的品種。由於香料和佐料的品種增多，也改變了過去一些名菜的做法。

而且，張騫通西域帶回來的並不止於此，漢人還學會了某些點心、菜餚的做法。如胡餅、貊炙等。史書在這方面也有不少記載。〈緗素雜記〉云：「有鬻胡餅者，不曉名之所謂，易其名曰爐餅。以胡人所啖，故曰胡餅。」意思是：有賣胡餅的，卻不知道這個東西叫什麼名字，就改名叫「爐餅」。又因為是胡人經常吃，所以就叫胡餅。據考證，當時的胡餅當為今日的芝麻燒餅。至於貊炙，《搜神記》有這樣的記載，「羌煮貊炙，翟之食也，自漢太始以來，中國尚之。」大意是：羌人吃燒豬時，用刀割著食用，漢代以後，也崇尚這種吃法。由此可知，中國文化這時吸收了新的營養，中國烹飪藝術也引進了新的成分。

此外，從當時的西域還引進了一些其他的食物，但大多已很難考證了。像「酒杯藤」，李時珍說「不能詳其性、味、狀」。李石《續博物志》記載的比較詳細：「酒杯藤出西域，藤大如臂，葉似葛花，實如梧桐，花堅，可以酌酒……」由於各種文獻資料記載不一，有的可能當時真有此物，但今天已失傳，或者今天還存在，而名稱變了。

有一點要說明的是，以上所列舉的這些異國之物，不一定都是張騫帶回來的。文獻資料中有些品種明確記為張騫帶回，有些品種只說是漢代使者帶回來的。在張騫之後，往來於絲綢道中的使節、商旅絡繹不絕。這些人都有可能帶來西域各國的異物，其中也包括作為飲食原料的植物種子等。

第三章　進食天下：秦漢飲食的革新風貌

大致可信的淮南王劉安始製豆腐

有「國菜」之稱的豆腐，是中華民族典型的傳統食品，以其營養豐富、物美價廉、老少皆宜深受消費者的喜愛。豆腐的發明，比創製一款名菜、名點的意義要大千百倍。因為它為大豆、黑豆的食用增加了無數方法。現代世界各國的食譜中都有以豆腐（豆製品）為原料的食品。

既然發明豆腐的意義如此重大，那麼發明豆腐的時間、朝代又是什麼時候呢？西方國家有人只說是最早用於東方烹飪之中。然而這個「東方」，是中國還是日本，或者是別的國家？顯得十分含糊。不過日本卻普遍認為日本做豆腐的方法是由中國傳去的；許多人認定是由唐代赴日的高僧鑑真的隨行人員傳授的。不管豆腐是不是源於鑑真，從這點可以明確，豆腐是中國人發明，這是不可辯駁的。

但人們對於豆腐出現的時代和發明人卻有不同看法。最為流行的說法是西漢時淮南王劉安發明的。

宋代朱熹有詩道：「種豆豆苗稀，力竭心已腐。早知淮王術，安坐獲泉布。」並自注說：「世傳豆腐本淮南王術。」明代醫藥學家李時珍的《本草綱目‧穀部‧豆腐》條稱：「豆腐之法，始於漢淮南王劉安。」明葉子奇的《草本子‧雜製篇》稱；豆腐，淮南王劉安所作。」王三聘的《古今事物考》裡也說；「豆腐，始於淮南王劉安方士之術也。」到了清代，清初高士奇《天祿識餘》也說：「豆腐，淮南王劉安造，又名黎祁。」

雖然有上述這些資料顯示豆腐為劉安所始製，然而，也有人不僅不信劉安發明豆腐，而且懷疑西漢、魏、晉、南北朝時有豆腐。其主要理由是在唐以前的書籍中沒有找到「豆腐」一詞，而宋以後的這些人，離漢代又遠，所言不足為信。

直到 1960 年在河南密縣出土的一塊畫像石，才為漢代已有豆腐生產

帶來了充分的證據。在當時發掘的打虎亭一號漢墓中發現了大面積的畫像石，其中有豆腐作坊圖的石刻。當然，這座墓的主人在東漢末期，離西漢初的劉安還有三百餘年。但我們推想，古時一項科技成果，從發明到傳播，乃至形成作坊，而且被人們繪圖刻石，總會有一個不短的過程，把豆腐的發明者推到西漢是可能的。同時劉安精通烹飪，史載與劉安有關的《淮南王食目》、《淮南王食經》等書已經失傳，我們無法看到。宋、明時治學態度嚴謹的朱熹、李時珍等既然有記述，說劉安組織煉丹的方士最先發明了豆腐，大致是可信的了。

「霸王別姬」說名饌

「霸王別姬」是中國徐州的古典名菜。「霸王」就是指老鱉，「虞姬」就是指雞，該餚寓意深長又營養豐富。

「霸王別姬」這道名菜傳說和楚霸王項羽與虞姬慷慨死別有關。項羽為秦末漢初盛名昭彰的勇士。他年少時就以力舉千斤、膂力過人而威震當時，也有人因此稱他為「霸王」。他率領起義軍推翻了秦朝後，建都於彭城（即今天的徐州），和漢王劉邦兩支軍事力量形成了對峙局面。

後來，在徐州北郊進行的九里山戰役中，劉邦徹底摧垮了項羽主力。項羽大勢已去，追隨項羽的僅有八百壯士了。項羽愛妾虞姬一直隨軍征戰，他的愛情曾給項羽帶來巨大的鼓舞。眼看漢兵將楚霸王項羽重重圍困，必置之於死地，項羽哀嘆大勢已去，慷慨作歌：「力拔山兮氣蓋世，時不利兮騅不逝。騅不逝兮可奈何，虞兮虞兮奈若何？」大意是：我力能拔山啊豪氣壓倒一世，但現在時機對我不利，戰事對我不順，千里馬也跑不起來了。馬不能行進了我能怎麼辦呢？虞姬啊虞姬我應該把你怎麼安排？虞姬和之：「漢兵已略地，四方楚歌聲，大王意氣盡，賤妾何聊生。」

第三章　進食天下：秦漢飲食的革新風貌

意思是漢兵已經占領了此地，四面也都是漢兵的歌聲，大王要死了，我又怎能好好的活著呢。歌罷自刎而死。項羽見愛妾身亡，痛不欲生。

這是一場生離死別的大悲劇。後世藝術家以此為題材，創作了很多關於項羽和虞姬的悲劇故事，受到歷代人們的廣泛稱譽。

享譽徐州的名菜「霸王別姬」就是根據這一段發生在徐州附近的歷史名人和歷史事件創製出來的。它以造型別致，肉質酥爛，鮮香味美和湯汁醇厚光潤而著稱，在名餚佳饌裡占據了一席之位。

漢代名餚「五侯鯖」

「五侯鯖是漢代有一定名氣的菜餚。它所以有名，與漢代的五侯和一個名叫婁護的人有很大關係。

漢成帝時，封他的五個舅舅王譚為平阿侯、王根為曲陽侯、王立為紅陽侯、王商為成都侯、王逢為高平侯。因他們五人同時封侯，號稱五侯。據宋代的《太平廣記》[19]採摘《語林》、《世說》、《西京雜記》等記載，王氏五人，同日封侯，他們之間互有矛盾，各不相讓，以致各家的賓客之間也不好隨意來往。唯有婁護這個人，知識淵博，善於言辭，常去各家進行調解，進而博得了五侯的歡心。於是他們都爭著置辦佳餚宴請婁護，婁護便集王氏五家之長，創製了一款菜餚，其味勝過奇珍異饌，人們把該佳餚叫做「五侯鯖」。

五侯鯖這道菜餚為什麼受到當時人們的歡迎？它的原料有哪些？如何製作的？對於種種疑問，史料各持其說。明代楊慎在他的《異魚圖贊》說：「江有青魚，其色正青，泔以為酢，日『五侯鯖』。」「泔」一般指米泔，

---

[19] 《太平廣記》是宋代人編的一部大書。因為它編成於太平興國三年（西元 978 年），所以定名為《太平廣記》。全書五百卷，專收野史傳記和以小說家為主的雜著。《太平廣記》是中國古代小說的一個寶藏，對後來的文學藝術的影響十分深遠。

但還有作烹和之意解釋的。「酢」即古「醋」字。按這種記載,「五侯鯖」的原料是青魚,烹製時離不開醋。用青魚、鯽魚、鯉魚做湯,本來是很鮮美可口的,不過鮮活的魚類,一般都有腥味,烹製時加入適量的醋,可以除去腥味。

北魏賈思勰認為「五侯鯖」是一種魚和肉的雜燴。這種說法與唐代的《語林》中「乃試合五侯所餉之鯖而食」的記載倒是十分吻合的,好像可以展現出它是「集五家之眾長」的佳餚。不過,後世多稱美味佳餚為「五侯鯖」。

救了漢光武帝劉秀的「試量狗肉」

河南鹿邑縣試量集的「試量狗肉」,是當地著名的小吃之一。據說狗肉的香,居肉類食品之首。狗肉的補性,可與貴重補品媲美。再加上鹿邑縣試量集有製作狗肉的傳統技術,做出的狗肉與眾不同,它顏色鮮紅,能手撚如絲,味道鮮美,餘味無窮。

說到它的由來,和漢光武帝劉秀還有直接關係呢。相傳西漢末年,高祖劉邦的子孫昏庸無能,使得劉姓皇室的外戚(指帝王的母族、妻族)逐漸掌握了朝中的大權。王莽本是漢元帝皇后的內姪,漢成帝時被加封為新都侯。他做夢都想當皇帝,後來他的美夢得以實現,便在元始五年,設計毒死了漢平帝,並立年僅兩歲的劉嬰為太子,實際上朝中大事完全由他做主。到初始元年,他乾脆廢了太子,自己登上了皇帝寶座,改漢朝為新朝。這就是中國歷史上有名的「王莽篡漢」。

王莽統治末年政治腐敗,民不聊生,農民大起義相繼爆發。漢室劉姓後裔劉秀,也起兵討伐王莽。有一次他兵敗如山倒,險些被追兵擒獲,幸好逃到了現今的河南鹿邑試量集鎮。這天,劉秀跑得人睏馬乏,到試量集

第三章　進食天下：秦漢飲食的革新風貌

正南三里遠的郎莊東地時，實在跑不動了。王莽在後面緊追不放，眼看就要追上了。劉秀四處張望，只見滿坡大都是平地，有些田裡雖有莊稼苗，也只不過幾指高，躲沒處躲，藏沒處藏，急得頭上直冒汗。忽然，他看見前面不遠有一座小廟，他慌忙到廟前跳下馬。往廟裡一看，只見廟堂小得可憐，裡面空蕩蕩的，根本藏不住人。劉秀長嘆一聲：「唉，看來我今天要死在此地了。」正在這時候，忽聽「啪」的一聲炸鞭響，只見不遠處，有位犁地的老漢照著青牛就是一鞭子，犁過去後，田裡竟出現一道一人多深的地溝。老漢叫劉秀牽著馬跳下去，挨著溝邊又一犁子，就把溝蓋住了。

老漢剛做完這些不久，王莽就帶著人馬趕到了。王莽的手下人問老漢剛才看沒看到一個人騎著馬從此經過，老漢沒回他的話，用手朝南指了指。王莽以為劉秀朝南跑了，就又騎馬追了下去。

老漢等王莽的人馬跑遠了，才把劉秀叫了出來。劉秀對老漢說了許多感謝話。老漢催他趕快趕路。劉秀已經餓得筋疲力盡，哪裡還走得動，他一陣頭暈眼花，栽倒在地上。老漢一見上前扶起，忙問：「你怎麼啦？」

「我餓得快撐不住了。」劉秀有氣無力地說。老漢想了想，便去找來一口鍋，支在廟裡，捉到一隻狗宰殺了，不一會兒，就煮熟了一鍋香噴噴的狗肉。這狗肉又爛又香，劉秀狼吞虎嚥，直吃得肚子發脹。

劉秀吃完了狗肉，來了精神，然後向老漢深施一禮，說道：「老人家救命之恩，我將終生不忘！」劉秀正要告辭，老漢用手指指他吃剩下的那些狗肉，說：「你拿到集上賣幾個錢去吧，路上好作盤纏。」

老漢說完，轉身走出小廟。劉秀早已身無分文，於是就按老漢的吩咐去做。他把鍋裡的狗肉撈出來，走出廟門，老漢和大青牛已不見蹤影了。

劉秀提著狗肉來到市集上，那狗肉香味沖鼻，招來了許多人。不大一會兒，人們就把狗肉買光了。有幾個沒吃過癮的饞嘴漢，非纏著劉秀還要買。劉秀被纏得沒辦法，只好說：「我真沒狗肉了，只剩下半鍋湯在正南

三里那個小廟裡。要喝，你們去端吧。」說完，他騎馬離開了市集。

後來，劉秀做了皇帝，史稱光武帝，他吃遍了山珍海味，覺得沒一樣對口味的。一天，他忽然想起試量集的狗肉，便傳旨派人送進宮來。一吃，味道果然鮮美，邊吃邊稱讚。這樣一來，試量集的狗肉就出名了。

現今，「試量狗肉」這道名餚早已列入《河南名菜譜》中，它的特色是爛而不膩，抖骨即散，手撚成絲，久藏而不腐爛。

廚家風範 —— 留名千古的飲食權威

開闢飲食另一片天地的「主中饋」

這裡所說的中饋，古代是指婦女在家中主持飲食而言，如漢人張衡〈同聲歌〉云：「綢繆主中饋，奉禮助悉嘗。」主此中饋者，必須是主婦或地位如夫人的姬妾，不然就叫做廚娘。因此，在女人的世界中，廚娘因專業的緣故，當然高手如雲。但主中饋者，由於親自烹飪，不能離開火灶前，加上得掌握住男主人或翁姑的習性，更須謹慎從事，有詩道：「三日入廚下，洗手做羹湯。未諳姑食性，先遣小姑嘗。」就是一個明顯的例子。而在如此兢兢業業下，自然技藝精進，不乏個中好手，開闢飲食的另一片天地。

主中饋中最早出現在史冊上的，為《後漢書‧獨行傳》陸續的母親。據說陸續因受楚王劉英謀逆案的牽連，被捕入獄，囚在洛陽。其母聞訊後，立刻自江南啟程，曉餐露宿，趕往監所。到了監所後，陸續母親沒有理由去探監，便燒了一頓飯，懇請獄卒轉送給陸續食用。

牢獄中的陸續一見飯菜，立刻悲從中來，放聲大哭。獄卒覺得奇怪，

第三章　進食天下：秦漢飲食的革新風貌

便問他緣故。他回答說：「家母作羹切肉未嘗不方正，切蔥寸寸無不相同，看了這些飯菜，曉得必出自母親之手，近在咫尺，卻不能相見，所以心裡難過。」這件事被皇帝知道了，十分感動，頓起惻隱之心，竟赦免其死罪，放他還歸故里。

考究史料，陸續母親的手藝究竟如何，史籍並無詳細記載，但她的為人和刀工，定有可觀之處。

美器食談 —— 相得益彰的飲食器具

秦漢之際的主要飲食器具 —— 溢彩流光的漆器

秦漢之際的飲食器具流行使用漆器。製漆原料為生漆，是從漆樹割取的天然液汁，主要由漆酚、漆酶、樹膠質及水分構成。生漆塗料有耐潮、耐高溫、耐腐蝕功能。漆器多以木為胎，也有麻布做的夾紵胎，精緻輕巧。

漆器相較於銅器而言，有銅器所沒有的絢麗色彩，銅器能做的器型，漆器也都能做出來。漆器工藝在夏商時代就已發展到相當高的水準，到東周時上層社會使用漆器已相當普遍。秦漢之際，漆器製作達到歷史的巔峰，成為中等階層的必需品。大約從戰國中期開始，高度發達的商周青銅文明呈衰退之象，這與漆器工藝的發展恐怕不無關係。人們對漆器的興趣，高出銅器不知幾倍，過去的許多銅質飲食器具大都為漆器所取代。

比較有代表性的是長沙馬王堆三座漢墓出土的漆器，有七百餘件之多，既有小巧的漆匕，也有直徑53公分的大盤和高58公分的大壺。漆器工藝並不比銅器工藝簡單。據《鹽鐵論・散不足篇》記載，一個漆杯要花

用百個工日，一具屏風則需萬人製作，說的就是漆工藝之難，所以，一個漆杯的價值超過銅杯的十倍有餘。漆器上既有行雲流水式的精美彩繪，也有隱隱約約的針刺錐畫，更珍貴的則有金玉嵌飾，裝飾華麗，造型優雅。漆器雖不如銅器那樣經久耐用，但其華美輕巧中卻透射出一種高雅的秀逸之氣，擺脫了銅器所造成的莊重威嚴的環境氣氛。

　　漆器的製作工藝經歷代發展，到了唐代達到了空前的水準，有堆漆，螺鈿器，有金銀平脫器和剔紅漆器。兩宋至明清時期漆器更有一色漆、罩漆、描漆、描金、填漆、雕填、犀皮、剔紅、剔犀、款彩、戧金、百寶嵌等工藝。

　　最後，有一點要說明的是：魏晉南北朝時期的飲食器具也是以漆器為主，因此，在魏晉南北朝章節裡，對飲食器具就不做講述了。

第三章　進食天下：秦漢飲食的革新風貌

第四章
胡風漢韻：魏晉飲食的交融魅力

第四章　胡風漢韻：魏晉飲食的交融魅力

魏晉南北朝時期是中國歷史上大動盪、大分裂持續時間最長的時期。從主要方面來看，魏晉南北朝時期的宮廷飲食文化與秦漢時期是一脈相承的，但也有不少變化。這是由於這一時期是各民族間交流、大融合的時期。這時期的各族人民的文化、藝術、風尚熔於一爐。在烹飪飲食上，各民族把自己的飲食習慣、特點都帶到中原地區。如北魏時，西北少數民族拓跋氏入主中原後，又將胡食及西北地方飲食的風味特色傳入內地，使宮廷飲食出現了胡漢交融的特點。戰亂使得飲食烹飪更具人性魅力，分裂時代的飲食生活仍是極富色彩。

開篇定論──啟人心眼的酸甜苦辣

堪比萬代的魏晉南北朝奢侈食風

■ 日食萬錢的權貴者

在封建社會，生殺與享樂，是皇帝、王侯的兩大特權。生活在西晉王朝的一些腐朽權貴可以說是這方面的最典型代表。

在這一時期，宣導奢侈之風的肇始（開端的意思）者當晉武帝司馬炎莫屬，他的很多大臣和親信也都一一效仿他，《二十四史》[20]中的《晉書》對此有非常詳盡的記載。當時位至三公的何曾，史稱其生活最為豪侈，甚至超出帝王之上。他一天的飲食就花掉萬錢，自己卻還說沒有下筷子的地

---

[20] 《二十四史》，中國古代各朝撰寫的二十四部史書的總稱。它上起傳說中的黃帝（西元前 2550 年），止於明朝崇禎十七年（西元 1644 年），計 3,213 卷，約四千萬字，用統一的紀傳體編寫。這二十四史包括《史記》、《漢書》、《後漢書》、《三國志》、《晉書》、《宋書》、《南齊書》、《梁書》、《陳書》、《魏書》、《北齊書》、《周書》、《隋書》、《南史》、《北史》、《舊唐書》、《新唐書》、《舊五代史》、《新五代史》、《宋史》、《遼史》、《金史》、《元史》、《明史》。

方。何曾的兒子何劭，當過侍中、尚書、司徒，後任太子的老師，驕奢更甚，遠遠超過他父親之上。何劭吃起飯來，「必盡四方珍異，一日耗費的，以兩萬錢為限」，當時人們都認為御廚準備的皇帝御膳，也沒法與何劭相比。何曾每次赴晉武帝的御筵，都要帶著家廚精心烹製的饌品，根本不吃御廚準備的膳食，武帝也拿他沒有辦法，只得讓他拿出帶來的美味吃。

■ 漿酒藿肉的富貴家

除了王侯之家生活奢侈糜爛外，一般的富貴之家也不甘落伍，也變著法子盡情享樂。南朝劉宋時期的參軍周朗描述當時的情況說：一年到頭，也穿不了幾件好衣服，卻準備了一箱又一箱。即便身上掛滿金玉，也用不到一百兩，卻收藏了一檯又一檯。役使奴婢，也沒有定數，本來一個奴婢就夠了，卻要用兩個乃至幾個。「瓦金皮繡，漿酒藿肉者，不可稱紀」意思是：視金子如瓦礫、美麗的繡品如毛皮，將美酒當水漿，肉魚當菜葉者，不計其數。

有史料記載，當時的劉宋人劉穆之是個典型的由貧而富的官吏。劉穆之當官後，逐漸滋長起奢豪的性情，經常讓廚人一下子做十人吃的菜餚。他倒是個好待賓客的人，自己從不一人獨餐，每到用餐時，都要邀客十人作陪。

■ 變換花樣炫富有

西晉時的大臣石崇有一次因得一外財而成巨富，晉武帝幫助母舅王愷與他鬥富，總以失敗告終。王愷家裡用糖漿洗鍋而不用水，以此來炫耀富有。石崇則以白蠟當柴燒，以示更富。他們還在酒宴上鬥闊。王愷請客人飲酒，命美女在一旁奏樂，樂聲稍有失韻走調，美女即刻就被拉出去殺掉。石崇也不遜色，他是讓美女為客人勸酒，如果客人不飲或飲得不暢快，美女也會遭殺害。

第四章　胡風漢韻：魏晉飲食的交融魅力

到了南北朝時，奢侈之風更是上下通「刮」。漢和帝永元也是個荒淫皇帝，他以漢靈帝遊樂西園為榜樣，在芳樂苑中立市做買賣，也是讓宮女當酒保，遊玩取樂。他還讓寵妃潘氏為市令，自任市魁（古代管理市場的役使），糾察市中。東昏侯之父齊明帝蕭鸞宴會朝臣，按歷來的規矩也有御史監席。不同的是，前代御史在筵席上的職責是糾察失禮酗酒者，宋明帝則要御史專糾不醉者。

此外，當時還有一種別樣的現象，就是菜餚不僅講究滋味香美，而且更注重形美，有人形容說：「所甘不過一味，而陳必方丈，適口之外，皆為悅目之資。」意思是說：一個人的胃容量總是有限的，可一頓飯動輒擺出許多盤盞，僅是悅目而已。所謂「積果如山嶽，列餚同綺」，「未及下堂，已同臭腐」。意思是說：瓜果菜餚擺得很多，只是為好看，吃不了的都得倒掉。大型的花式拼盤菜餚，也是這個時期的發明。

今人難以想像的南北朝時的儉素

在南北朝時雖有極端奢侈的食風，但與之共存的也有儉素的一面，但這儉素的一面卻有今人不可相像之處。南北朝時，人死前常要立個遺囑，內容多涉及到葬儀和祭奠的要求。有些人的遺囑提出薄葬，反對鋪張，喪事從簡。齊武帝蕭賾（音責）死前，吩咐他的供桌上只放些餅食、茶飲、乾飯、酒脯。而且要求「天下貴賤，咸同此例」。不論地位高低，都按這個標準執行。這位齊武帝晚年篤信佛法，御膳不宰牲，不過還沒完全食素。在一般的官吏與士人中，有些人也立有這樣的遺囑，如南齊輔國將軍張沖的父親張柬，死前留下話說「祭我以鄉土所產，無用牲物」。北齊士人、文學家顏之推撰有《顏氏家訓》二十篇，以儒學教訓子弟，其中〈終制〉一篇談了身後之事，提出祭奠只需白粥、清水、乾棗，不得有酒肉、

餅果，親友憑弔也一概不許用其他東西祭奠，這在當時而言，就不是一般的儉素了。

南北朝人死後要求儉素，生前也是如此，必先節制口腹的慾望，不可貪食葷腥。梁武帝蕭衍在位時，「朝中會同，菜蔬而已」。後人評價蕭衍是偽裝仁慈節儉，為的是騙取士民同情，不過他確是一個實實在在的素食主義者，當然也是因為崇信佛教的緣故。他不僅不許殺牲，而且命太醫不得以動物入藥。北齊文宣帝高洋也認為食肉為「斷慈」，而下決心不再把肉擺上食案。

一般的士大夫也有因信佛而只吃蔬菜的，以至於有因違反蔬食戒律而被免職者。如劉宋時的袁粲，後來官做到司徒，他因為在佛寺中吃齋飯後又與人吃魚肉飲酒，曾被免過職。吃肉在這時成了罪過，而且罪有如此之大，這是我們今天所想像不到的。南齊時張融職掌宮中正廚，有一次他發現廚中有人殺牲，以為自己管束不嚴，不得不上表引咎辭職謝罪。可見南朝人一度確曾嚴格禁止肉食，非同兒戲。

食俗禮儀 —— 約定俗成的趣味飲食

中國烹調史上的重大發明 ——「炒」

據考證，現代烹飪中最常用的方法「炒」，在南北朝時期已經產生，這是最能代表中國風格和特色的菜餚。如果說漢以前最重要的菜餚是羹的話，那麼漢以後重要的菜餚則逐漸轉向於炒菜了。兩漢以前的菜餚製法除了羹以外，主要是水煮、油炸、火烤三種，而且大多不放調味料，口味單調，三種烹飪方法的製成物都是肉餚。以葉、莖、漿果為主的蔬菜，不宜

第四章　胡風漢韻：魏晉飲食的交融魅力

用炸、烤等法烹製，至於煮是可以的，但不加米屑的清湯蔬菜，則不是佐餐的美味。

可以說，炒菜的發明改變了煮、炸、烤霸占烹飪領域的狀況，顯示出中國菜餚的獨特性。無論是平民日常佐餐下飯的用菜，還是貴族、甚至宮廷菜譜上的名饌佳餚，大多是用「炒」或炒的變形的烹飪法烹製而成的。

其實文字歷史上很晚才出現「炒」字，但用炒的方法製作菜餚最晚在南北朝時已發明，只是當時尚未用「炒」命名。《說文解字》[21]中沒有「炒」字，《廣韻》中出現古「炒」字，最初只是加工糧食的方法。其意思是：焙使乾。《齊民要術》[22]中有「炒麥黃，莫令焦」的句子。

烹調史上最初的「炒」法，是在鍋中放入少量的油，然後，在鍋底加熱後把切成碎塊的肉類、菜蔬等倒入鍋中，根據需要陸續加入各種調味料，不斷地翻攪至熟。雖然翻炒的時間不長，由於炒菜的原料多是體積較小的細碎小塊，如末、丁、片、球、塊等，調味料的味道很容易能浸入原料之中。

「炒菜」包括清炒、熬炒、煸炒、抓炒、大炒、小炒等多種。其他如燒、燉、燜、燴等，都是在炒的基礎上再輔以其他烹飪方法，也可看作是「炒」的發展。賈思勰《齊民要術》介紹「鴨煎法」時說，「用新成鴨子極肥者，其大如雉，去頭爛，治卻腥翠五臟，又洗淨，細判如籠肉。細切

---

[21]《說文解字》，簡稱《說文》。作者是東漢的經學家、文字學家許慎（獻給漢安帝）。《說文解字》成書於漢和帝永元十二年（西元100年）到安帝建光元年（西元121年）。許慎根據文字的形體，創立540個部首，將9,353字分別歸入540部首裡。540部首又據形系聯歸併為14大類。字典正文就按這14大類分為14篇，卷末敘目為一篇，全書共有15篇。造字法上提出「象形」、「指事」、「會意」「形聲」、「轉注」、「假借」的所謂「六書」學說。並在《說文解字‧敘》裡對「六書」做了全面的、權威性的解釋。從此，「六書」成為專門之學。

[22]《齊民要術》是北魏的賈思勰所著的一部綜合性農書，也是世界農學史上最早的專著之一。是中國現存的最早最完整的農書。書名中的「齊民」，指平民百姓。「要術」指謀生方法。《齊民要術》由序、雜說和正文三大部分組成。正文共92篇，分10卷，11萬字，其中正文約7萬字，注釋約4萬字。一般認為，雜說部分是後人加進去的。《齊民要術》大約成書於北魏末年（西元533～534年），它系統總結了在此以前中國北方的農業科學技術，對中國古代農學的發展產生過重大影響。

蔥白，下鹽豉汁，炒令極熟，下椒薑末，食之」。意思是：選用野雞大小的肥鴨子，去掉頭，用熱水燙褪洗淨毛羽，去掉尾腺和五臟，剁碎，使成肉餡狀。細切蔥花，加鹽和豆豉汁，將肉翻炒至極熟，再加入花椒粉、薑末，然後食用。

從原料的加工（切為細末）和在翻炒中加拌調味料來看，都符合今天的炒法，只是沒有說到鍋中是否放油，但從賈思勰的行文順序和食物名稱「鴨煎」來看，鍋中應該有油，否則蔥花放在乾鍋中豈不會燒焦？無油又怎能稱為「煎」呢？因此，這種「鴨煎法」就是近世的炒肉末法；退一步說，「鴨煎法」在鍋中不放油，但因鴨子極肥，又切得很碎，原料一入鍋，必會有許多鴨油被熔化，鴨肉被炒熟，也是以鴨油為傳熱仲介的。還有一種叫「菹肖法」的，也極似近世的炒菜法，即選用較肥的豬肉（或羊肉、鹿肉）切成細絲，下鍋，加入豆豉汁和鹽末翻炒，再配以菹（酸）菜和菹菜汁。這個菜和近世的肉絲炒酸菜相似。

在中國烹調史上，炒菜的發明可說是一件了不起的大事。不僅因為它的配料多，是多種原料搭配成組的組合菜，而且也由於它的加工時間短，各種菜的營養成分流失較少。它的發明使得老百姓有了日常佐餐下飯的菜餚。炒菜可葷可素，也可以葷素合炒，少量的肉配上較多的蔬菜就可製成一個菜。例如北方冬季家常菜肉片炒白菜，用二兩肥瘦豬肉和半斤白菜即可炒成，價廉物美，富於營養。而烤、煮、炸等烹飪方法對於二兩肉則很難加工。即便是有蔬菜作配伍的肉羹、肉湯的煮制也非少量的肉所能完成。

「炒」發明之後，之所以很快為大家所認可和接受，並由此發展出很多烹調方法，還由於中國人吃飯以糧食為主，以「菜」為充，以「肉」為益，而菜肉齊備的炒菜正好適應了這種飲食習俗而發揚光大起來。炒菜是中國人對世界烹飪的一個貢獻。

第四章　胡風漢韻：魏晉飲食的交融魅力

魏晉南北朝時期的宴飲樂舞

雖然魏晉南北朝時期適逢亂世，戰火不斷，但女樂伎並沒受到影響，反而人數激增。據《洛陽伽藍記》[23]載，北魏宗室富陽王雍家有「伎女五百」。河間王琛有伎女三百人，都是國色天香的美女。貴族之家，「出則鳴騶（音鄒）御道，文物成行，鐃吹響發，笳聲哀轉；入則歌姬舞女，擊築吹笙，絲管迭奏，連宵盡日」。南朝的伎樂更盛，豪門富戶「每飲會，必盛設女伎雜樂，備盡羌胡之聲」。

在宴飲中，除觀賞歌舞藝人的表演外，漢、魏、晉還時興賓客間相邀起舞的習俗（漢代比魏晉時稍遜一些，之前已有講述），這種古老的交際舞，古代叫「以舞相屬」。

邀人起舞，對方一定要接受，否則被視為不尊重邀舞者的表現（這在前文已有交代）。這裡以灌夫邀田蚡起舞遭拒為例再對這點進行一下說明。《史記·魏其武安侯列傳》記載：灌夫，與魏其（這裡讀「基」音）侯竇嬰是知己。一次，丞相田蚡邀灌夫第二天一起到竇嬰家飲酒，為此竇嬰夫婦準備了一天。可是田蚡卻佯裝醉酒故意違約。灌夫非常生氣，親赴丞相府邀請。待酒酣，灌夫邀田蚡起舞，田蚡不答應，灌夫氣得在座上說了許多田蚡的壞話，竇嬰不敢得罪田蚡（田蚡當時為丞相，也是皇帝的舅舅，勢力很大），百般為灌夫求情，說盡了好話連忙將灌夫扶走，從而暫時的避免了一場災禍（之後不久田蚡就找茬殺了灌夫全家）。

史料記載，東晉謝尚多才多藝，以善跳鴝鵒（音渠欲，鴝鵒就是現在所說的「八哥」）舞而頗負盛名。一次，他到王導家拜訪，王家恰好舉行宴會，王導對謝尚說：「聞君能作《鴝鵒舞》，不知可否為我等獻舞？」謝

---

[23]《洛陽伽藍記》是南北朝時期記載北魏首都洛陽佛寺興衰的地方誌，共五卷，作者是東魏楊炫之，北平郡（今河北盧龍）人。此書內容包括了政治、經濟、社會、文學、藝術、思想、宗教等方面，史料價值極高。此書的文學價值也很高。

尚欣然答應，在眾人擊掌伴奏下，盡興舞蹈了一番。

南朝齊高帝蕭道成喜歡音樂，常與高官重臣在園林集宴，並叫宴飲人表演助興。在場的諸顏會彈琵琶，王憎虔、柳世隆彈琴，沈文季唱〈子夜來〉歌，王儉誦讀〈封禪書〉，張敬則脫下朝服，用大紅顏色的帶子高束髮髻，興奮地揮動赤膊表演「拍張[24]」，而且一面拍，一面高聲吼叫以調節宴飲氣氛。

據《魏書·高閭傳》等史書記載，北魏馮太后是中國歷史上頗有作為的女政治家，曾先後在魏獻文帝即位初和孝文帝即位後，親自處理政事。一次，她與孝文帝在靈泉池宴賞群臣及外國使臣和各族首領，席間，馮太后命人表演一段本民族的歌舞，以示助興。

這說明，北魏時，尊至皇帝、大臣乃至於外國使節都可以在大宴中翩翩起舞，並視為陪客飲酒的重要禮俗。

兵戈食話 —— 名役名品的機緣碰撞

「京口之戰」送出來的「荷葉包飯」

現今，每當夏季來臨時，廣東人就用荷葉做飯、煮粥、煲湯以消暑解熱。其實此舉源遠流長，古已有之，而且還和一場戰役有關呢！

南梁時，東魏大將侯景一心想當皇帝，於是背叛南梁，攻破了南梁當時的都城建康（今江蘇南京），自己當上了皇帝。把梁武帝蕭衍軟禁起

---

[24] 所謂「拍張」，原是民間的一種健身舞；有的地區又稱「拍胸舞」。舞時不僅僅拍胸，而且有節奏地拍擊身體的許多部位，如胸、肩、背、腿、臂等。拍擊時發出清脆的響聲，有緩有急，有輕有重，舞姿豪邁明快。

第四章　胡風漢韻：魏晉飲食的交融魅力

來。後來被活活地餓死。之後不久，南梁大將陳霸先起數十萬大軍從江陵（今湖北江陵）出發，殺向建康。經過激戰，侯景不敵陳霸先，只好帶十多個隨從乘小船逃走，卻在半路上被部下殺死。這就是歷史上有名的「侯景之亂」。從此南朝又陷入分裂局面。

西元557年陳武帝稱帝，即陳朝，也是南朝歷史上的最後一個朝代。四年後，也就是561年北方出現北齊和北周兩個並立的封建王朝。北齊為了擴張勢力，派出大軍向南陳進攻。陳霸先稱帝之後面臨內外交困的形勢。大敵當前，陳霸先暫時採取了一些緩解內部矛盾的措施，加緊整頓兵力對付來自北方的入侵者。一時間，建康軍民同仇敵愾，士氣高昂，為保衛首都安全，在京口（今江蘇鎮江地區）和入侵的北齊人惡戰了一場。陳霸先背水死守，身先士卒。老百姓紛紛送荷葉包飯和荷葉鴨子到軍中慰勞。陳軍士氣大振，狠狠懲罰了入侵者。北齊軍大敗而逃，死傷慘重，十萬人僅剩下兩三萬。說來小小的荷葉飯對於漢族人民免除一場外族製造的劫難還有不小的貢獻呢。

唐宋以後，民間吃「荷葉包飯」在南方盛行起來。柳宗元的詩中有「青箬（音若，竹子的一種，葉子可用來包東西）裹鹽歸峒（破音字，音同）客，綠包荷飯趁圩人」之句。寫了少數民族地區趁圩趕集的人們多有食荷葉包飯的。到了清代荷葉包飯在民間已有高中低不同檔次之分了。清朝著名詩人屈大均說「東莞以香粳雜魚肉諸味，包荷葉蒸之，表裡香透」就是比較精緻的飯食了。後來人們在優質大米裡放入各種時鮮和名貴菜餚，更是吃著風味佳美、荷香誘人的美食了。

名家食味 —— 增光添色的名士品鑑

宣導佛教徒吃素的梁武帝

佛教教規並沒有吃葷吃素的界線，佛教徒托缽求食，遇葷吃葷，遇素吃素。但佛教徒主張戒殺放生，只吃「三淨肉」。就是不自己殺生、不叫他人殺生、不看見殺生的肉都可以吃。

蕭衍於西元502年登基後，在南京「建初寺」志公和尚影響下，提倡吃素。蕭衍是個虔誠的佛教徒，他曾五次「捨身」佛寺為僧，被臣民用錢贖出。之後他一直宣導佛教徒吃素。

他在這一時期對佛經《楞伽·楞嚴》進行譯注時，讀到佛經中「不結惡果，先種善因」、「戒殺放生」等語，覺得這恰好與中國儒家「仁心仁聞」的觀點相吻合，於是更加大了他素食終身的決心。梁武帝蕭衍還發明用麵粉洗去澱粉後得到的麵筋來做菜，這為素菜的發展創造了物質條件。

由於蕭衍提倡素食，當時南京「建業寺」的一個僧廚，對素餚特別精通，他能用瓜做幾十種菜，每道菜可做幾十種口味，高超的烹調技藝，對素食的發展和提高產生了一定的影響。

魏晉南北朝時期著名的知味者

今天我們所說的美食家，古人稱為知味者，也就是那些善於品嘗滋味的人。各個時代都有一些著名的知味者，而最有名的幾位卻大都集中在魏晉南北朝時代，這也間接說明了那個時代烹飪水準所達到的空前高度，因為有美食才會有美食家。

在魏晉南北朝歷史上，史料可考證的知味者明顯多於這一時期以前和

第四章　胡風漢韻：魏晉飲食的交融魅力

以後。其中西晉大臣、著作家荀勗（音續），就是很突出的一位。他連任中書監、侍中、尚書令等職，受到晉武帝的寵信。有一次他應邀陪武帝吃飯，他對坐在旁邊的人說：「這飯是勞薪燒成的。」人們都不相信，武帝馬上派人去問了膳夫，膳夫說做飯時燒了一個破車輪子，果然是勞薪（古時木輪車的車腳吃力最大，使用數年後，廢掉做燒柴，所以叫勞薪）。他的這一事蹟在今人看來有些誇張，而且他的對飲食的言行和師曠[25]有相似之處（師曠吃飯，能品嘗出是燒車軸做出的飯），令人懷疑荀勗和師曠其中一人應是後世作家的一種杜撰之詞。

　　東晉十六國[26]之一的前秦皇帝苻堅有一個姪子叫苻朗，淝水之戰[27]後苻朗投降東晉，官拜員外散騎侍郎。他可以說是知味者中的佼佼者了，他甚至能說出所吃的肉是長在動物的哪一個部位。東晉皇族、會稽（今浙江紹興）王司馬道子有一次設盛宴招待苻朗，幾乎把江南的美味都拿出來了。散宴之後，司馬道子問道：「關中有什麼美味可與江南相比？」苻朗答道：「這筵席上的菜餚味道不錯，只是鹽的味道稍生。」後來一問膳夫，果真如此。又有人殺了雞做熟了請苻朗吃，苻朗一看，說這雞是露天而不是籠養的，事實正是如此。還有一次苻朗吃鵝，指點著說哪一塊肉上長的是白毛，哪一塊肉上長的是黑毛，人們不信。有人專門宰了一隻鵝，將毛色不同部位仔細作了記錄，苻朗後來說的竟絲毫不差。可以說苻朗為當時一位罕見的美食家，沒有長久的經驗累積和極高的悟性，是斷然達不到這樣

---

[25] 師曠，春秋時期著名音樂家。主要生活於晉悼公、晉平公執政時期，即西元前 572～前 532 年。師曠還是一位出色的作曲家，古曲極品〈陽春白雪〉據說就是其傳世之作。故師曠在當時被譽為「五音之聖」，更為後人稱為「聰聖」、「樂聖」。

[26] 所謂十六國是指東晉南渡後，主要以胡人為主在中國北方建立的十六個政權：包括前趙（匈奴）、後趙（羯）、前燕（鮮卑）、前涼（漢）、前秦（氐）、後秦（羌）、後燕（鮮卑）、西秦（鮮卑）、後涼（氐）、南涼（鮮卑）、西涼（漢）、北涼（盧水胡）、南燕（鮮卑）、北燕（漢）、夏（匈奴）等十五個政權，連同西南氐族建立的成漢，總稱十六國。

[27] 淝水之戰，是西元 383 年東晉與前秦在今安徽壽縣一帶進行的一次大戰。淝水之戰以前秦失敗告終，也成為以少勝多的著名戰例，載入軍事史，對後世兵家的戰爭觀念和決戰思想產生著久遠影響。「風聲鶴唳」、「草木皆兵」、「投鞭斷流」等歷史典故就出其中。

的境界的。

古代文人們的飲食和諸侯、平民是有所不同的，他們往往在酒食中寄託自己的志趣，既不求奢靡，也不去縱欲。以東晉著名畫家顧愷之為例，世人稱他的才、畫、痴為三絕。他吃甘蔗與常人的辦法不同，是從不怎麼甜的梢頭吃起，漸至根部，越吃越甜，並且說這叫做「漸入佳境」。

從兩晉時起，中國飲食開始轉變風氣，與文人們的努力不能說沒有關係，以前的美食推崇肥膩，此後轉而講究清淡雋永之美，不能不說又上升了一番境界。

盛宴美食 —— 令人垂涎的美味世界

東晉文人騷客的雅士之宴 —— 文會宴

英雄輩出而又戰亂連年的魏蜀吳三國時代被西晉結束之後，西晉時卻沒有出現一個新的朝代應當有的新氣象，西晉統治階層充斥著荒唐的荒淫奢靡、鬥富比寶的生活，更可怕的是，司馬氏幾代人都是弄權高手、窮兵黷武，到了晉惠帝司馬衷時終於引發了八王之亂[28]。而後，邊疆上已經臣服了數百年的匈奴等少數民族藉機叛亂，紛紛建立自己的政權，並攻入內地，史稱五胡亂華[29]，漢人的政權第一次退到了長江以南。

---

[28] 「八王之亂」指西晉惠帝時（西元291～306年），在統治集團內部，即汝南王亮、楚王瑋、趙王倫、齊王冏、長沙王乂、成都王穎、河間王顒、東海王越等八個諸侯王之間，為爭奪中央最高權力，發生了一連串的相互殘殺和戰爭，歷時十六年之久，歷史上稱為「八王之亂」。「八王之亂」加速了西晉滅亡的歷史進程。

[29] 「五胡亂華」發生在西晉末期，當時，鮮卑、匈奴、羯、氐、羌先後統治中原地區，史稱這一時期為「五胡亂華」。胡人就是中國邊遠地區的少數民族，儘管文化較為落後，但軍事力量很強。因西晉王朝腐朽，被他們打進中原。「胡說」、「胡鬧」、「胡亂」等詞就產生於此。

第四章　胡風漢韻：魏晉飲食的交融魅力

　　傳統的士族階層，士大夫、文人雅士，也紛紛南遷，晉朝總算是藉助長江天險，在幾個大士族的幫助下，又能苟延殘喘了，這幾個大士族最有名的就是王家和謝家。尤其是王家，民間一度有過「王馬共天下」的民謠，其勢力影響之大可見一斑。但王家也出了一個日後影響中國書法至今的大家——王羲之。

　　這裡主要介紹一下流行於東晉士大夫階層（主要是文人騷客）的文會宴。文會宴是中國古代文人進行文學創作和相互交流的重要方式之一。形式自由活潑，內容豐富多彩，追求雅致的環境和情趣。文會宴一般多選在氣候宜人的季節和風景優美的地點舉行。

　　東晉永和九年，即西元 353 年，政治清明，社會穩定。這一年的春天王羲之邀請了他的 41 位好友，這其中有當時的書法家和詩人及名士，在「有崇山峻嶺，茂林修竹；又有清流激湍」的蘭亭舉行宴會。他們列在溪水兩旁，把羽觴（一種輕便的酒杯）放在水上，順水而下，每人順序取觴飲酒作詩。寫不出詩的人，都要被罰酒，當天有 26 人作詩，一共寫了 35 首。王羲之帶著醉意，以特選的鼠鬚筆和蠶繭紙，即席揮毫，乘興而書寫了一篇序，即〈蘭亭序〉。據說，他在幾天後再重寫近百次，但是總比不上他當天即興完成的作品。〈蘭亭序〉共 524 個字，章法、結構、筆法都很完美，也是他三十三歲時的得意之作。

　　〈蘭亭序〉的歷史地位和影響非同一般，被譽為中國書法史上最偉大的作品之一，王羲之開創了介於草書與楷書間的行書，創造了書法發展中的一種新的書寫形式和字體，因此蘭亭序又被稱為「天下第一行書」。習書法者必習此帖，真跡由於被李世民陪葬而失傳，但從唐代以來留下了多種摹版，供後人臨摹。但是有專家認為，後世忽視了蘭亭序的另一個重要的方面——它的文體，與蘭亭序同時代的作品或前代的文學作品，大多都是一些雖然內容華美，但形式略顯呆板的賦，蘭亭序卻使人眼前一亮，

沒有固定的格式，文辭瀟灑率然，近似口語，內容借景抒情，以事言志，對此有人認為中國散文的起源可能與此有一定的關聯。

名品由來 —— 口耳相傳的智慧典藏

孔明題字「翠屏臘肉」

提起四川萬縣的「翠屏臘肉」可以說是是盡人皆知。其味道鮮美，焦香可口，不僅家庭飲食常常離不開它，就是盛大的宴席上也有它的一席之地。關於翠屏臘肉還有歷史可考呢！

三國時，有一次諸葛亮率領軍隊攻打東吳，途經萬州（今四川萬縣），當地百姓紛紛送來自家醃製的臘肉慰勞大軍（蜀軍一直深得民心）。當時，萬州翠屏山下有家規模很大的「劉記臘肉鋪」，製作的大量醃肉原準備投放春節市場，見蜀軍來到本地，便挑精瘦臘肉一擔，送往軍營。蜀軍征途勞頓，生活供給不足，今有美味解饞，士氣大振。

軍師諸葛亮十分高興，親自向劉老闆道謝。劉老闆早對諸葛軍師敬慕，只是無緣相會。今日一見，受寵若驚，回去後，又送來許多臘肉。之後蜀軍出師東吳境內，連打勝仗，可以說臘肉的一份功勞是不可抹殺的。

一段時間後，蜀軍凱旋班師，途徑萬縣時，當地太守為犒勞蜀軍得勝而歸大擺宴席。期間翠屏臘肉鋪劉老闆有幸再次和諸葛孔明相聚，劉老闆要求丞相為肉鋪題字留念。諸葛亮欣然命筆，一揮而就。「翠屏臘肉」四個大字赫赫然掛到了「劉記」肉鋪門楣上。從此萬州的「翠屏臘肉」便名揚四海了。

第四章　胡風漢韻：魏晉飲食的交融魅力

蓴羹、鱸膾與張翰的「蓴鱸之思」

　　提到蓴羹、鱸膾，就不能不說張翰。這裡有一個張翰「蓴鱸之思」的典故。這一典故出於《晉書・張翰傳》，南朝宋人劉義慶的《世說新語》裡也有記載。張翰是西晉的文學家，吳（今江蘇蘇州）人，曾在齊王司馬冏手下做官。張翰見司馬冏驕奢專橫，又沉迷於酒色，將來必然失敗並會連累到自己；又見秋風起，開始思念故鄉的蓴羹（就是擁蓴菜做的羹湯）、鱸魚膾，於是辭官歸鄉。他歸隱後不久，長沙王發兵攻打司馬冏，結果司馬冏被斬，張翰得以倖免。人們說他有先見之明，所謂思戀家鄉的蓴羹、鱸膾，只不過是他退步抽身的託辭罷了。後人便以「蓴鱸之思」作為遁世歸隱的代名詞。

　　然而，有一點是屬實的，蓴羹、鱸膾確實是吳地的地方性美食。蓴羹的蓴，是一種水生植物，也叫「水葵」。用蓴菜作羹，一直很有名氣。作鱸魚膾的鱸魚，又叫「花姑魚」、「媳婦魚」、「花花娘子」等，是江南珍貴名產，肉質細嫩，味極鮮美，歷來被譽為東南佳味。古時人們多用它細切為膾，故稱鱸魚膾。鱸魚被人稱為珍饈，也還有一個故事。

　　《後漢書・左慈傳》中說：「左慈，字元放，廬江人，自幼學神仙法術，曾赴曹操的筵席。曹操對眾位賓客說：「今日各位貴賓相會，珍饈美饌大體都有了，所缺的只是松江的鱸魚罷了。」左慈在下座應聲而起說：「鱸魚是不難得到的。」於是，取來一個銅盆，盆中盛滿水，他用釣竿在水中釣了一陣，果然釣出了幾尾鱸魚，而且都是三尺左右的，活蹦亂跳。曹操就叫人烹製成鱸魚膾，大家美食一頓。這段記載，不論是左慈表演的魔術也罷，是作者虛構的故事也罷，它卻說明鱸魚膾是當時人所共知的名菜佳餚。

　　鱸魚、蓴菜所以能名聲遠揚，膾炙人口，還是與張翰有著密切關係。

宋代嘉泰談陰在他所撰的《吳興志》中談到鱸魚時，即有「肉細美，宜羹，又可為膾，張翰所思者」的記載。

謝玄遠寄愛妻的佳餚 —— 魚鮓

　　魚鮓（一種醃魚）是一道具有特色風味的傳統佳餚，自它誕生時起一直被人們奉為美味，到了魏晉南北朝時更是如此。東晉名將謝玄於軍務之餘釣魚，自製成魚鮓，遠寄給他的愛妻，於是被傳為佳話。

　　《大業拾遺記》記載，隋大業間，吳郡官員曾向隋煬帝進貢過鯉魚鮓，煬帝對此味很感興趣。唐、五代時，人們可用魚鮓做成花式菜餚。《清異錄》記述吳越地區有一種玲瓏牡丹鮓，就是用魚鮓片拼成的，由於加工後的魚鮓色澤微紅，猶如初開的牡丹，不僅滋味香美，而且有觀賞價值。

　　很多史籍中都記載了製作魚鮓的方法，但以《齊民要術》為最權威。現根據《齊民要術》記載的一種略述如下：

　　作魚鮓的時間，一年四季都可，但以春秋兩季最合適。因為冬季氣候寒冷，不易發酵；夏季天氣太熱，容易生蛆。魚鮓的正統原料是鯉魚。魚越大越好，以瘦為佳。肥魚雖好，但不耐久。凡長到一尺半以上，皮骨變硬，不宜作鱠的魚，都可以作鮓。取新鮮鯉魚，先去鱗，再切成二寸長、一寸寬、五分厚的小塊，每塊都得帶皮。其所以要將魚塊切得這麼小，是因為魚塊過大，則外部發酵過度，酸烈難吃，而靠近骨頭部分卻生而有腥氣，塊小則發酵比較均勻。切好的魚塊可以隨手扔到盛水的盆子裡浸著。

　　切完後，整盆漉（音錄，過濾的意思）起來，再換清水洗淨，漉出放在盤裡，撒上白鹽，盛在簍中，放在平整的石板上，充分去掉水分。燒一塊試試鹹淡。接著將粳米炊熟當做糝（這裡是米渣的意思），連同茱萸、

第四章　胡風漢韻：魏晉飲食的交融魅力

橘皮、好酒等原料在盆裡調勻。取一個乾淨的甕，把魚擺在甕裡，一層魚、一層糝，裝滿為止。把甕用竹葉和菰葉或蘆葉密封好，放置若干天，使其發酵，產生新的滋味。食用時，最好用手撕，如用刀切則有腥氣。

從《齊民要術》這段記載中可以看出魚鮓屬於生食的菜餚，但又不是通常所說的生魚。它不用火來烹、煮、煎、炒，而是經過特別工藝調製成的。

南北朝時更加完善的「炮豚」── 炙豚

南北朝時期黃河流域有一道名餚，備受人們稱譽，它就是炙豚（就是烤乳豬），在《齊民要術》裡有所記載。

炙豚的烹製方法大致是：選用還在吃奶時期的肥壯小豬，經燖燙整治，用茅蒿葉揩抹、洗滌，用刀刮削、剃毛，使它潔淨。在肚皮上作「小開腔」，掏去五臟，再洗淨。把茅草塞在腹腔裡，裝得滿滿的。再用堅硬的柞（一種樹木的品種）木棍穿起來，慢火，隔遠點烤著。一面烤，一面不停地轉動，使其均勻受熱，防止枯焦。在燒烤過程中，要用漉過的清酒反覆塗上，讓它出現好的顏色。同時用乾淨的新鮮煉豬油不停塗抹。如果沒有新鮮豬油，潔淨的麻油也可以代替。炙豚成品的特點，據賈思勰說「色同琥珀，又類真金，入口則消，狀若凌雪，含漿膏潤，特異凡常」，堪稱珍貴的佳餚。

《齊民要術》中記載的這個炙豚方法，總結了歷代烹飪大師的智慧和創造。其實早在周代就有烤乳豬了，當時名叫「炮豚」（在先秦章節裡有所講述）。到了南北朝有了顯著的改進。一方面只用燒烤的方法製作，另一方面又增加了塗抹酒、油的工藝，因而皮肉都好吃。但只能說南北朝的炙豚是在古代「炮豚」的基礎上發展而來。清代的烤小豬和今天的烤乳豬，又在「炙豚」的基礎發展為塗奶酥，成品更加酥嫩了。

被北魏太武帝稱譽的「寒門造福」

「寒門造福」也叫「蝦仁豆腐」，此菜餚本沒有什麼特別之處，可是它在歷史上卻是深受北魏武帝的「寵愛」，更有人因為獻此菜餚而平步青雲呢。

據說北魏太武帝拓跋燾是個很講究飲食的人。他不僅把吃遍天下美味餚饌當作最大的樂趣，還經常召集文武大臣參加盛大的宴會。為投其所好，不少鑽營此道的人竟得寵幸，成了他的親信大員。

有一次拓跋燾準備在自己的壽辰上大擺宴席，這可忙壞了文武百官。大家都知道皇上好吃，個個絞盡腦汁，爭獻山珍海味、南北名餚。到了拓跋燾壽誕那天，宮內華燈高照、喜樂悠揚，拓跋燾端坐龍床，接受百官敬獻壽禮。當時，官員們所獻上的幾乎是清一色的美味食品，全都是高檔的美饌，讓宴會增色許多。侍從逐一端到皇上面前過目。但拓跋燾對此已提不起什麼興趣，因為飛禽走獸他幾乎都嘗遍了，他掃了一眼呈上來的菜餚後臉色沉了下來。

這樣一來，文武百官可坐不住了，要知道龍顏不悅那可不是什麼好兆頭，說不定禍害會落到誰身上呢。此時，卻見一個將軍不慌不忙走上前去。太監接過他手中的食盒，送到皇上面前。只見太監剛剛掀開盒蓋，皇上就覺得一般鮮香氣味悠悠散放出來，臉上頓時露出一絲笑意。待他仔細觀看食盒之內，只見有綠有黃、有紅有白，造型也別具一格，連忙品嘗起來，果然味美無比，勝過前面許多獻禮。皇上高興，百官無不驚喜。太監將獻禮的將軍帶到皇上面前邀賞，將軍自然非常高興。

太武帝問：「愛卿送上的美食，正合朕意。我要重重賞你。」

將軍答：「謝主隆恩！謝主隆恩！」

太武帝說：「我準備讓御廚明天去你府中學習，如何？」

將軍答：「稟萬歲。此菜不是家廚烹製，而是我的堂弟所製。」

第四章　胡風漢韻：魏晉飲食的交融魅力

太武帝又仔細詢問一番，方知獻美食的是一個七品地方官員，此人有烹製美食的絕活兒，目前正在將軍府中。將軍遵照皇上旨意，立即宣堂弟進宮，當庭領賞。

太武帝問七品官：「愛卿獻上美食，有何名堂？」

七品官答曰：「此餚叫做『寒門造福』。皆因小人出身貧賤，能當上七品官，全是仰賴萬歲爺的洪福所賜。今日在此叩謝皇上隆恩。」

拓跋燾見此人恭謙有禮、更加高興。當庭宣詔，讓他官升三級，留京任職。另外還賞賜許多金銀。

這個進獻使此次壽宴氣氛活躍起來，皇上高興，文武百官也是盡興飲宴。「寒門造福」因此成為一道名菜而流傳下來，至今仍是人們膳食菜單上的首選之一呢！

廚家風範 ── 留名千古的飲食權威

晉爵將軍的業餘廚師毛修之

這裡所說的毛修之嚴格來說是個業餘廚師，北魏人，雖然是業餘廚師，但其烹飪的技藝卻不容小看。據《宋書》記載：東晉攻破後秦，其大將劉義真率手下的司馬毛修之鎮守長安。沒多久，十六國的大夏國君主赫連昌在青泥城（今陝西藍田地區）打敗劉義真，毛修之被虜。後來北魏的拓跋珪[30]擊潰赫連昌，毛修之再度被俘。

---

[30] 西元386年，拓跋珪稱王建國，史稱北魏（西元386～534年），也就是中國南北朝時期北朝第一個王朝。又稱後魏、拓跋魏、元魏。至西元534年北魏最後一個皇帝孝武帝兵敗逃往長安投奔宇文泰，北魏結束。歷經十四位皇帝，一共存續了149年。

不過，毛修之割烹之道非常嫻熟、高超，特以羊羹進獻北魏宮廷的尚書，尚書食後認為味道非比尋常，於是獻於北魏太武帝拓跋燾（北魏第三位皇帝）。拓跋燾食後大喜，傳下命令讓毛修之當了太官令，專門負責皇宮的膳食。毛修之後來晉爵為尚書、光祿大夫，封南郡公，連升了好幾級。這固然與他領兵平定西涼有關，但與他善於烹調羊羹從而得以有接近皇帝的機會，應該才是此中關鍵。

專業廚師中的佼佼者 —— 孫廉與侯剛

提到專業廚師，在南北朝時期有這樣兩個人，以其絕佳手藝而得意官場，一為孫廉，另一為侯剛。據《梁書·循吏傳》記載，孫廉（南朝梁武帝時人）善烹調，常為朝中要員烹製美味，眾人稱譽不絕。後來因緣際會，出任太官令（官名，掌管百官膳食）一職。由於他主理御膳得宜，不怕辛勞，深受賞識，「遂得為列卿[31]、御史中丞、兩郡太守」。意思是被任命為與九卿級別相當的駐在國都之外的官員，御史中丞、兩郡太守。

北朝北魏人侯剛從孫廉身上看到了希望，後來循此途徑得意官場。據《北史·恩幸傳》記載，侯剛出身貧寒，年輕時「以善於鼎俎，得進膳出入，積官至嘗食典御」，後竟封武陽縣侯，晉爵為公。顯然他們二人原來都是專業廚師中的佼佼者，以包辦御膳而得以加官晉爵。

---

[31] 卿，古時高級長官或爵位的稱謂，地位在公（地位和諸侯相當）之下，大夫之上，因此「上大夫」也被稱為卿。漢以前有六卿，漢設九卿，北魏在正卿下還有少卿。以後歷代相沿，清末時廢掉了。而列卿是指與九卿級別相當的外官。六卿為：天官塚宰、地官司徒、春官宗伯、夏官司馬、秋官司寇、冬官司空。九卿：歷代九卿不一，魏晉南北朝時的九卿是指大司馬司允、大司徒司直、大司空司若、羲和、作士、秩宗、典樂、共工、予虞九個官職。

第四章　胡風漢韻：魏晉飲食的交融魅力

御廚也不能與之相比的烹飪高手 —— 虞悰

　　南朝齊國有一位很著名的烹飪高手，名叫虞悰（音從），被任命為祠部尚書，專管推薦美味祭太廟（祭祀皇族祖先的地方）之事。有一次，齊高帝蕭道成去芳林園遊玩，向虞悰要東西吃，他便給了高帝一種叫「扁米」的食品吃，結果高帝吃的不亦樂乎。後來虞悰把這種不知根究的食品送到了宮中，還送來數道雜餚，高帝認為連皇宮的御廚也趕不上他做的好。還有一次，高帝醉酒，周身不適，虞悰僅拿出醒酒鯖（魚的一種）酢[32] 一方，就將高帝醉酒的不適解決好了。

　　虞悰能烹出美味，當時很多都認為是因為他有一套祕不告人的妙法，對皇帝也保守祕密的一些妙法。當然妙法為何，似乎只有虞悰本人才能知道了。

---

[32]　食醋解酒：用食醋燒一碗酸湯，服下。食醋一小杯（20～25毫升），慢慢服下。食醋與白糖浸蘸過的蘿蔔絲（一大碗），吃服。食醋與白糖浸漬過的大白菜心（一大碗），吃服。食醋浸漬過的皮蛋兩個，吃服。食醋50克，紅糖25克，生薑3片，煎水服。食醋能解酒，主要是由於酒中的乙醇與食醋中的機酸，在人體的胃腸內相遇而起醋化反應，降低乙醇濃度，從而減輕了酒精的毒性。

第五章
盛世佳餚：大唐飲食的繁華盛景

第五章　盛世佳餚：大唐飲食的繁華盛景

唐代是中國封建社會發展的繁盛時期，也是中國菜餚發展的重要階段。其主要特點是：菜餚的烹飪方法明顯增多，製法更精，品種相當豐富，風味多種多樣，產生出大量的名菜佳餚。

這一時期的菜餚分高、中、低三個級別，高檔為宮廷宴用菜，中檔為一般官吏日用菜，低檔為市民普遍用菜。

高檔菜如韋巨源燒尾宴食單所列的 58 種菜餚，以及唐玄宗時奸相李林甫家所用甘露羹、唐懿宗同昌公主所食「消靈炙」、唐玄宗請安祿山所食野豬、唐玄宗時虢國夫人家廚鄧連所製靈沙、武則天寵臣張易之嗜好的「鵝鴨炙」、唐文宗時的宦官仇士良家所用「赤明香」、唐玄宗與楊貴妃在華清宮同食的駝蹄羹、唐武宗時宰相李德裕所用李公羹。

中檔菜有隋代流傳下來的魚乾膾、渾羊歿忽、金齏玉膾，以及白沙龍、炙、串脯、生羊膾、飛鸞膾、紅虯脯等。

低檔菜是一些大眾食品，有千金圓、烏雌雞湯、黃耆羊肉、醋芹、雜糕、百歲羹、鴨腳羹、酉羹、杏酪、羊酪、黃兒、黑兒、黃粱飯、雕胡飯等。

這些食品的製作很有特色，充分反映了唐代飲食習俗的豐富多彩以及高超的烹飪製作水準。

開篇定論 —— 啟人心眼的酸甜苦辣

殘羹剩飯值萬錢

西元 618 年，唐朝建立，歷史進入到一個輝煌的發展時期。唐代時政局比較穩定，經濟空前繁榮，人民在多數時間裡都能安居樂業，飲食文化

也隨之發展到新的高度。君臣上下的歡宴、士大夫暢心的宴遊、醫藥學家們宣揚的養生之術、西來的胡姬美酒，交織成一幅幅色彩斑斕的風俗畫卷。

政治的穩定和經濟的繁榮也使很多官吏們開始驕奢淫逸起來，尤其是那些高高在上的將相，更是醉生夢死。李白詩〈行路難〉中有：「金樽清酒斗十千，玉盤珍饈直萬錢」，意思是說：金杯盛清酒一斗可值一萬元，玉盤裝著珍貴的菜餚可值萬數的錢，這正是他們生活的寫照。中唐時的一個宰相裴冕，性極豪侈，衣服與飲食「皆光麗珍豐」。每在大會賓客時，食客們都叫不出筵席上菜品的名字，宴飲豐盛之極。

唐玄宗時任禮部尚書的韋陟，每次用完餐後，扔掉的殘羹剩飯都有萬錢之多，這恐怕會使西晉日食萬錢的何曾自嘆不如。韋陟有時赴大臣公卿們的筵宴，雖然是飛禽走獸俱備，珍味應有盡有，卻連筷子都不動一下，原因是他看不上眼。

唐朝末期憲宗時，宰相李德裕也是窮奢極欲，有錢不知如何花費才好。李德裕吃一杯羹，費錢三萬之多，羹中雜有寶貝珠玉、雄黃朱砂，只煎三次，這些珠寶便倒棄在汙水溝中。這有點像何晏之流飲用的「五石散」(「五石散」是漢末時何晏發明的，是一種壯陽兼興奮類藥物，含有硫化物等毒性成分。在當時，因「五石散」多為士族子弟服用，價格十分昂貴)，沒有錢是吃不到這杯羹的。

過於豐盛的宰臣的午餐

唐代繼承了自戰國時起各代例行的傳統，為當班的大臣們提供一頓規格很高的招待午餐。國家富強了，這頓飯也越發豐盛了。豐盛到什麼程度呢？到了宰臣（輔政的重要大臣）們都不忍心動筷子的地步，因為不忍心

第五章　盛世佳餚：大唐飲食的繁華盛景

再這樣揮霍下去，以致幾次三番提出要求「減膳」。

唐太宗時的張文瓘（音灌），和其他宰臣一樣，每天都能從宮中得到一餐美味。和張文瓘同班的幾位宰臣見宮內提供的膳食過於豐盛，提出稍稍減少一些。張文瓘堅決不同意，而且還認為這是理所當得。他說：「這頓飯是天子用於招待賢才的，如果我們自己不能勝任這樣的高職位，可以自動辭職，而不應提出這種減膳的要求，以此來邀取美名。」他這麼一說，那幾位要求減膳的大臣也就不再言語了。

到了唐代宗時，宰相常袞看到皇宮內廚每天為宰相準備的食物太多，一頓的膳食可供十幾人進食，幾位宰相肚皮再大也不可能吃完，於是請求減膳，甚至還準備建議免去這供膳的特殊待遇。結果呢，還是無濟於事，「議者以為厚祿重賜，所以優賢崇國政也。不能，當辭位，不宜辭祿食」（《舊唐書‧常袞傳》）。這與唐太宗時張文瓘的話是同一腔調，也就是說，宰臣們有權享受最優厚的待遇，你想推辭這種待遇，反倒被認為是不正常的舉動。

食俗禮儀 ── 約定俗成的趣味飲食

唐代自上而下都喜愛的宴飲樂舞

在悠悠五千年的中國歷史中，唐代可說是中國封建社會中少有的鼎盛時期。它以恢弘的氣度、博大的胸懷，廣取博採各地、各族樂舞，並進行大膽創新，開創了中國樂舞史上的新篇章。此時，無論是中原的漢族傳統樂舞，還是西域、北方、東方、南方各地、各國傳入的樂舞，都在中原廣泛流傳，並受到人們的歡迎，競相傳習。

唐代初期，宮廷沿用隋朝九部樂舞。至唐太宗時期調整為燕樂、清商樂、西涼樂、天竺樂、高麗樂、龜茲（讀「秋辭」音，漢代西域一國名）樂、安國樂、疏勒樂、康國樂、高昌（今新疆吐魯番）樂十部。到唐高宗時，十部樂舞開始向坐部伎和立部伎轉化。坐部伎在堂上坐著演奏，技藝水準較高；立部伎在堂下站著演奏，這兩部伎的演奏項目大約在唐玄宗時固定下來。唐代的宮廷宴樂廣泛吸收了各民族及民間的樂舞，發展成一種結構嚴謹的大型集體樂舞形式。

舞蹈在唐朝是深受社會各階層人們喜愛的一種表演藝術，也是人們用以自娛、展示禮節或顯示才華的一種手段，因此上至皇室貴族、將軍、重臣，下至文人、黎民百姓都十分重視學習舞樂。據史書記載，天寶四年（西元七四五年）唐玄宗冊立楊貴妃，始奏〈霓裳羽衣曲〉，不久，楊貴妃即根據此曲在木蘭殿表演了「霓裳羽衣舞」。演員梳九騎仙髻，穿孔雀翠衣，佩七寶瓔珞。舞時採用傳統的小垂手舞姿，並糅合西域舞蹈中的旋轉，使得整個舞蹈輕盈飄逸，如花似雲，充分展現出仙女的優美。其結尾，快速激烈，跳珠撼玉，最後戛然而止，猶如鸞鳳收翅。該舞代表了唐代的最高舞蹈水準，當時就受到人們的一致好評。唐玄宗的另一名寵妃江采蘋，自幼能歌善舞，九歲時誦讀《詩經》。她表演的《驚鴻舞》曾令玄宗大讚不已，道：「吹白玉笛，作驚鴻舞，一座金輝。」

由於人們對舞蹈的喜愛和歡迎，在宴飲活動中，自舞或欣賞舞蹈表演便成為極普通的事。在帝王舉行的宴會上，往往有人起舞向皇帝祝酒。貞觀十六年，唐太宗在慶善宮南門宴請大臣時，李世民與老臣們談起往事，不禁感慨萬千，老人們相繼起舞，爭著向李世民祝酒。唐代的宴飲活動中，不僅一般的黎民百姓以舞蹈的形式向皇帝祝酒，即使顯貴的公主、高官重臣也往往翩翩起舞以助酒興。

唐中宗與近臣宴飲時，令各人作即興舞蹈表演，以供娛樂。時有工部

第五章　盛世佳餚：大唐飲食的繁華盛景

尚書張錫舞《談客娘》（歌舞戲類）、大臣宗晉卿舞《渾脫》、左衛將軍張洽舞《黃獐》（健舞類）。僖宗時宰相李蔚為了向韋昭度謝罪，宴飲時，親自起舞《楊柳枝》（健舞類）引舞入席。御使大夫楊再思也曾在公卿集宴時神情自若跳起高麗舞（一種朝鮮舞蹈），由於模仿逼真，贏得滿堂笑聲。這類舞蹈與漢魏六朝風行的「以舞相屬」一脈相承，即帶有一定的禮儀性，也有較強的自娛作用。

唐朝時還承襲了前代以歌舞勸酒的習俗（這一習俗至今仍在中國的少數民族中盛行）。唐代勸酒的唱歌者多為陪酒的歌伎，但也有主人唱歌為客人送酒或主賓相互以歌送酒的形式。主人親自唱歌送酒，是對客人的尊敬，一般來說，客人也應起身回唱並為主人敬酒。若主人勸酒，而無歌伴隨，客人便可請主人先唱歌，然後再飲。白居易的〈勸我酒〉詩說道：「勸我酒，我不辭；請君歌，歌莫遲。」便是這種習俗的展現。同時，唐代以歌送酒。往往是人們表達心願和互相祝福的一種方式。馮延巳的〈長命女〉也屬這類：「春日宴，綠酒一杯歌一遍，再拜陳三願：一願郎君千歲，二願妾身常健，三願如同梁上燕，歲歲長相見。」表達了詩人對主人的友情和對其全家的良好祝願。

唐朝時來中原的西域人較多，胡樂、胡舞在酒肆中十分流行。為此，許多豪貴家的少年、文人墨客紛紛到有胡姬的酒樓飲酒歡宴。李白的〈醉後贈王歷陽〉道：「……筆縱起龍虎，舞曲拂雲霄。雙歌二胡姬，更奏遠清朝……」又〈前有樽酒行〉詩說：「胡姬貌如花，當爐笑春風。笑春風，舞羅衣，君今不醉將安歸。」將胡姬歌舞侑酒，賓客一面欣賞，一面開懷暢飲的場景描繪得栩栩如生。

唐代時，女伎的發展達到了鼎盛。唐朝的女伎分為宮伎、官伎、營伎和家伎四種。宮伎用於皇室宴飲娛樂；官伎、營伎為公屬，供地方官或武官飲酒取樂；家伎則為豪門大家或富貴之人所私有，即使是一般士人之家

也會養一定數量的女樂伎。

如詩仙李白，曾養有歌伎金陵子；白居易也擁有「櫻桃樊素口，楊柳小蠻腰」、「紅綃信手舞，紫綃隨意歌」，即能歌善舞的名伎樊素、小蠻、紫綃等多人；甚至連崇尚道家學說的韓愈家中也養了能歌善舞的絳桃、柳枝。白居易在周皓家赴宴後，作〈題周皓大夫新亭子二十二韻〉詩，盛讚周家歌舞伎人，美若洛神[33]，她們的歌舞「斂翠凝歌黛，流香動舞巾」。

這些家伎大多由主人用重金買得，並加以訓練，在酒宴中承擔著以歌舞侑酒的職責。

盛行不衰的藏鉤遊戲

藏鉤與漢代盛行的射覆遊戲可以說是一對孿生兄弟，不僅產生年代大致相同（即都是漢代），而且遊戲規則也基本一致，都是先藏後猜。但大約在唐代時，藏鉤遊戲才和飲食連繫在一起，進入酒席，成為飲酒當中的酒令。

藏鉤這種嬉戲活動的起源，據說與漢武帝的寵妾鉤弋夫人有關。據《漢武故事》記載，鉤弋夫人貌如天仙，只是她的雙手自出生時就屈握成拳，漢武帝知道後，在她的手上輕輕一拂，以前一直屈握的手竟神奇的伸直了，這才發現她手中藏著一枚小小的金鉤，於是她博了個「鉤弋夫人」的佳名。從此，這個故事遠播四方，民間便興起了藏鉤這種遊戲。

藏鉤的基本遊戲規則是將參加藏鉤遊戲的人分成兩隊，一隊藏，另一隊猜，以能否猜中來分勝負。遊戲開始時，藏鉤的人手拉手運用各種虛假動作，或故作某種表情，以迷惑猜鉤的人。

從唐代到清代，藏鉤遊戲一直作為人們酒席間的娛樂活動並延續下

---

[33] 洛神：就是宓妃，宓妃原是伏羲氏的女兒，因迷戀洛河兩岸的美麗景色，降臨人間，來到洛河岸邊。因宓妃教會了洛河邊人民狩獵、養畜、放牧等，造福了他們，因此，天帝封宓妃為洛神。

第五章　盛世佳餚：大唐飲食的繁華盛景

來。我們從古人留下的詩句中可以得知古人玩藏鉤遊戲時的大致情景。唐人有詩道：「城頭擊鼓傳花枝，席上搏拳握松子。」描述的是一個規模較大的露天宴會，擊鼓傳花與藏鉤同時進行。清代朱彝尊所作的〈釵頭風‧藏鉤〉對其做了精采的描述：「華筵半，銀燈燦，玉鉤纖手陳青案。傳言快，分曹待，暗將心事，把秋波賣，在，在，在。番番換，低低喚，個儂翻被人偷算。三杯外，含嬌態，不應輸與，笑拈衣帶，再，再，再。」

隨著遊戲的發展，為了方便嬉戲，人們不再局限於藏「鉤」，而是隨心所欲，把酒席中的各種果品，如瓜子、松子、蓮子或周圍環境中的可用之物拿來猜藏，從而使遊戲更加生動活潑。

藏鉤最為流行的形式是猜枚，基本遊戲規則是：一人手握某物，讓人猜，猜不中則罰酒。如猜子令，其遊戲方法有二：其一，一人手握一枚瓜子，左右手一虛一實，令對方猜瓜子在哪隻手中，猜不中罰酒，猜中則由藏者飲酒；其二，將三枚瓜子、兩枚花生分別握在兩手中，隨意出一拳，讓對方猜，先猜單雙，後猜幾枚，再猜紅白，叫做「五子三猜，兩手不空」，每次猜不對，猜者罰酒，若猜中，藏者飲酒。

藏鉤還有一種方式叫漁翁下令，又名打魚令。行令方法有兩種：其一，先在眾人當中推舉一人為漁翁，其餘眾人每人手中各握若干顆花生（或瓜子、松子），所握花生不得少於一顆、多於四顆，花生的數目各代表一魚，一代表鯽魚，二代表鯖魚，三為鯉魚，四為鱖（音貴）魚，眾人藏完後，漁翁先飲一杯酒，開始撒網捕魚，若漁翁喊「網鯽魚」，凡手握一枚花生者，必須應聲「落網」，落網之「魚」罰酒一杯。若漁翁喊「網鯉魚」，而座中之人沒有手握三枚花生時，則為網空，罰漁翁酒一杯。若趕巧眾人所握之數與漁翁所喊之數全部相同，則為一網打盡，在座的人舉杯共賀漁翁一杯，以示敬意，魚被全部打盡後遊戲結束。其二，將鯽、鯖、鯉、鱖四種魚製成大小形狀相同的牌，其遊戲方法基本與第一種相同。

深受唐人各階層人士喜愛的酒令 —— 划拳

　　划拳也叫猜拳、豁拳，士大夫稱之為拇戰。划拳作為飲酒中的一種遊戲，大約始於唐代。划拳起於唐代，大概與唐代興盛的佛教文化有關。清代學者姚瑩認為：「唐代佛事盛行，以五指屈伸做手勢，大概就是佛教所謂的『手訣』。唐人把它作為遊戲中的酒令了。」姚瑩的推論有一定道理。酒伎和酒徒們大概從佛教的手語中得到某種啟發，模仿佛教的手語創造出一套輕柔優美的手勢來發揮其娛樂的功能，這樣便產生了划拳酒戲。經過世人的努力和加工，划拳已發展成為可按不同人賦予不同叫法的喜聞樂見的酒戲活動。

　　划拳的基本規則是兩人一組對划，划拳者伸出右手，握成拳頭，放在右肩上或腦袋之後，每人喊一個數，同時伸出手比劃一個數，若所喊之數恰好是自己和對方伸出的手指表示之和，則自己獲勝，對方按規定罰酒。在席中，划拳者可以自找酒友對划，也可以先由一人坐莊，與在座的每個人划若干次，一圈划完，再由下面的人如法輪流進行，還可以分成南北兩隊，各選派出自己的代表，以決勝負，此稱划「南北拳」。

　　划拳出手有許多花樣規則：出拳頭以零計算；伸一指，必須豎大拇指；出二指，則伸大拇指和食指；三指則用拇指、食指和中指表示：出四指時，只屈拇指，伸直其餘四指；五指同伸則表示「五」，透過手指變化即可表示從零到五，兩人喊數相加為十。四川人划拳除了表示零外，不管表示什麼數，大拇指都要豎起，俗稱「不倒椿」。

　　划拳時，出指要乾脆俐落，不可遲疑不決，更不准中途變指，若中途更改指數作輸拳論。同時所喊之數必須大於或等於自己手指所表示之數，倘若一方出手五指，卻口喊「四喜臨門」，則作輸拳論，俗稱包拳或妄拳，輸者被罰酒。

第五章　盛世佳餚：大唐飲食的繁華盛景

　　划拳最精采的地方在於吆喝的語言，無論古今都用吉祥語以討口彩。字數可多可少，但兩人的呼聲長短必須一致，一般字少時，就拉長腔調，在尾語上添加「呀」或「哇」一類的語助詞，字數多時則加快節奏。開始時喊幾句客套話，等於說預備，喊完客套話即伸出右手出指，競猜正式開始。客套話也有講究，同輩的可喊「四季財呢，弟兄親啊」，或者「請酒請呢，哥倆好啊」，也可隨機應變，喊出一些吉利的話。

　　出拳時喊的數語花樣百出，各地均不相同，但從一喊到十，每句須帶其中一個數，或某字與某一數諧音，如「二紅喜」、「樓（六）上要」。根據喊叫的內容和遊戲規則，拳戲可分為江湖拳、三國拳、五毒拳、通關拳、霸王拳、狀元遊街拳、連環拳、鋸子拳、編籬笆拳、三二一拳、唱拳、螃蟹拳、滿蒙漢拳等大約幾十種拳令。下面選擇幾種簡要介紹一下：

■ 江湖拳

　　這是最流行的一種拳戲，從一到十的叫法是：一心敬你、二紅喜、三桃園、四季財、五魁首、六高升、七個巧、八匹馬、九長春、全來到。

■ 三國拳

　　三國拳是人們把三國人物和故事編成拳戲的一種喊法，先喊「青梅煮酒該誰喝呀」，然後雙方出拳，在每一拳尾雙方都喊一聲「該誰喝呀」。三國拳從一到十的次序是：當陽橋頭、青梅煮酒、桃園結義、子龍下山、五虎上將、六出祁山、七擒孟獲、八卦陣圖、九進中原、一統天下。在決出勝負時，有時勝者還機靈的把「該誰喝呀」改為「該你喝呀」，負者也應聲道「該我喝呀」。三國拳反映了民間百姓對諸葛亮、劉備、關羽、張飛等歷史人物的敬仰和喜愛，是一種較文雅的酒令。

■ 通關拳

通關拳又叫打通關。其遊戲方法是：一個人分別與席中每個人划拳，猶如將軍過關斬將一樣，按輸贏決定能否過關。行令方法有三種：第一種，「贏通關拳」，規定只有贏對方一拳，才許過關，再與下一人接戰，負者飲酒；第二種，「輸通關拳」，必須輸給守關者才許過關，贏了反倒要留關，並罰酒一杯，飲後再戰；第三種，「無勝負通關拳」，規定雙方打成平手。方准過關，或輸或贏，均須留關再戰，過關時，二人碰杯，各飲一杯。

■ 霸王拳

遊戲方法是：二人坐座划拳，甲勝一拳，乙站立起來；甲再勝，乙向甲作揖；甲勝三拳，乙向甲鞠躬；甲四勝，乙一膝跪地；甲五勝，乙雙膝跪地；甲六勝，乙叩頭，飲罰酒。乙勝同此。有時二人對跪，竟一杯未飲。

■ 狀元遊街拳

遊戲方法是：將不同大小的九個杯子放在席間，另備十張牌，牌上分別寫上「狀元」、「榜眼」、「探花」、「傳臚」、「翰林」、「主事」、「中書」、「即用」、「歸班」、「前輩」，根據席間人數決定牌的數量。若座上八人，則斟滿八杯酒，並刪去「歸班」、「前輩」二扇牌，若座中有九人，則刪去「前輩」一扇牌即可，依此類推。數量即定，將要用的牌扣在盤中，席中的人依次輪流各摸一牌，抹得某牌便是某官，狀元、榜眼、探花分別與各官划拳，輸者飲酒，唯獨至前輩處，狀元等不得與之划拳而須自飲過關。

■ 鋸子拳

遊戲方法是：二人划拳，其中一人站在椅子上，另一人則單腿跪地，仰頭應戰。二人一上一下，如拉大鋸一樣，若第一拳打成平手，則二人換位，直到分出勝負為止，負者飲酒。

第五章　盛世佳餚：大唐飲食的繁華盛景

划拳是一種非常有趣的鬥智遊戲，主要是靠技巧猜準對方的拳路。划第一拳，要揣摩對手出拳的與眾不同之處，從而思索他的拳路；第二拳，要驗證自己是否猜準了對手的拳路，同時又要竭力隱蔽自己的拳路；三拳過後，對手的拳路已瞭若指掌，划拳必定大勝，即使對手的出拳臨時發生變化，但是拳路不可能完全改變，只要按其規律，仍然能夠十戰九勝。

觀察對手的拳路，有許多技巧和方法。若與對手平素沒有往來，可從對方的臉色、吆喝聲的變化或划拳的某些習慣動作去揣測拳路；若對手是朋友，還可從他的性格入手，分析破譯他的拳路。

划拳是不需要任何器皿用具就能娛樂的活動，無論何時何地，也無論人數多少，是女性還是男性，只要有清酒一壺便可嬉戲，因而它廣為傳播，深受民間各層次人士喜愛。

唐代時開始流行的「乞巧節」與乞巧果子

中國舊時以農曆七月七日為「乞巧節」。在這一天女子們要比賽穿針、繡花、織絹等本領，還要做「巧果」。

乞巧風俗形成的重要歷史原因之一，是對牛郎星（天鷹座）和織女星（天琴座）崇拜祭祀的拜星活動，也包含婦女們希望對智與巧的乞求，對自己未來命運的預卜。

「乞巧」活動究竟起源於何時，尚待考證，但至少在唐代已經盛行。《明皇雜錄》裡說，當時洛陽人家有制「乞巧裝」與「同心膾」的習俗，取眼明手巧和心心相印的意思。《清異錄》裡記載閭闔門外飲食名店「張手美家」在乞巧節前後要賣一種名叫「羅睺羅飯」，群眾爭相購買。宋時七夕活動進一步豐富了。《東京夢華錄》說，京城汴梁人家在七月七日晚，多結彩樓於庭院，稱為「乞巧樓」，並擺設花瓜、酒炙、針線等，讓女郎焚

香列拜,叫做「乞巧」。《夢粱錄》載:南宋臨安富貴人家在這一天要安排宴會,並在廣庭中設香案酒果,令「女郎望月,瞻斗列拜,以乞巧於女、牛」。《歲時廣記》還說,這一天造煎餅,作為供奉牽牛、織女的祭品,祭畢全家分食。明清時這種風俗又有發展。《清嘉錄》記載,七夕前,市上已賣巧果,並演「天河配」之戲,「全國各地皆然」。

　　乞巧節的應節食品,以巧果最為出名。巧果又名「乞巧果子」,款式極多。主要的材料是油、麵、糖、蜜。《東京夢華錄》中稱之為「笑厭兒」、「果食花樣」,圖樣也很多。宋朝時,街市上已有七夕巧果出售,巧果的做法是:先將白糖放在鍋中熔為糖漿,然後和入麵粉、芝麻,拌勻後攤在案上擀薄,晾涼後用刀切為長方塊,最後折為梭形巧果胚,入油炸至金黃即成。手巧的女子,還會捏塑出各種與七夕傳說有關的花樣。此外,乞巧時用的瓜果也有多種變化:或將瓜果雕成奇花異鳥,或在瓜皮表面浮雕圖案;此種瓜果稱為「花瓜」。

　　現在,農曆七月初七,即七夕,仍是一個富有浪漫色彩的傳統節日,但不少習俗活動已弱化或消失,唯有象徵忠貞愛情的牛郎織女的傳說,一直流傳民間。

名家食味 —— 增光添色的名士品鑑

李白詩酒「翰林雞」

　　「翰林雞」是湖北安陸市太白酒樓烹製的太白系列菜餚之一。此餚得名,是取李白曾任翰林[34]職之意。

---

[34]　翰林:皇帝的文學侍從官,翰林院從唐代起開始設立,始為供職具有藝能人士的機構,但自唐

第五章　盛世佳餚：大唐飲食的繁華盛景

據史籍記載，唐代著名詩人李白，字太白，祖籍隴西（今甘肅隴西），在蜀（今四川）中度過青少年時代，二十五歲離蜀，漫遊各地。二十六歲到楚地，於唐玄宗開元十五年（西元727年）春來到安陸。李白寓居安陸時，結交了不少名人，並以「酒隱安陸，蹉跎十年」而著名。

李白在安陸隱居期間，平時飲酒時，最喜食雞、鴨、鵝、魚及蔬果菜餚，也吃牛肉、野味，唯獨不食豬肉。友人知道他的生活癖好，就常以雞、鴨、鵝等做菜佐酒助興。在眾多菜餚中，李白尤對「烹雞」最感興趣。在後來李白離開安陸出遊，當他接到朝廷詔令時，還回想起烹雞的美味，曾作詩道：「白酒新熟山中歸，黃雞啄黍秋正肥，呼童烹雞酌白酒，兒童嘻笑牽人衣。」詩中流露出詩人功名即在眼前，躊躇滿志，而痛飲白酒、笑嘗烹雞的得意情景，不久李白便入京任翰林職。

據說「翰林雞」這一佳餚，就是友人為欽佩詩人才華而精心製作的佐酒佳餚之一。因詩人李白一向喜食烹雞，所以後人便稱其為「翰林雞」，此佳餚名稱即來源於此。

「翰林雞」的製作方法是將整雞先醃漬入味蒸至七分熟，然後去骨切塊，上盤整理成原雞形，另以蛋糕雕刻「翰林雞」三字，放在雞頭前，並以雞湯、蘑菇入味和以若干小蝦球點綴，經複蒸烹製而成，可謂製工精細，造型生動，形神兼備，質佳味美。

杜甫親烹五柳魚

五柳魚是四川名菜，至今仍為人所稱道。說起「五柳魚」的由來，它和中國唐代大詩人杜甫還有一段因緣。

玄宗後演變成了專門起草機密詔制的重要機構，院裡任職的人稱為翰林學士。

名家食味—增光添色的名士品鑑

　　杜甫年近半百時遭遇唐朝歷史上著名的「安史之亂」[35]，整個唐朝從此走了下坡路。唐明皇逃往四川，楊玉環命喪馬嵬坡。杜甫為了躲避這場戰亂，也輾轉來到西南方。

　　他選擇了成都落腳，到了成都後，他在城郊找了一處風景優美的地方，叫浣花溪畔，並親手建了一座草堂，住了下來，並在這裡寫了不少詩。草堂茅屋有時還叫大風吹破。他這一時期的生活十分清苦，由自己的遭遇和貧困處境，便時常想到天下的窮人寒士（貧窮的讀書人），寄於他們不少同情。他每日用蔬菜素食，當地人都叫他「菜肚老人」。

　　有一次，他和幾位朋友在他的草堂中吟詩作賦，不覺到了中午。他發起愁來，眼看要吃中午飯了，可是一無所有，拿什麼款待這些客人呢？他正在著急的時候，忽然見家人從浣花溪裡釣上幾條活魚來，不禁喜出望外。心想，就請大家品嘗這幾條魚吧！

　　他走到灶火前，親手烹製起這些魚來。朋友們見他去燒魚，個個都驚奇起來，有的帶著懷疑的眼光說：「杜兄，這可是新鮮事，你不僅會作詩，還會烹魚？」杜甫笑著說：「等著吧，我今天就要讓你們嘗嘗我的廚藝。」他把魚開膛洗淨以後，加上佐料就放鍋裡清蒸。蒸熟以後，又把當地的甜麵醬炒熟，加入四川泡菜裡的辣椒、蔥、薑和湯汁，和好澱粉，調合成汁，趁熱澆在魚身上，再撒上香菜就做成了。

　　大家歡坐一堂，見杜甫把魚端了上來，用筷子夾起來一嘗，滋味果然極其鮮美。眾文友邊說邊吃，一會兒工夫，一大盤魚吃得精光，可是這魚還沒有名字呢！於是大家就為這魚餚取起名字來。有的說：「這魚就叫浣花溪魚吧！」有的說：「叫老杜魚才合適。」最後杜甫說：「五柳先生陶淵

---

[35] 安史之亂：是中國歷史上的一次重要事件，是唐朝由盛而衰的轉捩點。安，指安祿山，史，指史思明，「安史之亂」是指他們起兵反對唐王朝的一次叛亂。安史之亂自唐玄宗天寶十四年至唐代宗寶應元年（西元 755～762 年）結束，前後達 8 年之久。這次歷史事件，是當時社會各種矛盾所促成的，對唐朝後期的影響尤其巨大。

第五章　盛世佳餚：大唐飲食的繁華盛景

明是我們敬佩的先賢，而這魚背上覆有五顏六色的絲條，很像柳葉，就叫『五柳魚』吧！」說完，大家十分贊成，覺得這個名字很有意思。五柳魚就這樣叫開了，並成為一道響噹噹的四川名菜。

陸龜蒙創製「甫里鴨羹」

據史料記載，甫里因為是魚米之鄉，經濟繁榮，唐時，許多文人墨客隱居在這裡，其中最著名的詩人要數陸龜蒙了。陸龜蒙是晚唐著名詩人，自號「江湖散人」，又號「甫里先生」。相傳，吳中名菜「甫里鴨羹」就是這位著名的文學家所創製的。

甫里就是現在的蘇州吳縣角直鎮，是蘇州著名的小橋流水、枕河人家的水鄉。它位於蘇州城東南二十五公里的地方，方圓一平方公里，曾是吳中一個大鎮。歷史上甫里是個文化發達的古鎮，全國重點文物保護單位、唐代古剎保聖寺就在此處。

陸龜蒙平時非常喜歡鴨子，並飼養了一大批鴨子。陸龜蒙養鴨除了獲得群鴨戲春波的詩情畫意外，還有另外兩個目的：一是喜愛當時當地盛行的「鬥鴨」遊戲，為此專門在寓所附近建了一個400平方公尺的砌以青石的「鬥鴨池」，池中築有清風亭，有磚砌的小橋通東西兩岸，名叫垂虹橋；二是為了品嘗鴨子的鮮香美味。

陸龜蒙不僅鴨子吃得多，也很擅長製作鴨菜，特別是鴨肉鮮羹做得好。有一次，唐代著名詩人皮日休來訪。他下廚親自做鴨肉鮮羹款待，皮日休吃得津津有味，食慾大開，便詢問這一羹餚的名稱。陸龜蒙隨口戲說：「此乃甫里鴨羹也。」自此，「甫里鴨羹」也就很快在角直鎮上傳開，成為鎮上經久不衰的特色名菜。並且還傳到蘇州城裡，成為各大菜館的名餚。

至今在角直鎮還有陸龜蒙「鬥鴨池」的遺跡可尋，而甫里鴨羹在歷代廚師的完善下，滋味更加鮮美。它以鮮香的鴨肉，配以火腿、蹄筋、干貝、開洋、筍乾、香菇、魚圓等多種高檔輔料精製而成。此羹燴成，湯汁濃稠、酥爛味鮮、營養豐富，有開胃增食的功效，老弱婦幼，無不相宜，堪稱吳中一大美食。

白居易寄爐烤胡麻餅

白居易字樂天，號香山居士，是唐代中晚期的著名詩人。他在朝廷的職位是翰林學士。四十四歲起白居易開始到外地當地方官，擔任過江州（今江西九江）司馬。他從江州司馬升任忠州（今四川忠縣）刺史時，心情十分高興，親手製作了一束胡麻餅，派人送給當時的萬州（今四川萬縣）刺史楊敬之，並附上他所寫的〈寄胡餅楊萬州〉一首七言絕句：「胡麻餅樣學京都，麵脆油香新出爐。寄與飢饞楊大使，嘗看得似輔興無。」詩中告訴楊刺史說他烹製胡麻餅的技術是從京城長安學來的，具有麵脆、油香的特點，請你這個饞嘴的楊大使嘗嘗，看像不像長安皇城西邊安福門外輔興坊所賣的胡麻餅。

胡餅，據東漢劉熙《釋名》[36]解釋，就是含有胡麻（芝麻）的餅。由於胡麻得自西域，所以稱胡餅。還有史料記載說是「此餅本是胡食，中國效之，微有改變」。古代，把異域異族稱為「胡」，所以從異域引進的食品原先都姓「胡」，組成一個「胡」氏家族，它們進入中國人的日常生活，使中國人的飲食習慣也起了某種程度的變化。《續漢書》記載，漢靈帝愛吃胡餅，於是京師都吃胡餅，到唐代，食胡麻餅仍然極為風行。

胡麻餅自漢至唐都很風行。那麼它究竟是一種怎樣的食品呢？資料記

---

[36] 《釋名》，東漢劉熙著。是一部考證名物的書。其中對彩帛、首飾、衣服、宮室、用器、車船等一些名物作了解釋。

第五章　盛世佳餚：大唐飲食的繁華盛景

載很不一致。胡三省說胡麻餅是一種蒸餅。據《釋名‧釋飲食》說它的形狀很像龜鱉之類的甲殼，餅皮上沾有芝麻。《釋名》是東漢人所著，距胡餅傳入時間較近，它的解釋比較接近實際。究竟是用籠蒸還是用爐烤？白居易詩中明明說是「新出爐」，並未說「新出籠」，而且還具有「麵脆」的特色，籠蒸之餅是不會「脆」的。再者，白居易十六歲到長安，在京城居官多年，對京都的胡麻餅不僅常吃，而且會做，是不會說錯的。因此可以斷定，此餅是爐烤，而不是籠蒸。

世界上任何一個優秀民族，都不能自我孤立，與世界隔絕，開放的、交流的文化才是先進的、優秀的文化。胡麻餅由漢至唐如此受人重視，充分說明漢唐之際內地與西域連繫的密切程度，也說明不同民族、不同國家飲食習俗是互兼互融的，相互交流，彼此借鑑，才能互相促進，共同提高。

盛宴美食 ── 令人垂涎的美味世界

只推行了幾十年的中和節宜春宴

宜春宴是唐德宗時（西元 780～805 年）根據李泌的建議舉行的宴飲活動。據《新唐書‧李泌傳》記載：「泌以學士知院事，請廢正月晦，以二月朔為中和節。民間里閭釀宜春酒，以祭勾芒神，祈豐年。帝悅。」於是唐德宗在貞元五年（西元 790 年）下令定二月一日為中和節，在全國執行。

中和節這天，皇帝在京城為在京官員賜宴，各地官員為下屬官員設宴，村社等地也要釀宜春酒，聚會宴飲，所以叫做宜春宴。

唐德宗貞元五年曾於曲江園林與大臣飲宴賦詩道：

東風變梅柳，萬彙生春光。

中和紀月令，方與天地長。

耽樂豈予尚，懿茲時辰良。

庶遂亭育恩，同致寰海康。

這首詩表達了皇帝祈望全國康寧的一片苦心。但中和節終因是皇帝頒詔而立的節日，與生產節氣和人們的傳統習慣沒有連繫，因而只推行了幾十年，便銷聲匿跡了。

歷史罕見而又盛況空前的曲江遊宴

唐代曲江宴，從中宗神龍年間（西元705年）起，一直延續到僖宗乾符年間（乾符元年是874年），歷時170多年，是中國歷史上最著名的宴飲之一。其規模之大，景況之盛，耗費之巨，在中國幾千年封建社會歷史上是罕見的。

自唐中宗開始，規定每年春花三月時分，在曲江[37]為新科進士舉行一次盛大的宴會，以示祝賀。此宴因取義不同，異名有多種，有「關宴」、「探花宴」、「杏園宴」、「櫻桃宴」、「謝師宴」、「恩榮宴」等等。

稱關宴是因為遊宴的時間在「關試」（吏部考試）之後，有的地方稱「關宴」；飲宴的具體位址設在曲江池西邊的杏園之內，詩文中則稱「杏園宴」；因是同榜進士齊集曲江，又稱「曲江大會」；有聚就有散，這次宴會之後，他們將各奔前程，很多人將被派到全國各地去做官，因而又叫「離筵」。趙嘏（音古）的「曾是管弦同遊伴，一聲歌盡各西東」，說的就是這個宴會。

---

[37] 在唐代，「曲江」指的是位於京城長安（今西安）城東南九公里曲江村的「曲江園林」。早在秦、漢時期這裡就是上林苑中的「宜春苑」所在。原為天然池沼，自然景色十分秀美。因有曲折多姿的水域，所以被稱為「曲江」。

第五章　盛世佳餚：大唐飲食的繁華盛景

唐代新進士的曲江宴，是從唐初朝廷賜落第舉子宴而來的。唐朝初期，曾在曲江園林向上京應試而落榜的舉子們賜宴，具有安慰的意思。因為當時曾允許落第舉子留在長安，借宿寺廟，習作詩文，爭取下屆再考。但到唐中宗時，就不再向落第舉子賜宴，而改為賜新進士曲江遊宴。朝廷特恩賜新進士遊宴曲江，是對他們的祝賀，也是讓他們感恩戴德，忠實的為朝廷服務（有些史料據此稱之為恩榮宴）。

皇帝在紫雲樓上所設的酒宴，由御廚製辦。杜甫的「紫駝之峰出翠釜，水晶之盤行素鱗。犀箸厭飫（音玉）久未下，鸞刀縷切空紛綸。黃門飛鞚不動塵，御廚絡繹送八珍。」就是對唐玄宗與楊氏兄妹筵席盛況的描寫。詩中的「紫駝之峰」指當時最為講究的「駝峰炙」，「素鱗」指最名貴的魚膾之類的菜餚。其他官員的酒饌，有的由各個府衙製辦，大部分由京兆府[38]代替朝廷製辦，雖不及皇帝筵席高貴，也力求海陸雜陳，集京城名饌佳餚之精華，其費用也分別從各個府衙和京兆府庫中開支。至於和尚、道士、士子、庶人的私宴，那當然是由僧寺、道觀及遊宴人自備。

此外，新進士曲江宴會上的食品，必須有櫻桃。這是因為唐代從帝王、后妃到士大夫都喜食櫻桃，京兆府的櫻桃被列入稅賦之一。同時曲江宴時值長安櫻桃剛熟，所以成為必備食品，這就是有些文獻上稱之為「櫻桃宴」的原因。

宴會當天，新科進士們喜氣洋洋，容光煥發。他們講究身穿盛裝，乘著大車健馬，有僕人跟隨，有的還特邀色藝出眾的名妓前來伴遊，以顯其尊貴。他們這一天的遊宴活動，除了品嘗美饌佳餚，拜謝恩師（有些文獻據此稱為「謝師宴」），攀識權貴，交結朋友等社交活動以外，還要遊覽觀賞湖光山色，舉行各種娛樂活動，最後還要到大雁塔題名留念。《唐摭言》

---

[38] 京兆府：唐代的京兆府既是一級行政單位，又是中央政府機關的所在地，因而有著重要而特殊的地位。其司法權也展現了與這一重要而特殊的地位相一致的特點，具體表現為京兆府對所轄境內的司法有相對的獨立性，有時還可代替中央司法機關行使部分權力。

記載，進士們要推選年輕貌美者二人為探花使，遊遍園圃，採摘最好的花枝，供大家觀賞。如果另外的人先採得名花，這兩人就要受罰。那些志向遠大，抱負不凡的進士們，雖然也盡情遊樂，但具體內容和方式則比較高雅。他們或找志同道合者一面遊覽，一面暢敘襟懷，切磋學問，或尋章覓句，賦詩抒懷……那些輕薄之士則另有一番情趣，有的攜帶樂工舞伎，登上彩舟，一面泛舟飲酒，一面欣賞樂舞；有的雜入仕女群中，調笑嬉戲，賣弄風流；有的三五人在草地上，脫冠摘履，解衣露體，酗酒無度，稱為「癲飲」。

值得特別提出的，是這一天的吟詩謳歌。唐代是詩的朝代，吟詩是曲江遊宴中不可缺少的內容。流傳下來的曲江遊宴詩，在全唐詩中占相當大的篇幅。這些詩，絕大部分是對曲江美景和遊宴盛況的描寫。例如：王涯的「萬樹江邊杏，新開一夜風，滿園深淺色，照在綠波中。」姚合的「江頭數頃杏花開，車馬爭先盡此來。」殷堯藩的「鞍馬皆爭豔，笙聲盡鬥奢」等詩句，從各方面描繪了一幅幅曲江遊宴圖，有些詩屬於借景抒懷，托物言志，其中不乏名篇佳章，當然也有許多詩純屬歌頌功德，逢迎權貴，粉飾太平，但也可以從中窺出當時官場積弊，人情虛偽等社會面貌，對於了解當時世態是十分有價值的。

如此盛大、隆重、熱鬧的遊宴活動，自然在進士們心中留下終生難忘的印象。他們在以後的仕途中，不論遇到謫貶或升遷，或者有機會重遊曲江，總難免回憶起入仕之前的這次曲江遊宴，從而又產生了大量的回憶曲江遊宴的詩篇。韓愈因諫迎佛骨事，被貶到荒遠的潮州，他春日見到鄰居古寺中有兩株杏花開放，不禁想起昔日杏園遊宴，感慨萬端，寫下「鄰居北郊古寺空，杏花兩株能自紅。曲江滿園不可到，看此寧避雨與風……」的名句。元稹貶官江陵，春季時想起從前的曲江遊宴，發出了「當年此日花前醉，今日花前病裡銷。獨倚破簾閒悵望，可憐虛度好春朝」的慨嘆。

第五章　盛世佳餚：大唐飲食的繁華盛景

唐代的曲江遊宴，從一個側面反映了當時的政治、經濟、文化和社會生活狀況；其中大量的詩章，是中國文藝寶庫的珍品。

富貴人家女眷們的「探春宴」和「裙幄宴」

「探春宴」和「裙幄宴」，是唐開元年間至天寶年間三十多年裡仕女們經常舉行的兩種情趣別致的野宴。

「探春宴」是以官宦、富豪人家年輕女子為主舉行的野宴活動。春為一年之首，象徵著新生，唐代又稱酒為「春」，飲酒也叫「飲春」，品嘗美酒叫做「品春」。《開元天寶遺事》記載，「探春宴」的時間在每年正月十五過後的幾天之內，在「立春」與「雨水」之間，這時正是冰消雪融、萬物復甦之際，閨友們相約，由家人以馬車運載著帳幕、餐具、酒具、食品到郊外遊賞飲宴：她們在郊外先是踏青散步，沐浴春風，欣賞剛剛發芽的春草、楊柳，眺望終南山（今西安市內）和滬水、渭水的雄偉廣闊，吸吮著清新的空氣，使嚴冬以來蟄居閨房的鬱悶心情為之一爽。然後選擇適當的場地，張開帳幕，擺開酒餚，一面行令品春（酒），一面圍繞著「春」字，或講故事，或猜謎語，或作詩聯句，盡情抒發她們對春的追求和祝願，直到太陽落山才乘車馬返回。

「探春宴」雖是當時仕女中一種很有意思的野宴，但因為這個季節長安天氣乍暖還寒，除了迎春花之外，其他花卉尚未開放，春意未濃，因此一般仕女對它的興趣，較之暮春時的「裙幄宴」稍差幾分。

「裙幄宴」是唐代官宦士族家的青年女子在上巳節（陰曆三月初三）前後舉辦的一種別開生面的野宴活動。此時正值風和日麗，綠草茵茵，鶯歌燕舞，桃紅梨白，為春遊的最好季節。每年三月，皇家的曲江園林對富貴人家和平民開放，供人們遊賞設宴，當時青年女子的游宴方式有兩個突

出的特點：一是「鬥花」，二是「裙幄宴」。

「鬥花」是女子們在遊園時比賽誰戴的花名貴、美麗。據史料記載，唐代長安富貴人家的女眷們為了遊園鬥花，不惜重金，爭相購買各種名貴花卉。白居易詩中的「一叢深色花，十戶中人賦」就是對當時名花價值昂貴的描寫。仕女們在遊園時、除了穿著力求入時以外，都要頭插鮮花，手持柳枝，成群結隊穿梭於曲江園林間，並以花枝是否名貴、美麗而互相競賽。每當此時，長安富貴人家的女眷便到皇家的曲江池進行賞春遊宴。屆時，她們身著各種美麗的長裙，頭插鮮花，在僕婦丫環的陪伴下，成群結隊穿梭於園林的綠柳鮮花之間，個個「爭攀柳絲千千手，間插紅花萬萬頭」。玩累了，則選一適當處以草地為席，四周插上竹竿，把鮮豔的花裙連接起來，搭在竹竿上，作為臨時幕帳。然後打開隨行帶來的各種食盒，取出餚饌，互相戲嬉宴飲。由於這種宴飲是在裙帳中進行，所以稱為裙幄宴。

參加「探春宴」和「裙幄宴」的女子們為了使宴飲的興味更濃，往往在所帶的酒餚上大費功夫。或在原料滋味上考究，或在花色、造型上獵奇；或在餐具、酒具、食盒上創新。幾乎每年都有新穎的菜餚、糕點、酒漿、食具出現。因此，這類野宴又促進了中國古代烹調技藝的發展，豐富了飲食品種。

具有獨特韻味的船宴

船宴是指人們在遊船上舉辦的宴會，從一定意義上說，它屬於遊宴的一部分。人們在品味船宴上的美食時，一船都在飽覽湖光山色，或者觀賞龍舟競渡。因此，船宴也是一種遊樂與飲食相結合的宴會形式。

唐朝時，船宴規模已頗為盛大。《太平廣記》卷三○三「崔圓」條載：「天寶末，崔圓在益州，暮春上巳，與賓客將校數十百人具舟楫遊於江，

第五章　盛世佳餚：大唐飲食的繁華盛景

都人縱觀如堵……初宴作樂，忽聞下流數十里，絲竹競奏，笑語喧然，風水薄送如咫尺。須臾漸進，樓船百艘，塞江而至，皆以錦繡為帆，金玉飾舟……旌旗戈戟，繽紛照耀。中有朱紫十餘人，綺羅妓女凡百許，飲酒奏樂方酣。」人們泛舟於江河湖泊之中，一面觀賞天光山色，一面品嘗美味佳餚，更覺心曠神怡。

文人墨客對這種泛舟飲宴、弄詩飲酒有特別濃厚的興趣。唐文宗時，河南尹李待價[39]打算在上巳節[40]時在洛水（在陝西境內）舉行一次遊宴賦詩的活動。他在事前把這個打算稟告洛陽留守裴令公。裴令公也非常高興，並邀請當時在洛陽的太子少傅白居易，太子賓客蕭籍、李仍叔、劉禹錫，前中書舍人鄭居中，國子司業裴惲，河南少尹李道樞、倉部郎中崔晉，司封員、外郎張可續，駕部員外郎盧言，虞部員外郎苗愔，和州刺史裴儔，淄州刺史裴洽，檢校禮部員外郎楊魯士，四門博士談弘謨等十五位文人參加。

到了預定的日期，他們從斗亭登上彩舟，一面泛舟遊賞，一面飲酒賦詩，經過魏王堤，直到津橋才登岸，從早晨直到傍晚，「簪組交映，歌笑間發，前水嬉而後妓樂，左筆硯而右壺觴。」岸上圍觀的人密密層層，熱鬧異常。

一代詩豪劉禹錫也即席寫了一首題為〈三月三日與樂天及河南李尹奉陪裴令公泛洛禊[41]飲各賦十二韻〉的詩：

洛下今修禊，群賢勝會稽。

盛宴陪玉鉉，通籍盡金閨。

---

[39] 河南尹李待價：河南尹，東漢建都於河南郡洛陽縣，為提高河南郡的地位，其長官李待價不稱太守而稱尹，掌管洛陽附近的二十一縣；李待價，原名李珏，字待價，趙郡人。

[40] 上巳節：上巳節是中國古老的傳統節日，俗稱三月三，該節日在漢代以前定為三月上旬的巳日，後來固定在夏曆三月初三。「上巳」最早出現在漢初的文獻。《周禮》鄭玄注：「歲時祓除，如今三月上巳如水上之類。」

[41] 禊：古代春秋兩季在水邊舉行的除去所謂不祥的祭祀。

波上神仙妓，岸傍桃李蹊。

水嬉如鷺振，歌響雜鶯啼。

歷覽風光好，沿洄意思迷。

擢歌能儷曲，墨客競分題。

翠幄連雲起，香車向道齊。

人誇綾步障，馬愔錦障泥。

塵暗宮牆外，霞明苑樹西。

舟形隨鷁轉，橋影與虹低。

川侖晴猶遠，烏聲暮欲棲。

唯餘踏青伴，待月魏王堤。

　　唐以後至清代，杭州、揚州、蘇州等地，都有船宴流行。如南宋時西湖最大的遊船可容客百餘人，次的可容五十餘人。船上有餐桌、廚灶，可烹製各種饌餚，客人們早上登船，開懷暢飲，到傍晚而回。清代揚州的瘦西湖，有沙氏變造的輕快蕩湖餐船，號稱沙飛；蘇州也有酒船名沙飛，艄艙有灶和茶酒餚饌。沈朝初〈憶江南〉詞：「蘇州好，載酒卷艄船。几上博山香篆細，筵前水碗五侯鮮，穩坐到前山。」就是吟詠清代道光年間的蘇州船宴。

唐代最具有代表性的宴飲活動 —— 燒尾宴

　　古代筵席和飲食烹調水準在唐代進入鼎盛，最具有代表性的可說是燒尾宴。

　　「燒尾」的說法從何而來呢？一說新羊入群，群羊欺生，只有將新羊的尾巴燒斷，新羊才能安寧生活。二說老虎變人，其尾猶在，燒掉其尾，才能完成蛻變。另一說與「鯉魚跳龍門」的傳說有關。在河南洛陽市東

第五章　盛世佳餚：大唐飲食的繁華盛景

南，黃河流至此處，被龍門山和香山隔河夾峙，形如龍門。每年春季，黃河鯉魚都要溯水而上，游過龍門到上游產卵。可是龍門水猛浪急，一次次把鯉魚沖擊下來。經過多次反覆，鯉魚改游泳為跳躍，迎著驚濤駭浪，勇敢躍過了龍門。

據說，凡是躍過龍門的鯉魚，必有天火將其尾巴燒掉，魚則變成了真龍。凡此種種，難有定論。但燒尾宴在唐代已形成制度，則是不爭的事實。「唐自中宗朝，大臣初拜官。例獻食於天子，取名燒尾。」（《辯物小志》）後來又演化為一種協調官場人際關係的重要方式，以取其魚躍龍門，官運亨通之意。

唐代的「燒尾宴」可以說是一種極其奢靡浪費的宴會。明代陳絳的《辯物小志》記載，在若干次燒尾宴中，最著名的一次擺於唐中宗景龍年間（西元707～710年），大臣韋巨源官拜尚書令，在自己的家中設「燒尾宴」宴請唐中宗，其中水陸珍饈、不勝枚舉，僅僅在一份不完全的菜譜上面就記載了58道菜餚，其中光是主食點心就有20多種。由於這頓飯主要是請皇帝，所以擺宴者無不挖空心思，恨不得把自己的家底都拿出來炒上一盤。

韋巨源的這次宴飲中的餚品有單籠金乳絲（籠製酥點）、曼陀祥夾餅（烤爐餅）、巨勝奴（酥密饊子，饊子就是油炸食品）、貴妃紅（加味紅酥）、婆羅門輕高麵（一種由西域傳入的蒸籠麵）、御黃王母飯（多味蓋燒飯）、七返膏（七捲回花糕點）、生進鴨花湯餅（鴨雜稍子麵）、生進二十四氣餛飩（二十四種花形、餡料的餛飩）、見風消（油炸餅）、火焰盞口（花色點心）、唐安（豆花膏餅）、漢宮棋（煮印花圓麵片）、長生粥、天花（花式蒸糕）、八方寒食餅（木模製餅）等。

菜饌有魚、雞、鵝、兔、羊、豬、牛、鹿、熊、狸、驢、鱉等海陸雜陳。其中炙品有用活蝦煎製的「光明蝦炙」，用羊、鹿舌合拌的「升平

炙」，用活鵪鶉炙成的「奢頭春」；雞有「蔥醋雞」和奶乳煮成的「仙人臠」；魚有用魚白（魚類的精巢又叫魚白，是魚製造和儲存精子的器官）烹製的「鳳凰胎」和用奶湯烹製的「乳釀魚」，還有用魚子烹製的「金粟平」；鱉有用羊油、鴨蛋、燒製的「遍地錦裝鱉」；蒸餚有「蒸醃熊掌」，用驢肉蒸出的「暖寒花釀驢」；羹湯有用冷蛤蜊烹製的「冷蟾兒羹」，用魚製的「白龍」，用兔肉烹成的「卯羹」，用圓子製的「湯浴繡丸」；此外，還有用一尺長的羊肉絲炒成的「羊皮花絲」，用豆苗和青蛙烹製的「雪嬰兒」，以及用羊、豬、牛、熊、鹿肉合拼成的「五牲盤」等。

這些餚饌無論是在色澤還是造型方面都有嚴格的要求，如水晶龍鳳糕，不僅要糕體如水晶般透亮，上面還要雕刻龍鳳圖案；曼陀祥夾餅要與成熟的曼陀祥果實顏色一樣，並呈現出四瓣裂開的形狀。這些事實，一方面說明唐代宴飲烹調技術已達到了出神入化的境地，另一方面也反映出達官貴人生活的奢侈程度。

然而唐代的士人、舉子，也並非人人升官都向皇上進獻燒尾宴。如蘇瑰被封為尚書右僕射同中書門下三品，進封許國公後，卻偏偏不向唐中宗進獻「燒尾宴」。當時，百官嘲笑，甚至有人為他能否保住烏紗帽而擔憂。蘇瑰不但沒有恐懼，反而直接向中宗進諫：「現在米糧昂貴，百姓們連飯都吃不飽，還辦什麼燒尾宴？」中宗聽後只好作罷。再加上中宗在位不過四五年，此後燒尾宴便不再舉行。

更多注重文化氛圍的庭宴和園宴

和其他階層一樣，士人的宴會大多仍是在主人家中的庭堂之上進行，如果主人家擁有園林，也可在園林的亭臺閣榭之中舉行，我們姑且稱之為庭宴或園宴。這種宴會自古有之，唐代詩人李白曾以淋漓暢快的筆墨寫過

第五章　盛世佳餚：大唐飲食的繁華盛景

一篇〈春夜宴從弟桃李園序〉文中即描述了一次小型宴會的情形：

夫天地者，萬物之逆旅；光陰者，百代之過客。而浮生若夢，為歡幾何？古人秉燭夜遊，良有以也。況陽春召我以煙景，大塊假我以文章。會桃李之芳園，序天倫之樂事。群季俊秀，皆為惠連；吾人詠歌，獨慚康樂。幽賞未已，高談轉清。開瓊筵以坐花，飛羽觴而醉月。不有佳詠，何伸雅懷？如詩不成，罰依金谷酒數。

這篇序的大概意思是：天地是萬事萬物的旅舍，光陰是古往今來的過客。而人生浮泛，如夢一般，能有多少歡樂？古人持燭夜遊，確實有道理啊。況且溫煦的春天用豔麗的景色召喚我們，大自然將美好的文章提供給我們。於是相會於美麗的桃李園內，敘說兄弟團聚的快樂。諸位弟弟英俊秀髮，個個好比謝惠連；而我作詩吟詠，卻慚愧不如謝靈運。正以幽雅情趣欣賞著美景，高遠的談吐已更為清妙。鋪開盛席，坐在花間；行酒如飛，醉於月下。不作好詩，怎能抒發高雅的情懷？如賦詩不成，須依金谷園宴客先例，罰酒三杯。

這篇短序以瀟灑出塵的文字展示出宴會時的文化氛圍遠比佳餚美饌更為重要。「大塊假我以文章」這是何等的自信！只有李白能說出這種話來，才使人不感到虛浮。

唐東都洛陽是許多達官貴人升官後的聚居之地，還有許多不得志的閒官也住在這裡。裴度的綠野堂、李德裕的平泉莊，經常是主人宴集賓客的地方。白居易晚年曾在洛陽主持過「九老之會」。這個宴會擺脫了「地位名分」的限制，以年長者為尊。他們一起飲宴賦詩，為洛陽增添了新的掌故。

到了宋代時，一些有影響的政治家和名臣主張宴會以表達真摯的感情為主，反對過度的揮霍和浪費。北宋中葉名臣司馬光曾在自己的獨樂園中舉辦耆英會，又名「真率會」。當時的風習是「酒非內法，果非遠方珍異，食非多品，器皿非滿案，不敢會賓友」。而司馬光卻一反當時奢侈之風，

「置酒或三行或五行，不過七行，酒沽於市，果止梨栗棗柿，餚止脯醢菜羹，器用磁漆」。意思是說：擺放的酒或三行或五行，最多不過七行，酒是在市場買的，果品僅是梨、栗子、棗、柿子之類，菜餚也僅是一些下酒的小菜之類。這種簡約質樸的作風對後世影響很大，幾乎成為多數士人公認的準則。

保身之宴 —— 韓熙載的夜宴

唐朝中後期出現藩鎮割據[42]局面，西元907年節度使朱溫廢唐自立建立後梁，唐朝滅亡。隨後那些執掌兵權的節度使、太守們，像愛吃腐肉的禿鷲一樣，蠶食了唐帝國的每一塊領土，中國又一次陷入了分裂，史稱五代十國。

其中有一個小國以唐為國號占據著江南一帶富庶的地區，史稱「南唐」。這個被稱為南唐的小國，經濟上富裕，又崇尚詩詞繪畫的藝術，幾代皇帝也都極具才華，以最後一個皇帝 —— 後主李煜最為出名，這一切都頗有盛唐遺風，但南唐在政治上軟弱，軍事上無能，僅憑長江天險苟活。

在南唐朝中有一位權傾一時的大臣 —— 韓熙載，他是唐末的進士，是當時著名的才子，他懂樂律，擅長詩文書畫，而且富有政治才能。韓熙載本來是山東青州的士族，因父親死於戰亂，而避禍於江南。在南唐做官，皇帝看重他的才華，讓他做太子的老師，並兼作史書的編輯，後又用他的政治才能，讓他做了吏部戶部乃至兵部的尚書，在每一個職位上他都做得有聲有色。後主李煜準備拜他為丞相，但有人舉報說，韓熙載每晚都

---

[42] 藩鎮割據是唐朝中葉以後，一部分地方軍政長官據地稱霸、不服從中央命令的政治局面。藩是保衛，鎮指軍鎮。封建朝廷設置軍鎮，本為保衛自身安全，但發展結果往往形成對抗中央的割據勢力，這是封建統治者爭權奪利的本性所造成的矛盾。

第五章　盛世佳餚：大唐飲食的繁華盛景

召集許多大臣在他家裡聚會，有結黨營私的企圖。史學家認為，這其實是在南北分裂對峙的局面下，南方士族和統治階層對北方士族既想利用又有所顧慮的反應。後主李煜派御用畫家顧閎中夜探韓府，回來後憑記憶繪製了一幅〈韓熙載夜宴圖〉送給後主李煜。

這幅畫是如何描述這次夜宴的呢？它以韓熙載為中心，分聽樂、觀舞、休息、清吹及宴散五段場景，第一段韓熙載和賓客們宴飲，聽仕女彈琵琶。第二段韓熙載的愛妾王屋山舞蹈，韓熙載親自擊鼓。第三段客人散後，主人和諸女伎洗漱後休息。第四段韓熙載三更便衣乘涼，聽諸女伎奏管樂。第五段一部分留宿客人和諸女伎調笑。但作為主角的韓熙載眉頭緊鎖，若有所思，完全無視眼前的美酒美食美女美樂，他其實並不喜歡這樣燈紅酒綠的場面，這一切只為掩人耳目，來保全自己。李煜覺得韓熙載不過是聲色犬馬，休閒娛樂而已，也就消除了對他的戒心，韓熙載最後在高位上得以善終。

由於畫家顧閎中觀察細微，把韓熙載夜宴達旦的情景描繪得淋漓盡致，五個場景，四十多個人物音容笑貌無一不栩栩如生映現在畫中。與一般宴樂圖比較，具有一定的思想深度。實際上，它不僅僅是一張描寫韓熙載私生活的圖畫，更重要的是它反映了那個特定的時代風貌，揭示權貴內部矛盾。也從一個側面，十分生動的反映了當時貴族的驕奢淫逸。

其實這個宴飲也只不過是唐亡後的一個小國的大臣舉行的筵席，之所以受到歷史的青睞，是因為這是現在能看到的古代唯一一次宴會場景，而且，因這次宴會而留下的繪畫作品〈韓熙載夜宴圖〉，在中國美術史上有重大影響，〈夜宴圖〉的表現技法堪稱精湛嫻熟，用筆挺拔勁秀、線條流轉自如、色墨相映、神采動人，栩栩如生。更重要的是使後人了解了那個時代的生活、服飾、陳設和美食的特徵和細節。

名品由來 —— 口耳相傳的智慧典藏

被譽為「洛陽三絕」之一的洛陽「水席」

洛陽「水席」共十四道菜。除八道涼菜外，其餘每道都是菜帶湯水，所以叫「水席」。「水席」的上下菜品有如行雲流水，風味特別，譽滿全國。它與龍門石窟、洛陽牡丹並稱「洛陽三絕」。

唐代武則天建立武周政權後，使社會矛盾得到一定的緩和，有利於國家穩定和經濟發展。但是均田制日漸破壞，大批農民離開土地，社會矛盾又日漸尖銳化，權貴之間爭權奪利越來越厲害。身為一國之君，女皇武則天採取了一系列措施，想治理好國家。她多次離開長安，到外地巡察了解民情。

一次，武則天到洛陽巡察，設下了「水席」大宴文武群臣，無不叫絕。隨後洛陽「水席」成了宮廷宴席。值得一提的是洛陽「水席」頭道大菜名為「燕菜」，確實不同一般。那是用大白蘿蔔為主料做的。為何普通蘿蔔能登大雅之堂呢？原來有一年秋天，洛陽東部的土地裡長出三尺長的巨形蘿蔔。民間把該蘿蔔以「吉祥物」進獻女皇。武則天非常高興，特命廚師做菜。廚子明知蘿蔔平常，卻又不敢違旨，便著實動了一番腦筋：把蘿蔔進行精細加工處理，多配名貴的海味山珍後做成一道羹餚送到女皇面前。武則天入口果然感到鮮美無比，風味獨特。她重賞了御廚，並賜名為「假燕菜」，可與「燕窩菜」同列首席。後來人們把「假燕菜」改為「洛陽燕菜」。時隔幾百年，「洛陽燕菜」名氣越來越大，還成為「水席」之首。

時至今日，洛陽水席仍有非常嚴格的規定，二十四道菜不多不少，八道涼菜、十六道熱菜不能有絲毫偏差。十六道熱菜中又分為大件、中件和壓桌菜，名稱講究，上菜順序也非常嚴格。水席中的八道冷盤分為四葷四

第五章　盛世佳餚：大唐飲食的繁華盛景

素，冷盤拼成的花鳥圖案色彩鮮豔，構思別致。水席首先以色取勝，客人一覽席面，未曾動筷，就食慾大振。冷菜過後，接著是十六道熱菜，依次上桌。

上熱菜時，大件和中件搭配成組，也就是一個大菜，要和兩個略小的中菜配成一組。一組一組上，味道齊全，豐富實惠。在水席上，愛吃冷食的人可以找到適合自己的涼菜。愛吃酸辣菜的人，水席菜能讓你辣得冒汗，酸得生津。有人喜食甜食，第四組菜足以讓人吃得可口，吃得愜意。

如果有人愛吃葷菜，席面上山珍海味、飛禽走獸應有盡有，完全可以飽了口福。不願吃葷，想吃素菜，以普通蔬菜為原料的素菜粗菜細作，清爽利口。水席獨到之處是湯水多，赴宴人菜、湯交替食用，能使人感到腸胃舒適，菜多不膩。等到雞蛋湯上桌，表示二十四道菜已全部上完，這碗送客湯說明水席到了尾聲，賓主皆大歡喜，紛紛起身離席。

葡萄美酒烹出的「貴妃雞」

提起唐代的楊貴妃，幾乎無人不知，毋庸置疑，楊貴妃是中國古代貴妃中最著名的一位。據說楊貴妃是一位絕代美人，她豐腴性感，充分展現了唐朝崇尚的那種雍容之美。因容貌美、曉音律、善舞蹈、迎人意，唐玄宗非常寵愛楊貴妃，幾乎是形影不離，正如白居易在〈長恨歌〉中所說：「承歡侍宴無閒暇，春從春遊夜專夜。後宮佳麗三千人，三千寵愛在一身。」

相傳，楊貴妃平生最喜愛吃兩樣東西。第一種是荔枝。在中國，荔枝一般生於嶺南（嶺南是指中國南方的五嶺之南的地區，相當於現在廣東、廣西全境，以及湖南、江西等省的部分地區），嶺南距楊貴妃居住的京城長安（今陝西西安）有千里之遙，為了能讓楊貴妃吃上色香味俱佳的鮮荔枝，只得派人將剛摘下的荔枝，一個驛站一個驛站換快馬，以最快的速度

送到京城。「一騎紅塵妃子笑，無人知是荔枝來。」（唐杜牧〈過華清宮〉）楊貴妃看到快馬蕩起的飛塵，知道是有人給她送愛吃的荔枝來了，故喜形於色。

楊貴妃最愛吃的第二種東西是嫩雞與雞翅。楊玉環被封為貴妃後，曾一度失寵。一天，楊玉環在百花亭中獨坐，鬱鬱不樂，滿懷幽怨，便獨自飲起酒來。御廚看到此情此景，為了給楊貴妃排遣憂思，便精心烹製了一道菜，即在楊貴妃喜食的嫩雞中加入上好的紅葡萄酒，雞變得更為鮮嫩。雞餚送到百花亭中，楊貴妃為醉人的醇香所吸引，不禁又飲了數杯，以致兩頰緋紅，醉臥百花之中，留下了「貴妃醉酒」的美麗傳說。後來京劇藝術家據此演繹成《貴妃醉酒》一戲，劇碼流傳至今。

而這道加上葡萄酒烹成的雞餚也被命名為「貴妃雞」，就這樣，「貴妃雞」成為皇宮裡的一道菜進了御膳菜譜。後來，楊貴妃被賜死馬嵬坡，當初製作「貴妃雞」的御廚也從御膳房告老回鄉。他回到蘇州老家後開了一家飯館，把「貴妃雞」的燒製工藝進一步提高，使之在蘇州很快流傳，成為了名吃。

因緣際會而被載入史冊的醋芹

醋芹是唐代一種佐酒下飯的菜餚。它是用普通的芹菜經過發酵之後，調以五味烹製成的湯菜。這道菜本來不算名貴，但因別有滋味，唐太宗李世民煞費苦心賜給魏徵食用而被載入史冊。

西元 627 年，唐太宗當上皇帝後，馬上召見魏徵，並任命他為諫議大夫。魏徵為了使李唐王朝在政治上減少失誤，不僅愛給李世民提批評意見，而且態度嚴肅，言辭尖銳，有時在群臣面前不給皇帝留面子，使李世民感到難堪。魏徵是唐朝初期傑出的政治家，他不顧個人得失，先後進諫

第五章　盛世佳餚：大唐飲食的繁華盛景

兩百多次，以剛直不阿、勇於面諫聞名，是中國歷史上最有名的諫臣。說來也怪，這位個性很強的魏徵，對個性很強的芹菜也很感興趣，常常讓家廚烹製醋芹來食。

勵精圖治的唐太宗，雖然知道魏徵經常批評他是為了讓他少犯錯誤，鞏固政權，但由於魏徵老是板著一副嚴肅的面孔來進諫，談話中沒有一點輕鬆的氣氛，總感到不愉快，唐太宗就向侍臣們說：「不知用什麼好方法能使這位羊鼻公動情呢？」侍臣們說：「聽說魏徵很愛吃醋芹，每次吃到這道菜就喜形於色。」

唐太宗聽到大臣如此說，心裡有了主意。一天，唐太宗召魏徵進宮，和他一起用餐。席間，太宗特賜魏徵醋芹三杯。魏徵非常高興，飯還沒吃，三杯醋芹已吃得精光，而且還眉飛色舞，與唐太宗有說有笑。唐太宗看到氣氛活躍起來，才開玩笑對魏徵說：「你說你沒有什麼嗜好，不怕別人拿住把柄，一味板著面孔進諫，可是我今天親眼看到你嗜食醋芹了。」魏徵自知失態，趕緊起身謝罪。

自此以後，醋芹就更加有名了。

張易之發明的炙鵝鴨

在中國古代菜餚中，炙品是很多的。到了唐代，炙鵝、炙鴨的烤製更為精美。韓愈的「下箸已憐鵝炙羹，開籠不奈鴨媒嬌」、白居易的「稷香簡竹嫩，炙脆子鵝鮮」、陸龜蒙的「何須嗜鵝炙，豈在斟羊羹」等詩句都是對炙鵝的吟詠。

這裡介紹的是張易之所創製的「炙鵝鴨」。據張鷟（音啄）《朝野僉載》[43]記述，在武則天建立大周政權之後（西元690年），張易之因受武

---

[43]《朝野僉載》：唐代筆記小說集。作者唐代張鷟，深州陸澤（今河北深縣）人。此書記載朝野佚

則天寵愛，被任命為控鶴監，其弟張昌宗為祕書監。兄弟競相豪侈。張易之特製一種大鐵籠，將鵝或鴨關於籠內，籠中放一大盆木炭火，又在緊靠鐵籠四壁的外面，放著盛有醬醋及各種調味汁的銅盆。鵝、鴨起初被火烘烤得既熱又渴，不停環繞鐵籠走動，拚命飲銅盆裡的調味汁。時間一長，鵝、鴨被火烤得羽毛盡落而死，等到肉色變赤，就成了「明火暗味烤活鵝鴨」，滋味特別鮮美。

從張鷟的這一記載中我們可以知道，早在1,200多年前，京城長安已有活烤整隻鵝、鴨的烹飪方法，不過這種方法與《齊民要術》所記載的南北朝以前將鵝、鴨分部位取料烤炙的方法是完全不一樣的。

根據石烹法演化來的石鏊餅

唐代同州（今陝西大荔縣）有一種貢品叫「石鏊餅」，由於它油酥成香，製法特異，引起了人們的興趣，被譽為中國食品中的「化石」。

石鏊餅在唐代又叫「哮餅」，這一名稱的由來，據《資暇錄》記載：「同州人好相哮」，就是愛爭執，愛打官司。雙方都怕官司打輸，坐牢挨餓，所以要帶上這種營養豐富，美味可口，攜帶方便，經久耐儲的石鏊餅，用作坐牢時的糧食。

石鏊餅的歷史淵源，可以追溯到最原始的石烹法。據《禮記》等史料記載，先民在不懂得用火之前，只好生食。後來發現了火的用途，「修火之利，以炮、以燔、以炙，以為醴酪。」大意是說：人們學會了用火，給生活帶來了便利。學會了用火燒熟食物，煮和烤熟食物，釀製甜酒，煮果實裝液。《古史考》也說，神農時，民食穀，釋米加燒石上而食之。即把米、穀放到石頭上燒熟後食用。唐代的石鏊餅就是由「燔黍」演變而來

聞，尤多武后（武則天）朝事。書中對當時政治的黑暗和酷吏的殘暴揭露較多，也記述了不少神鬼怪異之事和瑣語瑣聞。

第五章　盛世佳餚：大唐飲食的繁華盛景

的，具有明顯的石烹遺風。

石鏊餅的做法是：先將洗淨的小鵝卵石子，放在平鍋裡，在火上加熱，然後將用麵粉加調味料做好的餅坯放在石子上，上面再蓋一層燒熱的石子焙製而成。這種方法所以能夠流傳下來，就是由於用石子焙烙，傳熱比較均勻，既不易焦糊，又能熟透，吃起來油酥成香，味美可口。不過，現在不叫石鏊餅，而叫「石子饃」，其做法與唐代石鏊餅大同小異。

唐代夏季供奉食品——槐葉冷淘

槐葉冷淘作為唐代皇室夏季消暑降溫的供奉食品而享譽整個唐代。據《唐六典》記載：「太官令夏供槐葉冷淘。凡朝會燕饗，九品以上並供其膳食。」唐代詩人杜甫於大曆二年（西元767年）夏天寓居瀼（音讓）西草堂時，曾作〈槐葉冷淘〉詩一首：

青青高槐葉，採掇付中廚。新面來近市，汁滓宛相俱。

入鼎資過熟，加餐愁欲無。碧鮮俱照箸，香飯兼苞蘆。

經齒冷於雪，勸人投此珠。願隨金騕褭，走置錦屠蘇。

路遠思恐泥，興深終不渝。獻芹則小小，薦藻明區區。

萬里露寒殿，開冰清玉壺。君王納涼晚，此味亦時須。

那麼，「槐葉冷淘」是一種什麼樣的食品呢？如果杜甫的詩寫得比較含蓄，不容易明白「槐葉冷淘」到底是怎麼做的，那我們可以參閱宋代詩人王禹偁（音撐）〈甘菊冷淘〉的詩。該詩中有這樣的句子：「淮南地甚暖，甘菊生籬根。長芽觸土膏，小葉弄晴暾。采采忽盈把，洗去朝露痕。俸麵新且細，溲牢如玉墩。隨刀落銀縷，煮投寒泉盆。雜此青青色，芳香敵蘭蓀……」這首詩把「甘菊冷淘」的製法和特點寫得一清二楚。它是用甘菊汁和麵，用刀切成細條，煮熟後再放入寒泉水盆中浸透而成。由於摻進甘

菊汁，所以冷淘的顏色青碧，因而「芳香敵蘭蓀」。由此推斷，唐時的「槐葉冷淘」就是採青槐嫩葉搗汁和入麵粉內，揉成麵團做成細麵條，煮熟，放入冷開水中浸漂，再撈入篾盆中，澆以熟油抖拌，條條自分而不黏，然後存放井中或冰窖冷儲。食用時取出再調以作料。

這種「槐葉冷淘」顏色碧綠，食後清香而涼爽，實為消暑佳餚。所以掌管餚饌的太官令，夏日供九品以上官員朝會時，必有槐葉冷淘。難怪杜甫說君王納涼時食用。今天陝西省藍田縣白鹿原「溫麵」的製法與此相仿，調以鹽、醋、蒜、芝麻醬、芥末等，非常好吃，只是不用槐葉罷了。

飲食史上可圈可點的「應山滑肉」祭詹王

「應山滑肉」是湖北荊州應山縣傳統名餚之一，至今已有一千多年的歷史。它由唐代開元年間荊州（今湖北荊州地界）應山名廚首創。

唐代時，荊州應山縣有一位姓詹的廚師，他有一手專門製作肉食的絕活──滑肉。一般人總是非常喜愛吃豬肉烹製的美味、可是又多嫌油膩過大而只好忌口，這位詹廚偏取特別肥膩的豬奶脯肉做菜。有趣的是他要經過獨特的處理，即把去皮後切成骨牌狀的豬奶脯肉塊長時間用清水浸泡，再多次沖洗和瀝水，減少油膩。然後用精心配製的多味調味料拌勻改味。一段時間後，再上油鍋烹炸，出鍋後籠蒸。這樣幾經調製之後，送上餐桌的竟是一種肉質鮮嫩，口感滑爽，口齒留香的特色美食了。於是詹廚特將這道菜餚命名為「滑肉」。由於是應山廚師所創，因此又叫做「應山滑肉」。從此，這一菜餚在應城廣為流傳，但也僅限在應城流傳而已，其名聲大噪是在詹廚進宮當上御廚之後。

唐玄宗在位後期，奸臣當道，政治混亂，社會矛盾激化，終於招致了一場「安史之亂」。安祿山攻陷洛陽的時候，唐玄宗連驚帶嚇，再也吃不

第五章　盛世佳餚：大唐飲食的繁華盛景

下去飯了。奸相李林甫不讓玄宗吃帶鹹味的食物，反倒一再讓御廚烹製甜食，使得皇上胃口大倒。於是朝廷詔書天下，凡能進美食開皇上胃口者有重賞。當時應山那位詹姓廚師得知後，便去了長安。他到達宮中後為唐太宗精心製作了一盤肥而不膩、滑嫩可口的豬肉菜進獻，豈知皇帝剛把肉送進嘴裡，略為品味，那塊肉一滑便下肚了。滿口留香，於是連吃幾塊，胃口大開。從此姓詹的廚師便留在宮中當了御廚。

有一天，唐玄宗專門召見詹廚，說想吃應山滑肉解饞。當時正是唐玄宗身體虛弱之時，於是詹廚趕緊著手烹製。哪知滑肉烹製完畢，奸相李林甫卻不讓他送給皇上吃。他還在玄宗面前故意說：「陛下體弱，若進鹹食必定身體大虧。只怕滑肉下肚後，性命難保……」玄宗平日對李林甫非常寵信，總是言聽計從。玄宗此時難免龍顏大怒，他在奸臣唆使下，傳令將「心懷鬼胎」的詹廚推出斬首了。可憐忠心耿耿的詹廚竟做了屈死的千古冤鬼。這一天正是農曆八月十三。臨刑之前，詹廚還讓人傳話給皇上：「不出百日，皇帝一定要食鹽。否則，性命難保。」

隨後，唐玄宗身體一天比一天虛弱，御醫冒死進諫，說：「只有吃帶鹹味的食物，才能讓龍體恢復。光吃藥是不會完全病癒的。」由於光進甜食，也實在讓玄宗受不了。他終於想到詹廚死前所說的話是有道理的，便不再聽李林甫的話，一邊服藥，一邊改進鹹食，終於病情好轉，一天比一天有精神了。此時，唐太宗想起詹廚臨死前說的話，便後悔不該殺他。追悔莫及的唐玄宗親口傳諭：封已死的詹廚為「詹王」，農曆每年八月十三舉行祭祀盛典。

詹廚由冤鬼變為受人祭祀的「詹王」，成為中華飲食文化史上的一件可圈可點的大事，也被後人記錄了下來。應山滑肉的典故和它的創始人一樣，也同樣被後世廣為傳誦，在中華美食苑裡占有獨特的一席之地。

吃了神志更加清爽的醉蟹 —— 鏤金龍鳳蟹

中國人食蟹可以說是歷史悠久，烹調方法多樣，生烹、鹽藏、糟收、酒浸、醬汁浸、糖醃等，均各有各的滋味。本文所說的醉蟹，是用酒將活蟹浸泡一宿，此時蟹已將腹中糞便排出，再加其他佐料製成菜餚，叫做醉蟹，或稱酒蟹。

醉蟹這種菜餚，蟹被酒浸泡一宿後，已經昏昏迷迷，但人們吃了醉蟹後，反而神志清爽。因此前人的〈醉蟹贊〉中有「汝之醉，甦我之醒。以其昏昏，使人昭昭」的名句，實是對醉蟹這道菜餚的絕妙描寫。

「鏤金龍鳳蟹」是隋代江都（今江蘇揚州、蘇州一帶）人特製的一款名菜。隋煬帝窮奢極欲，有一次，他遊覽到江都時，讓當地進獻美食，不僅要滋味鮮美，而且要有觀賞價值。吳中（今蘇州）的蟹特別好吃，當時有人特製滋味鮮美的醉蟹，並以金鏤製成龍、鳳圖案裝飾在蟹殼之上，叫做「鏤金龍鳳蟹」，進獻後，頗受隋煬帝的讚許。

也許吳人進獻這道菜餚是用一定用意的，大概有以昏昏迷迷的醉蟹促使楊廣稍微頭腦清醒的意思。哪知早被酒色迷醉的楊廣，吃了醉蟹之後，更加沉醉如泥，直到他被人殺死為止。李唐王朝初期，汲取了隋朝滅亡的教訓，出現了貞觀之治[44]。大概「鏤金龍鳳蟹」這道菜在使人「昭昭（清醒）」這一點上，頗有後勁，因此被陶穀收入《清異錄・饌饈門》。

---

[44] 貞觀之治是指唐朝初期出現的太平盛世。由於唐太宗能任人唯賢，知人善用；虛心納諫，重用魏徵等；並採取了一些以農為本，減輕徭賦，休養生息，屬行節約，完善科舉制度等政策，使得社會出現了安寧的局面。當時年號為「貞觀」（西元627～649年），史稱「貞觀之治」，這是唐朝的第一個盛世。

第五章　盛世佳餚：大唐飲食的繁華盛景

製作方法異常奇特的「渾羊歿忽」

「渾羊歿忽」是隋唐時代一款大型的宮廷菜餚。據《太平廣記》[45]引《盧氏雜說·御廚》記載，當時宮廷的餚饌非常奢侈，御廚進饌時，所有的器具都要由主管宮中寶器的少府來監督安排，每餐有牙盤（就是精緻的小盤）九枚，盛著供點綴用的食品，擺在皇帝面前，稱為「九飣食」，也叫「看食」。

每次宮廷設宴，多食雞鵝之類，特別是愛吃子鵝，儘管當時每隻鵝價值兩三千錢之多，但也要必須有此一項。

「渾羊歿忽」這一宮廷菜餚製作方法非常奇特：首先是按用膳的人數殺子鵝若干隻，燙去鵝毛，掏出五臟，將肉和糯米飯用五味調和好，裝在鵝腔內；再殺一隻羊，剝皮，掏去內臟，把子鵝裝入羊腹，用線縫合好，據張廉明「全羊席」一文說，元代也有「渾羊歿忽」，「渾」就是整隻，「歿忽」是一種宴席，用今天的話叫「全羊席」，也許是隋唐流傳下來的。今天的名菜「三套鴨」，大概就是由「渾羊歿忽」演化而來。

最純正的大象本肉——「象鼻炙」

「象鼻炙」是唐代嶺南一些少數民族的風味食品。古人認為，象身上的肉按不同部位分屬子鼠、醜牛、寅虎、卯兔等，只有象鼻內才有象肉的本色。明代謝肇淛在《五雜俎》中就說：「象體具有百獸之肉，唯鼻是其本肉，以為炙肥脆甘美。」《呂氏春秋·本味》篇中開列的美食中「旄象之約」，「約」就是象鼻。

---

[45]《太平廣記》是宋代人編的一部大書。因為它編成於宋太平興國三年（西元978年），所以定名為《太平廣記》。全書五百卷，專收野史傳記和以小說家為主的雜著。從內容上看，收得最多的是小說，實際上可以說是一部宋代之前的小說的總集。許多唐代和唐代以前的小說，就靠《太平廣記》而保存了下來。

上古時期，中原一帶也有象。而到了唐代，北方就很少見到象了。但在唐嶺南地區，不但野象很多，且雲南一帶豪族還養象，主要作為運輸之用。

據唐代劉恂《嶺表錄異》（記載嶺南風物的重要筆記）中說，廣東潮州、循州（今廣東惠陽）一帶野象很多，人們捕到野象之後，爭搶著吃象的鼻子，尤其喜歡將其烘烤成「象鼻炙」，肥脆甘美。因為當時北方人很少嘗到此味，所以作為異味記入《嶺表錄異》一書。

唐高宗御口親封的「雪夜桃花」

「雪夜桃花」這一菜餚創製於唐高宗剛剛立武則天為皇后的永徽六年（西元 655 年）。這一年二月初唐高宗一病不起。皇后武則天天天守在高宗的身邊，並親自為他熬藥餵水。轉眼來到三月，此時正是桃花盛開的季節。可是，唐高宗再也不能像往年那樣遊園賞花了。

一天午後，突然下起鵝毛大雪，傍晚時天空放晴，明月當空，到處一片雪白，好看極了。武則天看後，不覺心中一亮，何不將高宗攙扶到窗前看一看呢？高宗看後，拍手叫絕：好一個雪夜桃花。高宗慘白的臉上露出幾絲笑意，再轉回床上時，自覺好了一些，想要吃飯。武則天一聽，喜上眉梢，立刻傳旨御膳房。

過了一會兒，菜餚準備好了，在用膳過程中，高宗發現，今夜進膳有幾個菜雖然好吃，卻叫不出名字。「這道菜叫什麼名字？」高宗夾了一塊蝦肉問武則天。

「陛下，這道菜是您親口封的。剛才觀看景色時，您不是親口說出『好一個雪夜桃花』嗎！是御膳房遵旨做的。」

高宗聽後高興得大笑說：「對！對！對！是孤家封的。」

第五章　盛世佳餚：大唐飲食的繁華盛景

其實，這「雪夜桃花」就是用新鮮大蝦配雞蛋清、熟瘦火腿、嫩香菜葉做成的。蛋清抽打成雪花狀，加入乾澱粉、精鹽攪拌成泡沫糊。另用雞蛋攤成薄蛋皮，鋪放在大平盤上，像個空心月亮。再用火腿末、香菜葉點綴成幾朵花草樣，「雪夜」就做好了。之後在油鍋裡下蝦片，劃開，滑透。勺內少留底油，先下蔥丁，再加入番茄醬，放精鹽、白糖、少許湯，勾芡，倒入蝦片，加明油出勺。於是，粉紅的蝦片就像「桃花」堆放在「雪夜」中間，「雪夜桃花」就做成了。

隋煬帝楊廣賜名的「金齏玉膾」

相傳隋朝末年，荒淫無度的隋煬帝遊覽江南時，所到之處，令地方官員貢獻當地最精美的食品。吳地官員曾以「鱸魚膾」進獻，隋煬帝品嘗後，大加讚賞說：「『金齏玉膾』，東南佳味也。」大概因為鱸魚肉瑩白如玉，所配佐料色黃如金的緣故。此後，「鱸魚膾」被改稱「金齏玉膾[46]」而流傳下來。這件事原載於《南郡記》，後來《雲仙雜記》、《太平廣記》和《本草綱目》等書均有記載。

「金齏玉膾」是以鱸魚為主料，配以其他金黃色的蔬菜或果品製成的。其具體製法，史料記載有兩種，大同小異。《大業拾遺記》[47] 裡說：要專門選八九月下霜時捕撈的三尺以內的松江鱸魚，先切成薄片，用調味料浸醃，取出後用乾布裹著把水分瀝盡，然後散在盤中，再將香柔花葉切得很細，與鱸魚膾拌勻即成。《隋唐嘉話》[48] 裡也記載著「金齏玉膾」的製法，

---

[46]　膾：古時人們把用魚或其他肉類細切而製成的菜叫做「膾」。史籍記載的著名膾品很多，如有「膾鯉」、「生魚膾」、「牛膾」、「羊膾」、「鹿膾」、「青螺膾」等等。

[47]　相傳為唐代顏師古著，為古典筆記體小說。

[48]　唐代筆記小說集。作者唐代劉餗。彭城（今江蘇徐州）人。生卒年不詳。史學家劉知幾之子。《隋唐嘉話》記載南北朝至唐開元年間歷史人物的言行事蹟，以唐太宗和武后（武則天）兩朝為多。新、舊《唐書》和《資治通鑑》裡的某些史實，即取材於此書。書中也記錄了一些有關文學藝術的材料，如薛道衡作〈人日〉詩，宋之問賦詩奪東方虯錦袍等事，常為後人稱頌和引用。

與上述常法不同之處是不用柔花葉作輔料，而用金橙。看來這種「金齏玉膾」的輔料是可以調換的，只要它滋味美並能與鱸魚相配合就行，只是顏色必須是金黃色。

這道菜餚，在唐宋時人們很是欣賞和重視，出生於吳地的大詩人陸游還親手製作過。他的「自摘金橙搗膾齏」之句，說的就是這道菜。

和白居易淵源極深的香山蜜餅

香山蜜餅是四川忠縣地區著名的風味小吃。說起香山蜜餅的來歷，傳說和唐代著名詩人白居易有著極深的淵源。

相傳白居易從江州（今江西九江）到忠州（今四川忠縣）任刺史時，有一天微服察訪，來到一家「桐團興」麵點鋪，只見鋪面上擺著一籠熱氣騰騰的用桐葉包著的團團，卻不見一個顧客上門，店鋪內坐著個老漢，一副沒精打采的樣子。白居易跨進店門，喊了聲：「店家，生意可好啊？」

「桐團興」的店主姓梁，是個孤老漢，聽見有人喊他，連忙熱情起身讓座、倒茶，還端來了一碗團團。白居易夾起團團咬了一口，覺得味道不怎麼好吃，便不想吃了。梁老漢是個直爽人，見到白居易吃了一口就不吃了，忍不住嘆了口氣說：「不瞞客官說，吃團團的人越來越少了，做一天生意，還賺不到三餐稀飯糊口呢！」

「這團團既然生意不好，何不改做些發麵的糕點賣賣呢？也許生意會好起來。」

梁老漢為難的說：「客官哪裡知道，這桐葉團團是我們這裡做工最考究的麵點了，什麼發麵糕餅，我們可從來沒有見過呀！」聽到這裡，白居易便不再說什麼，付了團團錢，告辭而去。

一段時間後，白居易又來到了「桐團興」。梁老漢見了更加熱情相

第五章　盛世佳餚：大唐飲食的繁華盛景

迎，又張羅著要去端團團，卻被白居易一把拉住，說：「店家，你且別忙，今天我拿一樣東西來請你嘗嘗。」說著，掏出個紙包遞給梁老漢。梁老漢打開一看，是幾個圓圓扁扁的烤餅，聞一聞，噴噴香；捏一捏，鬆鬆的。梁老漢禁不住咬了一口，不由連連稱讚：「好吃，好吃！這是哪位名師的手藝？」白居易笑笑說：「店家有所不知，這是江州一帶用發麵烤製的餅子，我學著做幾個給你嘗嘗鮮，見笑了！」梁老漢心想：「這客官原來是江州來的糕點師傅。」便高興問道：「客官，您貴姓？」白居易想了想，回答說：「姓『雪』。」「啊，原來是雪師傅，失敬失敬！雪師傅如肯幫我一把，請收下我這個老頭做個徒弟吧！」說著，俯身就拜。白居易急忙把梁老漢扶起來，說：「快別這樣。我這裡有文銀二十兩，你快拿去辦齊烤餅的一些用具，明天我再來教你做餅。」梁老漢聽後別提多高興了。

第二天，白居易如約而來。忙了一天，手把手教梁老漢發麵、配料、改裝爐子，終於做成了與白居易帶來的樣式和口味一樣的烤餅。

從此，「桐團興」的團團不做了，改成了糕餅店。烤餅一上市，招徠了眾多顧客，一傳十，十傳百，一時顧客盈門，生意興隆。這以後，梁老漢又琢磨著結合當地製作麵點的特點，不斷加工改進，攙了蜜糖、核桃仁、香料、麻油，把發麵烤餅製成了蜜餅，名聲就更大了。

「桐團興」的蜜餅出名了，梁老漢的家業也興旺起來。他心想這全靠江州來的那位糕點師傅幫忙，可惜當時沒問清這位糕點師傅的家在江州何處。

後來梁老漢從他人口中得知，原來雪師傅就是當地的父母官，心裡就更是高興了。為了感謝白大人體恤民情、救人之急的恩情，梁老漢從此把「桐團興」暢銷各地的蜜餅，用白居易晚年號「香山居士」的「香山」作牌號，改名為香山蜜餅，其做法和包裝，一直保持當年送給白大人時的那樣。這個香山蜜餅由來的故事，至今仍在民間流傳著。

後世奶油飴糖製品的濫觴——「李環餳」

「李環餳（音唐）」，是一種配有乳油的工藝考究的硬飴類甜食，因為是唐代武臣李環[49]家廚師創製而得名。後來流傳到民間，先在東都洛陽流傳，隨後逐步普及到山西、陝西等地，這種食品是後世奶油飴糖製品的濫觴。

在唐代李匡義的《資暇集》（一部考訂舊文的書）中詳細記載了「李環餳」這種食品從上市到普及的過程：

唐文宗大和年間（西元 827～835 年），李匡義十六七歲時，住在東都洛陽。一個月光如晝的晚上，李匡義上街散步，經過綏福里，看見一家新開業的飲食店正在忙著熬製一種食品。他進店詢問，主人說：「這是一種乳飴，今晚製作，明早出售，六十文錢一斤，你要買的話，請明天來。」次日，李匡義就到該店買回數斤，嘗後，確實滋味非凡。幾個月後，「李環餳」就成為整個洛陽市上爭相購買的食品。

唐文宗開成初年（西元 836 年），李匡義的叔父李聽之任河中（今山西永濟縣蒲州鎮）節度使時，從洛陽聘請技師，到蒲州開了一個專門經營「李環餳」的店鋪，此後，「李環餳」又在蒲州逐漸普及。

穆質值饌時無心插柳烹成的「熊白啖」

「熊白啖」是唐代一道著名的菜餚。它由唐憲宗時的給事中[50]穆質親手創製。其主料為熊脊部的肥肉與瘦的鹿肉乾兒，加上調味品合烹而成。

---

[49] 李環的曾祖父是唐高祖李淵的祖父李虎，李淵取得政權後，曾命李環出使突厥，後來調任荊州都督，官至散騎常侍（為皇帝左右親信官職，地位頗為尊貴）。

[50] 給事中：官名。秦朝已設置，漢魏時一直延續下來。為將軍、列侯、九卿等的加官。因為給朝廷提供顧問、參謀，討論政事，所以叫「給事中」。隋唐以後，成為門下省的下屬官員，掌管駁正政令的事情。

第五章　盛世佳餚：大唐飲食的繁華盛景

這道菜的創製與穆寧對兒子的嚴厲管教有關。

據史料記載，唐代宗時的大臣穆寧是一位頗有才幹、性情剛直的大臣。他有四個兒子，長子穆贊，官至御史中丞；次子穆質，官至給事中；三子穆員，四子穆賞，都有才德。穆寧對四個兒子自幼管教甚嚴，同家僮一樣看待，稍有不是，就加以責打。大曆七年（西元772年），穆寧任和州（今江西廬州）刺史時，四個兒子曾一度在家侍奉父親。穆寧讓四個兒子輪流在廚房裡為他辦理膳食，叫做「值饌」。端上來的飯菜如果不合他的口味，值饌的人就免不了一頓責打。儘管四個兒子都千方百計採購市上的好肉好菜，小心謹慎烹製菜餚，但卻很難避免刑杖之苦，因此，輪到誰值饌，誰就發愁。

有一天，輪到穆質值班，為父親打理膳食，他看到廚房裡放著一塊雪白的熊脊肉，還有殷紅的鹿肉乾，靈機一動，覺得把這兩種肉搭配在一起烹製，或許可以成為一道好菜。於是他和哥哥弟弟一起先在廚房裡做了試驗。果然烹成的菜，肥瘦綜合，紅白相間，不僅好吃，而且好看，於是就進一步改進，終於烹成了一道美味佳餚，取名「熊白啖」。穆寧一嘗，確實不錯，竟將這道菜吃得一點不剩。

穆質的兄弟們看到父親對今天的菜餚如此滿意，就在廚房裡對穆質說：「你今天值饌，非但可以免於挨打，恐怕還要受到獎賞呢！」穆質也不免喜形於色，哪知穆寧用餐後，卻命令身邊的僕人說：「去到廚房裡問今天誰值饌，叫他帶上棍杖前來見我！」穆質只好捧著刑杖來見父親，穆贊、穆員、穆賞等弟兄三人也為此事納悶。穆寧一見，不容分說，先是對穆質一頓痛打。打完之後，才訓斥穆質說：「既然你會烹製如此美味的佳餚，為什麼之前不為我製作？」這時穆質才明白挨打的原因，覺得很冤枉，也不敢辯解，還得拜謝父親的教訓。

也許是穆寧的嚴厲管教，穆寧四個兒子彼此十分和睦，時人各贈他們

兄弟四人一種食品名稱作為雅號，稱穆贊為「酪」，穆質為「酥」，穆員為「醍醐」，穆賞為「乳腐」。這樣的雅稱，在歷史上也是少有的。

廚家風範 —— 留名千古的飲食權威

刀功出神入化的段碩

唐代的烹調技藝可以說是達到了空前未有的水準，其廚師的刀功水準就更不必說了。其專著就有〈砍膾書〉一篇。其中就有「小晃白」、「大晃白」、「舞梨花」、「柳葉縷」、「對翻蛺蝶」、「千丈線」等名，大都是用來形容快刀運勢與所切肉菜細薄的情景。而談到刀功高手，則非段碩莫屬。據段成式《酉陽雜俎》[51]的記述：段碩曾考中進士，博學多才，喜交遊，但不熱衷仕途，只喜歡研究飲食烹飪，除練就一手高超的烹調技藝外，其精湛的刀功，堪稱出神入化，舉世無雙。

段碩府中常有各種聚會。每次在宴會過程中，段碩都會當眾切魚製膾，藉以炫耀刀技，自娛娛人。

他製作魚膾時，先將魚宰殺、洗淨，剔去魚骨，取魚肉放在砧板上，操刀切割，動作敏捷迅速，其切割之聲甚至合乎節奏與音律。至於所切魚片，隨刀飛舞，薄如蟬翼，細如絲縷，如此高超本事，古今都非常罕見。

---

[51]《酉陽雜俎》所記有仙佛鬼怪、人事以至動物、植物、酒食、寺廟等等，分類編錄，一部分內容屬志怪傳奇類，另一些記載各地與異域珍異之物。這些內容採輯舊聞，或自己撰寫，多荒誕不經之辭，且錯誤百出。但其中的《寺塔記》二卷，詳述長安諸佛寺的建築、壁畫等情況，保存了許多珍貴史料，有一定的歷史價值。

第五章　盛世佳餚：大唐飲食的繁華盛景

古代廚師中的女傑 —— 膳祖

在中國古代廚娘中，最著名的應首推唐代的膳祖。膳祖是唐穆宗時宰相段文昌的婢女兼廚師，段文昌字墨卿，原籍山東臨淄，世居荊州，生於唐代宗大曆八年（西元 773 年），死於唐文宗太和九年（西元 830 年）。與詩文名家白居易、劉禹錫、柳宗元、韓愈為同時期人。

精通烹調飲食的段文昌，將自己府中的廚房命名為「煉珍堂」，這個「煉珍堂」就由叫膳祖的不嫁老婢主管，前後長達 40 年之久。經她調教出來的廚娘，多達一百個。

可見，燒菜一級棒的膳祖，不僅手藝過人，且能教出高徒。其事蹟載於北宋陶穀所撰寫的《清異錄》[52]中，雖著墨不多，但可想見其丰采，令人由衷敬佩。

美器食談 —— 相得益彰的飲食器具

唐時工藝水準高超的金銀飲食器具

將黃金白銀製成飲食器具，其歷史雖然可以上溯到 2,500 年以前，然而它的發展卻相當緩慢，這主要是由於金銀的稀有和珍貴。直到進入唐代，金銀器的製作和使用才在上層社會得到普及，甚至形成為一股不小的風潮。

---

[52]《清異錄》是北宋人陶穀雜採隋唐至五代歷史所寫的一部隨筆集。書中包括天文、地理、草木等 37 個門類，共有 648 條有關內容。其中和飲食有關的果、蔬、禽、獸、魚、酒、茗、饌八個門類，共 238 條，占全書三分之一。從多方面反映了豐富的飲食文化史。是研究烹飪技術發展的可貴資料。

美器食談──相得益彰的飲食器具

唐代是中國金銀食器製作的繁榮時期，各地出土的唐代飲食器的數量相當豐富。不僅皇室宮廷、王公大臣、富商巨賈享用著大量金銀食器，甚至一些老百姓和酒館的飲食器皿都使用金銀器。

下面我們就金銀飲食器具的珍品，選擇兩個有代表性的做一下介紹：

1970年西安南郊何家村發掘出一座唐代窖藏，一次就出土金銀器270件，包括碗六十二、盤碟五十九、環柄杯六、高足杯三、鐺四、壺一、鍋六、盒二十八、石榴罐四、盆六、罐六件等，絕大部分都是飲食用具，這是中國唐代金銀器的一次空前發現。其中兩件鴛鴦蓮瓣紋金碗最為珍貴。

金碗敞口，鼓腹，喇叭形圈足，高5.5公分，口徑13.7公分，足徑6.7公分。外腹部鏨出兩層浮雕式的仰蓮瓣，每層十瓣。上層蓮瓣內分別鏨出狐、兔、獐、鹿、鸚鵡、鴛鴦等珍禽異獸，禽獸周圍填以對稱的花草。下層蓮瓣均作忍冬紋（忍冬為一種纏繞植物，俗名「金銀花」，忍冬紋就是金銀花紋），圈足內刻鴛鴦一隻，飾忍冬紋一圈。圈足飾方勝紋（兩個菱形壓角相疊，組成的圖案或紋樣。「勝」原為古代神話中「西王母」所戴的髮飾），一整兩破的菱形花紋圖案，實為簡化了的四瓣蓮花紋。足底邊緣飾聯珠紋一周，內底部刻薔薇式團花一朵。內側墨書「九兩半」二字，這是唐代宮廷管理金銀器留下的標誌。唐代宮廷掌管金銀器的人，為防止以輕換重，在每件器物上往往都以墨書標重，有的直接鏨刻出重量，反映了金銀器在人們心目中的重要地位。

鎏[53]金銀茶具。在法門寺（今陝西扶風縣境內）地宮中出土的器物中，有一組原名為茶碾子、碾軸、茶羅子等的茶具。由於唐宋飲用的茶絕大多數先製成團餅，烹煮時要碾磨成茶末。因此，碾、羅是烹茶的重要器具。

---

[53] 鎏，音「劉」，中國特有的鍍金法，把溶解在水銀中的金子用刷子塗在器物表面作裝飾，所鍍的金經久不退。

第五章　盛世佳餚：大唐飲食的繁華盛景

唐代為皇室製造金銀器皿的部門，中唐前有兩個，即民間金銀作坊與官營作坊。後者就是少府監中尚署所管轄的金銀作坊院。但到晚唐時代，皇帝窮奢極欲，少府監作坊院的產品已不能滿足需求，另外設置了「文思院」，專門製作皇室所需的金銀犀玉工巧之物。這套茶具即為文思院製作，可以說代表了當時最高的金屬工藝水準。也是唐代以前所未曾出現的新興金銀工藝佳品。

流芳百世的唐三彩和專為貴族所用的祕色瓷

唐宋時期及唐宋以後，中國的陶瓷工藝技術日趨成熟，取得了極高的造詣和成就，下面我們以唐三彩和祕色瓷作一簡單介紹。

唐三彩碗。該器具在唐永泰公主墓中出土（永泰公主名仙蕙，是唐高宗李治和武則天的孫子中宗李顯的第七女，死時年僅十七歲）。說到唐三彩，人們都知道它是中國陶瓷史上的一朵奇葩，它是一種低溫釉陶器，用白色的黏土作胎，用含銅、鐵、鈷、錳等元素的礦物作釉料著色劑，在釉裡加入很多的鉛作助熔劑，經過800度高溫燒製而成。釉色呈深綠、淺綠、藍、黃、白、赭褐等多種色彩。人們稱之為三彩，實際上是一種多彩陶器。三彩器在宋代、遼代都有生產，但因它是唐代發明的，當時也最為盛行，故以唐三彩聞名於世。

這件三彩碗，造型端莊、穩重，裝飾獨特，內外施白色釉。器內有12道綠色的垂條紋，上施赭色釉細條紋，器外分上下兩層。

祕色瓷。唐代的食器值得提到的還有祕色瓷。祕色瓷一般是指越窯青瓷。它是專門為皇室和貴族燒製的一種薄胎、釉層潤澤如玉的瓷器精品，其釉色有青綠、青灰、青黃等幾種。燒造時間自唐至宋，五代和北宋初年是其發展高峰時期。最早提到祕色瓷的是唐人陸龜蒙的《祕色越器》詩，

詩中有「九秋風露越窯開，奪得千峰翠色來」的句子，用「千峰翠色」來形容其釉色。但人們一直並不知祕色瓷究竟是什麼樣，二十世紀末陝西扶風法門寺地宮出土了一批祕色瓷器，人們終於看到了祕色瓷的真相。

　　法門寺出土的祕色瓷器共有十餘件，是唐代皇帝作為供品奉獻給釋迦牟尼「佛骨舍利」的稀世珍品。釉色以青綠色為主，也見黃釉帶小冰裂紋。釉色純正，釉質晶瑩潤徹，釉層富透明感。個別器物在口沿和足底鑲嵌銀扣或以平托手法裝飾鎏金的鏤空花鳥團花，更顯典雅華貴。法門寺地宮出土的《供物帳》對祕色瓷有明確記述，人們由此看到了典型祕色瓷的真面目。

第五章　盛世佳餚：大唐飲食的繁華盛景

第六章
南北之味：宋元飲食的多元融合

第六章　南北之味：宋元飲食的多元融合

宋代統一了全國，使中國從五代十國的割據局面成為大一統。生產得到發展，經濟逐步繁榮。宋朝城市發展，飯館林立，促進了飲食業的繁榮。北宋南遷，把中原自古以來的飲食烹調精華傳入南方，推動了南方食俗的發展。如饅頭傳入南方發展為筍肉饅頭、魚肉饅頭、蟹肉饅頭、雜色煎花饅頭等。餅在北宋有胡餅、糖餅、髓餅，到了南方發展為牡丹餅、荷葉餅、芙蓉餅、金花餅、梅花餅、菊花餅等數十種。從隋唐到宋元食俗歷代相傳，飲食品種日益增多，烹調技術不斷提高。

開篇定論 —— 啟人心眼的酸甜苦辣

空前繁華的東京汴梁不夜城

西元 960 年，五代中的後周大將趙匡胤建立宋朝，都城設在汴梁（今河南開封）。而五代時的梁、晉、漢、周都定都於汴梁，連續幾朝的建都，給汴梁帶來很大發展。汴梁比起漢唐的長安，民戶增加十倍，居民百萬，兵卒幾十萬，成為歷史上空前的大都會。

在唐代及唐代以前，商業活動都是在規定的範圍內，但到了宋代，宋都汴梁則完全打破了這種傳統的格局，城內城外，處處店鋪林立，並不設特定的貿易商市。在眾多的店鋪中，酒樓飯館占很大比重，飲食業空前興旺。汴梁御街上的州橋，是市民和遠方商賈必得一遊的著名景點，附近一帶有十幾家酒樓飯館，如有「張家酒店」、「王樓山洞梅花包子」、「曹婆婆肉餅」、「李四分茶」、「鹿花包子」等。

汴梁城內的商業活動可以說是通宵達旦。其中最主要的就是夜市。夜市營業的主要是飲食店，經營品種眾多，有飯，肉魚、野味、蔬果等，無

所不包。以風味小吃為主，如水飯、雞碎、薑辣蘿蔔、鮓脯、凍魚頭、批切羊頭等。夜市注重季節的變化，供應時令飲食品，如夏季多清涼飲料、果品，有甘草冰雪涼水、荔枝膏、越梅、香結果子、金絲嘗梅、生醃水木瓜等；冬季則有盤兔、滴酥水晶膾、旋炙豬皮肉、野鴨肉等。酒食店還繼承了唐代創下的成例，每逢節令，都要推出許多傳統風味食品，如清明節有稠餳、麥糕、乳酪、乳餅；四月八日佛節初賣煮酒；端午節有香糖果子和粽子，中秋則賣新酒、蟹螯等。在著名的楊樓、樊樓、八仙樓等酒店，賓客常常達到千餘人，不分春夏秋冬，不分黑夜白天。

而且，有趣的是，當時的一些小商小販可以直接進入一些酒樓、飯館叫賣。如一些街坊婦人，她們腰繫青花布巾，高綰髮髻，進酒店為酒客斟酒換湯。還有的市民跑到酒店裡，專門侍候那些富家子弟們飲酒，幫買酒菜，代傳歌會，取送錢物。但也有店主不讓這些小販進到酒店的。

宋人是非常注重飲食的。宋人的下酒菜除大量的葷腥之外，又有很多乾鮮果品和蜜餞等，如有銀杏、栗子、鵝梨、梨條、梨乾、梨圈、膠棗、核桃、煎西京雪梨、河陰石榴、橄欖、龍眼、荔枝、甘蔗、榛子等。當然，酒店經營的飲食品種再多，總有一個限度，遇到客人點出所缺的菜餚和果品，店裡即刻派人去他店代買，最大限度滿足顧客的要求。

宋代的餐館，分工是很細緻的，有專門不賣酒的羹店、餅店、食店等。食店經營品種有頭羹、石髓羹、白肉、胡餅、桐皮麵、寄爐麵飯等。還有所謂「川飯店」，經營插肉麵、大燠麵、生熟燒飯等。其他有「南食店」，經營南方風味，有魚兜子、煎魚飯等。羹店經營的主要是肉絲麵之類，算是一種經濟速食。客人落座後，店員手持紙筆，遍問各位，來客口味不一，或熟或冷，或溫或整，一一記下，報與掌廚者。不大一會兒，只見店員左手端著三碗，右臂從手至肩馱疊著約二十碗之多，順序送到客人桌前。客人所需熱羹冷麵，不得發生差錯，否則客人報告店主，店員不僅會遭到叱罵，還要罰減工錢等，這些都展現了宋代飲食業的發展程度。

第六章　南北之味：宋元飲食的多元融合

南都臨安的飲食風情

　　西元 1138 年，南宋在臨安（今浙江杭州）建都，因此而取代汴梁一躍成為全國最大的商業都市。隨之而來的，很多烹調藝人也隨著朝廷的南遷而湧進了新都臨安，南方因此而有機會吸取中原的烹飪技巧，南北飲食文化得到一次空前的交流。

　　臨安最興旺的行業就是飲食業，有茶坊、酒肆、麵店、果子、油醬、食米、下飯魚肉鮝（音想，剖開晾乾的魚）臘等。汴梁來的廚司和食店老闆帶來了中原的傳統與技巧。臨安各類飲食店都有自己的特色，經營品種不同，以適應不同層次的顧客。如幾種普通酒店中，有茶酒店，以賣酒為主，兼售添飯配菜；有包子酒店，專賣鵝鴨包子、灌漿饅頭、魚子、薄皮春繭包子、蝦肉包子、腸血粉羹；有直賣酒店，專售各色黃白酒；有散酒店，以散賣碗酒為主，兼售血臟、豆腐羹、蛤蜊肉等；還有庵酒店，即有娼妓作陪的酒店。

　　臨安著名的大酒樓有春風樓、豐樂樓、中和樓、春融樓等名號。所供酒類名稱也極高雅，如玉練槌、思春堂、皇都春、珍珠泉、雪腴、瓊花露、蓬萊春、清風堂、藍橋風月、銀先、紫金泉、萬象皆春等，都是全國各地的名品。酒店雅座在樓上，樓下為散座，一般人入店，並不輕易登樓上閣，買酒不多，只在樓下散座。一入座，酒家店員先上「看菜」，這是樣品菜，只看不吃，問好顧客想買多少，然後換上所點的菜餚。

　　不論是北宋都城汴梁還是南宋都城臨安，酒樓食店的裝修都非常講究，大門有彩畫，門內設彩幕，店中插四時花卉，掛名人字畫，用以招徠食客。在高級酒樓內，夏天還增設降溫的冰盆，冬天則添置取暖的火箱，使人有賓至如歸的感覺。食客進入酒店門，便有專門的夥計提瓶獻茶，奉迎入座。接著請客人點菜，店夥計能將一兩百種菜點的名稱價碼背得滾瓜

爛熟。菜未烹好之前,先上果品數碟,酒溫熱之後,菜餚接連上桌。酒樓還備有樂隊,有樂手十餘人至數十人,清歌妙曲,增強進食的氣氛。有些酒店還僱有名妓若干人,身著豔麗時裝,憑欄招邀酒客,或陪侍客人喝酒進膳。

元代時的飲食特點 —— 回漢交融

西元1271年,忽必烈在大都(今北京)建都,這就是歷史上的元代,元代結束了南北宋分裂的局面,使中國成為統一的國家,大都也因此成為世界著名的大都會。居住在大都的有蒙古人、色目人、漢人和南人,色目人包括蒙古以外的西北各族、西域以至歐洲各族人,他們帶來了草原風味和西域風味。這就使得元大都的飲食是以北方風味為主,也吸收有南方風味,還融合了許多蒙古族食品和西域回回食品。

蒙古族人的飲食除了受到漢族和其他民族的影響外,還是主要以肉乳製品為主,烹調方法多採用烤、煮、燒,名餚有烤全羊、烤羊腿、手把羊肉、蒙古餡餅、奶豆腐等。從無名氏《居家必用事類全集》「飲食類」一節看,一些蒙古族食品如牛肺、酥油肺、琉璃肺、肝肚生、烤肉等,在元代大都是較為流行的食品。元代詩人白廷有詩讚美蒙古族的「八珍席」,八珍即:醍醐、麈沆、野駝蹄、鹿唇、駝乳麋、天鵝炙、玄玉漿、紫玉漿等,這是蒙古大汗(即皇帝、國王的意思)的御膳。

在元代忽思慧所撰寫的《飲膳正要》中可以看到「回回食品」和「女真食品」在元大都的流行。該書卷一的「聚珍異饌」部分詳列了許多非漢族的食品,主要有:馬思答吉湯、八兒不湯、炒狼湯、羊皮麵、禿禿麻食、馬乞、搠羅脫因、乞馬粥、河西米湯粥、撒速湯、炙羊心、炙羊腰、河西肺腦瓦剌、攢羊頭、攢牛頭細乞思哥等。

第六章　南北之味：宋元飲食的多元融合

食俗禮儀 —— 約定俗成的趣味飲食

宋代人的飲食習慣

中國人的飲食習慣，莊子有「適莽蒼者，三餐而返，腹猶果然」，意思是：去近郊旅行的人，只要攜帶夠吃三餐的乾糧就行，當天回來，肚子還是飽飽的。這可以證實早在西元前四百多年，中國人已有一日三餐的習慣。南宋的大詩人陸放翁有詩道：「疾行逾百步，健飯每三餐。」也可以說明，千百年來，一日三餐的習慣，非常普遍。

宋代詩人黃庭堅信佛，早晨吃粥，中午吃飯，過午不食。唐白居易《長慶集》十九〈龍華寺主家小尼〉詩：「夜靜雙林怕，春深一食飢。」卻是對佛門弟子衷心悲憫的詩句。只是，古人認為過午不食也是長壽和保養身體的祕訣，並以為夜食過飽容易致病。宋人的長年訣有這樣幾句順口溜：「夜臥不蒙首，晚飯少數口。」意思就是晚上睡覺，最好不要蒙頭大睡。蒙上了被子睡覺，空氣不流通，對人健康不利。而吃晚飯呢，即使不遵守佛律——過午不食，但只要在吃晚飯時，不貪飽，少吃幾口飯，也是好的。

宋代時的宴飲樂舞

南北宋的建立雖然結束了五代十國的分裂形勢，但並未真正統一過全國，遼、西夏、宋長期對峙，使得宋朝的綜合國力遠不如唐朝強盛。宋朝的統治者原是生活在中原地區的漢族貴族，所以宋朝時期的宴飲樂舞習俗基本上傳承了唐朝的習慣，但其規模和技藝卻無法與唐代相比。

宋代有主管宮廷宴樂的機構，叫做教坊，它集中了全國的優秀藝人，總計各地精選的樂工、舞伎達 360 人左右，雖然規模不及唐代，但也是一

個門類比較齊全的皇家歌舞戲團。宋代的宮廷宴飲樂舞總稱為隊舞，它是在唐代舞蹈基礎上發展起來的一種兼具禮儀、典禮、欣賞、娛樂多種功能的舞蹈。隊舞有小兒隊與女弟子隊兩種形式，共20支，一般在皇宮舉行的慶典大宴中演出，表演時往往集歌、舞、朗誦為一體，交叉運用。這種獨特的藝術形式不僅使觀眾得到美的享受，而且對後世戲曲及歌舞劇的發展有著深遠的影響。

宋代的貴族雅士也像唐代貴族雅士一樣，豢養著一批能歌善舞的家伎。宋人邵伯溫曾任陝西宣撫司馬，與李君交往頗深，常在李家飲宴，李家的歌伎，每次都要為賓主表演歌舞助興。斗轉星移，十餘年後李君去世，邵伯溫再去李家，李夫人「譴舊婢出舞」(讓以前的婢女舞蹈)，邵感慨萬千，作〈李氏席上有感〉詩道：「翻翻繡袖上紅茵，舞姬猶是舊精神。坐中莫怪無歡意，我與將軍是故人。」

據北宋科學界沈括的《夢溪筆談》記載，歷史上著名的北宋宰相寇準也豢養了一批藝技精湛的歌舞伎，相傳他酷愛《柘枝舞》，「會客每舞必盡日，時人謂之『柘枝顛』」。寇準家的柘枝伎年老後出家，到鳳翔作了尼姑，仍能唱出柘枝舞的曲調。據她說，當時在寇準家曾表演柘枝舞有數十遍。當然，這種在家宴中表演的柘枝舞與宮廷「小兒隊」表演的柘枝隊舞相比，表演形式及規模都有所不同。前者更具有欣賞性、娛樂性，而後者除了具有欣賞價值外，則偏重於禮俗。此外，一些經濟上不太寬裕的潦倒文人也保留著家養歌妓的習慣。

宋代詩詞中也有不少關於歌舞伎人侑酒的記載。宋代著名詩詞家韋驤的〈鵲橋仙〉說：「小筵開處，歌喉清婉，舞態蹁躚爭媚。」歐陽脩的〈玉樓春〉詩說：「穩著舞衣行動俏，走向綺筵呈曲妙。」這些詩句都生動描寫了歌舞伎人在筵宴中表演歌舞的動人場面。但這些記載較為泛泛，很少提到舞蹈的種類和舞名，這說明，以歌舞伎人侑酒的形式在宋代開始走向衰落。

第六章　南北之味：宋元飲食的多元融合

元代的宮廷宴飲樂舞

西元 1279 年，蒙古族建立元朝，統一了全國。蒙古族是個能歌善舞的民族，入主中原後，在本民族樂舞的基礎上，廣泛吸收、融和宋代的宮廷舞樂，形成了具有蒙、漢交融色彩的宮廷宴樂。

據《元史‧樂志》記載，元代的宮廷宴飲樂舞總稱為樂隊。樂隊因其表演的內容和場合不同又分為樂音王隊、壽星隊、禮樂隊、說法隊四種。

每年元旦時，樂音王隊在宮廷盛宴上進行表演。樂音王隊依上場表演的次序又分為引隊、二隊、三隊⋯⋯直至十隊。表演時，首先引隊上場，身著紫袍，塗金帶、拿著笏的樂官二人從東面臺階來到皇帝所在的臺階前，然後左邊的人走向西面，接著再走向南面，最後這個人面向北，與另外的那個人面對面站立。然後，引隊中兩人拿著跳舞時用的小竹竿引導身著紫窄衫，腰繫銅束帶的八名樂工登場，奏〈萬年歡〉曲。

其後，身著各色繡衣、戴唐帽、拿著牡丹的婦女，披甲執戟的武士，戴著各種面具扮作文殊、普賢、如來、八大金剛、五方菩薩及扮成金翅鵬、烏鴉、鶴，做飛舞姿態的演員依次表演。從演員的服飾和道具推測，那些頭戴唐帽、穿繡衣、執牡丹的婦女表演的大約是優美的唐朝漢族舞蹈；披甲執戟的武士表演的是英武豪邁的戰舞；那些身著盛裝，手執日月扇等舞具的婦女很可能是為烘托氣氛的群舞演員。值得注意的是，在元旦的樂音王隊中，戴面具表演相當普遍，除上述扮作諸神的面具之外，還有孔雀明王像面具、龍王面具等，甚至連樂工也戴著霸王冠、青面具。這種習俗大概來源於蒙古族傳統的宗教舞——查瑪（即跳神舞）。

在每年的天壽節（元代時以皇帝的生日為天壽節）那天，壽星隊進行表演。他們依演出次序也分成引隊和十個分隊。引隊冠服與樂音王隊相同，表演的項目有男女獨舞，女子獨唱，男女八人舞及女子二十、三十人

的群舞和裝扮成烏鴉、龜、鶴的舞蹈。樂曲有〈長春柳〉、〈山荊子〉、〈沽美酒〉、〈太平令〉等。禮樂隊、說法隊用於宮廷的朝會筵宴，演出形式和內容等與壽星隊大體相當。

這裡值得一提的是元代的天魔舞，可以說它代表了元代最高水準的宮廷樂舞，是元末順帝時期創作的。據《元史‧順帝本紀》記載：順帝不理政事，只鍾愛遊宴。命宮女三聖奴、妙樂奴、文殊奴等十六人，披頭散髮，戴象牙、佛冠。身披瓔珞，著大紅綃金長短裙、金雜襖、雲肩和袖天衣、綬帶、鞋襪，各拿著加巴刺般之器而舞，其中一人執杵擊鈴，另配十一名宮女組成的樂隊，宮女身穿常服或唐帽、窄衫。樂器有龍笛、頭管、小鼓、箏、琴、琵琶、笙、胡琴、響板、拍板等。起初，此舞是在宦官迭不花率領下，在宮中做佛事時表演。其後，由於演員的精湛表演具有較高的藝術性和審美價值，天魔舞便由娛神的殿堂走向了宮廷宴堂，不僅得到皇帝的喜愛，而且迅速傳出宮外，流散民間，得到世人的讚譽。元人周憲作詩讚道：

背番蓮掌舞天魔，二八華年賽月娥。

本是西河參佛曲，來把宮苑席前歌。

按舞嬋娟十六人，內園樂部每承恩。

纏頭例是宮中賞，妙樂文殊錦最新。

隊裡唯誇三聖奴，清歌妙舞世間無。

御前供奉蒙深寵，賜得西洋照夜珠。

宮廷宴樂，其主要用途是為了滿足各朝統治者驕奢淫逸的生活，但它往往從一個側面反映出那個時代的藝術水準，也折射出那個時代的政治、經濟發展狀況。從元代宮廷宴樂的主流來看，各種民族樂舞薈萃，各種項目穿插進行，在一定程度上表現出元朝興盛的氣氛。

第六章　南北之味：宋元飲食的多元融合

宋代時女真族的飲食習俗

　　宋代中期，居住在今黑龍江和長白山一帶的女真族逐漸強盛起來，控制了遼河以東經濟文化較為發達的地區，到西元 1115 年（宋徽宗政和五年）建立了金國，並由原來的奴隸制向封建制轉化。

　　當時宋人將女真人稱為野蠻人，原因是女真人不分貴賤，遇有酒宴活動時，往往男女老少圍坐在一起，飲酒歡歌。後來女真族引入漢族人的禮儀，才制定了等級制度。

　　女真族人既喜好漁獵，也從事農耕，飲食較為單純。南宋的宇文懋昭的《金志‧初興岡土》中說，女真在東北一帶，利用山林中的資源進行採食，在大地上栽種麻和穀一類的作物，土產有人參、蜜蠟、北珠、生金、細布、野狗、青鼠、貂鼠。當地的人善於騎射，喜好耕種，崇尚漁獵。他們見到野獸，一定將其捕獲。他們飲食粗陋，多吃半生米飯，並拌生狗血和蒜一類進食。他們一般用糜穀釀酒，飲酒風尚特濃，醉後往往要用繩索縛住醉漢，甦醒後才解開。洪皓的《松漠紀聞》（記載的內容為金國雜事）又說，女真人沒有生薑，常從燕地（今河北北部，遼寧西部一帶）得來，價錢很貴，人們視為珍品，一般飯食不用，遇有重要賓客，才切數絲放在賓客的碟中，更不用它作調味品。

　　女真族遇到婚嫁、生子、喪葬等事，也有一定的飲食習俗。《松漠紀聞》說，金國舊俗，婚嫁時，女婿要去女家拜門，去時必帶酒食，少的有十幾車，多的有幾十車，而且親屬也要隨行。舉行婚禮時，男女分開而坐，女家人無論大小，都坐炕上，男家人坐在炕下，叫做「男下女」。酒席開始後，常用烏金銀盃倒酒，當酒喝得差不多時，進食「軟脂」（即「饊子」，一種油炸食品）和蜜糕，每人各一盤，叫做「茶食」。宴罷，吃茶。禮儀結束後，即在女家成婚，三年後才能帶媳婦回男家。《虜庭事實》說，

女真人辦喪事時，其親戚和奴婢要供設牛羊酒食等作為祭奠，叫做「燒飯」。然後全體跪地而哭，接著用小刀割開死者的額頭，使其血液淋漓不止，叫做「送血淚」。再然後進行叩拜禮節，之後飲酒歌舞。

女真人接待客人的飲食，主食是白麵；肉食以羊肉為主，調味料除油、鹽、醋外，還有麵醬。酒不僅是待客必需有的，而且是女真人平日嗜好的飲料。女真人招待南方客人還用果子蜜餞、細白米。在宴會上，有各種油煎的糖蜜麵點，有麵粉做的饅頭、餅子、麵條，還有羊肉烹製的羹餚，菜餚的種類比較簡單。周輝《北轅錄》稱：祝賀生日時的食品有果飣（音定）、雞腸、銀鋌、西施舌、饅頭、血羹、鏵鑼、肚羹、湯羊、餅子、鮮粥、索餅、骨頭盤子、灌肺、油餅、棗糕、麵粥等。這樣盛大的宴會，食物只是麵粥糕餅之類，菜餚也不多。

元代時蒙古族的飲食習俗

蒙古族在飲食上有自己獨特的習俗，他們以沙漠和草原的特產為原料，製作著自己愛好的菜餚和飲料，他們的主要飲料是馬乳，主要食物是羊肉。據厲鶚《遼史拾遺》和孟琪《蒙韃備錄》說，蒙古族有豐富的水草，適宜放牧羊、馬等。養馬者必養羊，渴了就喝羊乳、馬乳等。如果出征中原，將羊吃盡後就射殺兔、鹿、野豬為食，所以即使出師數十萬人，也不攜帶糧食。後來，由於搶掠中原人為奴婢，而中原大多吃米麥等，所以他們又掠米麥煮粥而食。元代人忽思慧《飲膳正要》[54]中記載的菜餚和麵點類食品，70% 以上是用羊肉或羊五臟作為主要材料。

蒙古族在羊肉的烹調上，大多是先把羊肉煮熟細切，再加蔥、薑等調

---

[54]《飲膳正要》是一部專講飲食和營養的書籍。內容包括了醫療衛生，以及歷代名醫的驗方、祕方和具有蒙古族飲食特點的各種肉、乳食品，甚至明代名醫李時珍所著《本草綱目》也引用了該書的有關內容。所以，《飲膳正要》一書，對於研究中國的醫藥和蒙古的醫藥科技史具有重要的意義。

第六章　南北之味：宋元飲食的多元融合

味料。「帶花羊頭」就是其中一例：「羊頭一隻，羊腰子五個，羊肚、羊肺各一具，雞蛋五個，蘿蔔三百克，蔥、食鹽、味精、醋、生薑各適量。將羊頭除去毛，洗淨；羊腰子、羊肚、羊肺洗淨；生薑洗淨，拍破；然後將它們一齊放入鍋內，加水適量，用武火煮熟，撈起羊頭、羊腰子、羊肚、羊肺、切成兩公分見方小塊，再放入鍋中。將雞蛋打入羊肉鍋中燒開煮熟；再放入食鹽、味精、胡椒粉、醋即成。」

再比如「水晶角兒」，是以「羊肉，羊脂，羊尾子、蔥、陳皮，各細切，依法入拌，鹽醬拌餡，用豆粉作皮包子」等，這些烹調方法樸素簡單，適合游牧民族食用，除羊肉外，蒙古族也嗜食馬、牛、駝及禽鳥肉，對天鵝特別重視。

蒙古人的飲宴也有許多特殊風俗。據《蒙韃備錄》說，韃人飲宴，主人拿著盤盞勸客時，客人飲茶若留下一滴，主人就不再接著倒，客人飲盡才高興。飲酒時，鄰坐者要相互換酒杯。別人與自己換杯，自己必須喝完自己的酒，並斟酒給對方。如見客人醉了、吐了或者醉倒，就特別高興。他們認為客人喝醉，就和自己一心了。從此可以看出蒙古民族豪爽、開朗、誠摯的性格。

後來蒙古族建立元朝，成為統治者後承襲了宋、金兩朝的飲食風俗，飲食日益奢侈，有關飲食生活的禮儀制度也日益繁複了。由於生活的日益奢華，蒙古貴族除了一天的正餐以外，飯前飯後又有點心，陶宗儀《輟耕錄》中有「今以早飯前及飯後，午前午後，晡（指下午三點到五點）前小食為點心」的記述。

元代統治者為了鞏固他們的統治地位，特別崇奉佛、道，尤其是對西番（元代時對西藏的稱呼）僧大力支持。僧、道寺觀不但擁有大量的土地和佃戶，每年還要用大筆經費在宮廷中作佛事。每次佛事，所用油、麵、酥、蜜均以萬斤計，耗費之大，實在驚人。不僅如此，而且各汗（帝王）

即位,往往要大宴七天,每天食用的馬、牛、羊有千百隻,供賞賜的珍珠撒在地上,有如散布在天空中的星星那麼多。「斡耳朵」(即帳篷)附近積灑的乳酒,好像銀色的沙漠那麼大。各汗每年還要在上都(今內蒙古自治區正藍旗)舉行所謂「詐馬宴」,也是「萬羊臠炙萬甕濃」。意思是宰殺有很多牛羊以及有很多濃酒的宴會。

元代以後一直到明清時期,蒙古族都沿用漢曆,每年招喇嘛誦經,以食物祭祖。五月五日休息飲宴,男女大多去登山打獵,但沒有吃粽子的習俗。七月十三日祭「鄂博[55]」,各家舉行宴會。七月十五日祭祖墳。八月十五日各家舉行宴會,但沒有吃月餅的習俗。冬季十二月底為年節。年前半月餘,或乘馬車,或騎駱駝,到市鎮購置過年食用的物品,叫做辦年貨。

元代時回族的飲食習俗

在元代以前,至今為止沒有發現有回族飲食生活的記載,最早只見於元朝的《飲膳正要》。《飲膳正要》中所說的「回回」,是指信仰伊斯蘭教的波斯、阿拉伯、土耳其等中亞內遷民族。七世紀以來,部分波斯人和阿拉伯人移居中國。元朝又有大批中亞民族隨蒙古西征軍隊來到中國,有的駐守各地擔任軍政職務,有的傳教、經商或務農。當時他們的政治地位次於蒙古族,高於漢族。不過信仰伊斯蘭教的人,並不完全是回族。中國的回、維吾爾(也叫纏回)、哈薩克、烏孜別克、塔吉克、塔塔爾,柯爾克孜、東鄉、撒拉(也叫東鄉或撒拉回)、保安等九個民族都是穆斯林。回族,是漢、蒙、維吾爾等族人民和回回人在信仰回教的基礎上,經過漫長

---

[55] 一作敖包,蒙語音譯,意為堆。古代蒙古民族用以辨識道路、區分牧地、祭祀山神及路神的封堆。封堆用石塊等物壘成。「敖包」是蒙古族的精神支柱。無論在死一般寂靜的沙漠中行走,還是在茫茫無際的荒原上行走,「敖包」不僅是地理標誌,更是人們精神的指南。

第六章　南北之味：宋元飲食的多元融合

時間逐步融合的一個新的民族。他們既保持著濃厚的伊斯蘭教色彩，在飲食風俗方面又與信仰伊斯蘭教的其他民族不完全相同。

回族有許多獨特的節日飲食風俗，主要是：

◆ 齋月

按伊斯蘭教曆九月為齋月。在這一個月裡，除老、弱、孕婦及兒童以外，從每天黎明到日落禁止飲食，甚至連唾液也不許吞咽。日落後星星布滿天空才能開食，黎明一頓飯菜最為豐盛，但不得飲酒。日夜禮拜，拜前以淨水沐浴，到下月初，望見新月如鉤，才開齋。

◆ 開齋節

又名「肉孜節」或「肉孜愛提」，為波斯語譯音。齋月期滿後恢復原來的飲食生活。隆重的開齋節，一般都宰殺牛、羊，備辦奶茶、杏仁、杏乾、葡萄乾、蜂蜜、饢、饊子等各種食物，全家歡聚，款待親友，以示慶祝。

◆ 古爾邦節

這是「獻牲」的阿拉伯語譯音，又名「宰牲節」。按伊斯蘭教教曆十二月初九為世界各地伊斯蘭教徒到達阿爾法特參加朝觀大典的日子，次日（開齋後第七十天）為古爾邦節。這是回族一年之中最大的節日，相當於漢族的春節。

中國回族分布甚廣，多與漢族雜居，以西北各省較為集中。回族廚師根據本民族的習俗和宗教特點，精心研製具有本民族獨特風格的飲食，發展了清真菜餚和各類糕點、小吃。元代的飲膳太醫忽思慧在《飲膳正要》裡就記述了很多回回食品，諸如「細乞思哥」、「八兒不湯」、「鼓兒不子」、「攢羊頭」、「羊骨粥」、「羊肚羹」等，尤以「禿禿麻食」在當時流行較廣。忽思慧對「禿禿麻食」的製法記述比較簡單，在高麗（今朝鮮半島）十七世

紀中期通行的漢語教科書《朴通事》中描述得較為具體。它是將麵和成小彈丸，放在冷水中浸過，用手掌按作小薄餅兒，下鍋煮熟。另用酥油炒片羊肉、加鹽，炒焦，以酸甜湯拌和，並研蒜泥調酪，吃時以「竹籤籤食之」。這說明回族飲食當時和漢族飲食已融合起來。

兵戈食話 —— 名役名品的機緣碰撞

壽州之戰中以「大救駕」聞名的名小吃

安徽省壽縣有一種著名的風味小吃，名叫「大救駕」。其形扁圓、色乳白、層層酥，以青紅絲拌肉做餡烤製而成，其實就是一種精製的油酥餅。雖說是小小的油酥餅，但它的來頭可不小呢！

西元956年，後周世宗準備武力征服淮河以南地區，派當時後周大將趙匡胤率兵急攻南唐（今壽縣）。南唐守軍誓死抵抗，戰鬥非常激烈，趙匡胤攻打壽縣整整打了九個月，終於打進了壽縣。由於操勞過度，趙匡胤一連數日，水米難進，急壞了全軍將士。

此時趙匡胤軍隊中有一位廚師，向壽縣有經驗的廚師請教後，採用優質的麵粉、白糖、豬油、香油、青紅絲、桔餅、核桃仁等作主料，精心製作成帶餡的圓形點心，派人送到趙匡胤面前。趙匡胤只覺一股香氣襲來，再看桌上擺著的點心形狀美觀，不覺心動。他拿起一個放進嘴裡，只覺香酥脆甜十分可口。再仔細看那餡心，有如白雲伴著彩虹一般美麗清爽，於是一連吃了許多，身子頓覺增加了力氣。此後，軍隊中的醫生又讓他細心調養，他很快恢復了健康，還率領軍隊又連續打了幾個大勝仗。

後來，趙匡胤當上了宋朝的開國皇帝，談起南唐一戰時，還對在壽縣

第六章　南北之味：宋元飲食的多元融合

吃的點心念念不忘。他曾對部下說：「那次鞍馬之勞，戰後之疾，多虧它從中救駕呢。」於是壽縣的「大救駕」名聲立即傳開了。甚至到了今日，許多人還慕名而來，到壽縣附近的淮北一帶品嘗「大救駕」的風味。

康山大戰中朱元璋盛讚出的「流浪雞」

「流浪雞」是江西地區的美食，歷來都受到海內外人士的歡迎。此菜造型逼真，色美肉鮮，是上佳菜餚。

元朝末年，社會走向衰落，政治腐敗，民不聊生，紅巾軍農民起義席捲大半個中國，逐漸形成了幾支重要的起義軍相互爭奪勢力範圍的政治格局。西元1363年陳友諒六十萬大軍和朱元璋二十萬人馬激戰鄱陽湖。陳友諒水軍訓練有素，又以大戰艦為主力，占有明顯的軍事優勢。在連續戰鬥中，朱元璋連吃敗仗。鄱陽湖中康山一戰，陳軍大勝，使得朱元璋只有棄船登岸，尋求出路。

連日激戰，隨行的軍士已沒有多少了，朱元璋一行人馬早已是精疲力竭，行軍十分艱難。好在軍師劉伯溫善於聲東擊西，他們甩開了敵軍主力，逃到比較荒僻卻相對安全的地方，暫時駐下歇息。可軍中無糧，將士怨聲載道。劉伯溫只好派遣幾個親兵出外尋找食物，但附近卻杳無人煙，怎麼辦？朱元璋肚飢難忍，悄悄和劉伯溫離開了大隊人馬，逕自沿著羊腸小路向前摸索前行。走了沒多久，卻驚喜發現荒坡中有間低矮茅棚，便急忙走了過去。

茅棚外坐著一位好太太。劉伯溫十分禮貌，問候了一句老太太，並說明來意，掏出許多銀兩。老太太見是仁義之人，不願收受銀兩，反倒熱情讓客人坐下歇息，自己去為他們準備飯食。原來老太太家並沒有現成的糧食，只有一群放養的小雞。老太太捉來幾隻稚嫩的小雞，迅速除去雞毛和

內臟，放進燒開的水裡連續燙了幾次，然後快刀斬成雞塊，拌上許多自產的辣椒、大蒜，再撒些鹽末，很快做成了一大碗雞肉美食。朱元璋整整三天未曾正常進食，吃起來備覺鮮美無比。劉伯溫也樂得一起分享美味，邊吃邊說好吃，老太太聽了很高興。吃完以後，朱元璋和劉伯溫給老太太留下一些銀兩，便告辭了。有了美味果腹，朱元璋精神為之一振，回到殘部駐地，又聚攏不少人馬，重新殺出一條血路。

大約經過幾天的重整旗鼓，已有數萬大軍。在劉伯溫火攻計謀實施中，一舉大破陳友諒水軍，將其幾十隻巨大艦船燒得灰飛殆盡。陳友諒退兵而去，朱元璋班師而回，後來終於徹底擊破各路敵對勢力，當上了明朝的開國皇帝。

明太祖朱元璋後來回憶起康山之戰時，總是念念不忘老太太的美味雞餚。他派人重返故地尋找，雖然不曾找到老太太的草棚，卻誇讚說那是絕無僅有的「流浪雞」。後來「流浪雞」這一說法流傳到民間，於是就有了「流浪雞」這一美味佳餚。

名家食味 —— 增光添色的名士品鑑

名副其實的北宋美食鑑賞家蘇東坡

蘇東坡是北宋著名文學家，書畫家，而且還是一位嘗遍天下美味的美食家和精烹善調、親手創製過許多名品佳餚的烹飪大師。

蘇東坡生長在天府之國的四川，一生中曾在京城汴梁、陝西關中、山東密州、江蘇徐州、常州、湖北黃州、浙江湖州、杭州乃至嶺南惠州、瞻州等地居住過，嘗遍了南北名品佳餚，他又處處留心，觀察各地的烹調方

第六章　南北之味：宋元飲食的多元融合

法，甚至親自動手烹製，從而累積了豐富的烹飪經驗，創製了許多名品佳餚。後世流傳與蘇東坡有關的菜餚有很多，現列舉幾例如下：

◆ 東坡肉

宋人吃豬肉，大都不把豬肉煮爛。可能是蘇東坡較早發現爛煮的豬肉比健肉好吃，他便到處宣傳。由於他的名望高，這件事便在知識份子中傳為美談。周紫芝的《東坡詩話》中曾詳細記載了這件事情：

東坡性喜嗜豬。在黃州時，嘗戲作食豬詩云：「黃州好豬肉，價賤如糞土。富者不肯吃，貧者不解煮。慢著火，先洗鐺，少著水，柴頭罨（音演）煙煙不起。待它自熟莫催它，火候足時它自美。每日早來打兩碗，飽得自家君莫管。」蘇軾用這種「慢著火，少著水」的方法燉豬肉，開始時，只是為了適應自己的愛好。後來，他歷遊南方各地，常常自己動手烹製此肉，與朋友們共用，人們都覺得特別好吃，於是「東坡肉」就在廣東、浙江一帶廣為流傳，直到今日。

◆ 東坡羹

東坡羹實際上是以野生薺菜與米糝為主要原料的粥。這種食品既好吃又能治病。可以說是蘇東坡發明的一道食療湯。

東坡羹中還有一道著名的「蘆菔（蘿蔔）羹」，其主料是極其平常的蔓菁和蘆菔根，味道卻極美。蘇軾在他的〈狄韶州煮蔓菁蘆菔羹〉詩中寫道：

我昔在田間，家庖有珍烹。

常餐折腳鼎，自煮花蔓菁。

中年失此味，相像如隔生。

誰知南嶽老，解作東坡羹。

中有蘆菔根，尚含曉露清。

勿語貴公子，從渠嗜膻腥。

蘇軾稱讚這種羹湯比那些用膻、腥的羊、魚烹製的羹湯還要香得多。

東坡豆腐。「東坡豆腐」是膾炙人口的一款素菜。據《山家清供》記載，烹製方法有兩種：一是將豆腐先用蔥油煎，然後再加入研碎的榧子（音匪，一種榧樹的種仁）一二十枚和醬料一起烹煮，另一種是用純酒來煮。這種烹調方法傳到後代，在配料和燒製上逐漸有了改變。

在烹調方法上，蘇軾非常重視吸收別人的烹調經驗。當時四川一個村寺裡有一位酒肉和尚精於烹飪，特別是蒸豬肉的方法有獨到之處，並寫了下面一首詩：

嘴長毛短淺含膘，久向山中食藥苗。

蒸處已將蕉葉裹，熟時更用杏漿澆。

紅鮮雅稱金盤飣，軟熟真堪玉箸挑。

若把膻根來比並，膻根只合吃藤條。

這首詩記述的是蒸豬肉。用蕉葉把肉包起來，一則可以避免肉味和營養散失，而且蕉葉的青香味被肉吸收，再用杏漿一澆，顏色金黃，形似飣盤，堪稱一款色、香、味、形俱美的菜餚。

蘇軾作為一代美食鑑賞家，他的食趣非常廣泛。他對家鄉的名產有著濃厚的感情。例如他的老家四川到處是竹，他既喜歡觀賞綠竹，又喜歡吃竹筍。他的詩中有「無竹令人俗，無肉令人瘦」的名句。後來被人演繹為「若要不俗又不瘦，除非筍炒肉」。蘇東坡若在世，對這一演繹恐怕也是不會反對的吧！

蘇軾在陝西鳳翔做官時，對關中的麵條和大麥仁加豆子合煮的麥仁飯評價也很高。他有詩讚美關中的麵條說：「湯餅一盂銀絲亂，蔞蒿如筍玉箸橫。」詩中的「湯餅」就是今天的麵條。他在廣東時，就入鄉隨俗習慣吃蛇了。他在〈古意〉詩中寫道：「平生嗜羊炙，況味肯輕飽。烹蛇啖蛙蛤，

第六章　南北之味：宋元飲食的多元融合

頗訝能稍稍。」

蘇軾雖然愛吃，講究烹調技藝，但他仍然注意節儉，他的〈節飲食說〉稱：「自今日以往，早晚飲食不過一爵一肉，有尊客，盛饌則三之，可損不可增。有召我者，予以此告之。主人不從而過是，吾及是乃止。一曰安分以養福；二曰寬胃以養氣；三曰省費以養財。」大意是：從今天開始，我早晚飯食不超過一杯酒和一份肉，如果有貴客來訪，也不超過三個菜餚，對方拿來的不算，卻不可以再增加。如果有邀請我赴宴席的，我就把我的這個原則告訴他們。如果他們不聽從的話，我就自己及時而止。飲食宜清淡，葷素粗細要合理搭配，人是依靠腸胃來消化和吸收營養的，因而寬胃養氣十分重要。這樣才能節省開支以積攢財富。

不可多得的南宋美食家陸游

陸游是南宋著名詩人，越州（今浙江紹興）人。他一生寫了近萬首詩，是中國文學史上的高產作家，而且他還是一位頗有飲食素養和品味的美食家。

在陸游的一生中，品嘗的菜餚品種是比較多的，天上的飛禽，地上的走獸，野味、水鮮，無所不愛；佳蔬、野菜，無所不嘗。他有一首名叫〈醉中歌〉的詩，寫了他吃過的許多佳餚，該詩寫道：「……牛尾膏美如凝酥，貓頭輪囷欲專車。黃雀萬里行頭顱，白鵝作鮓天下無。……」他說，他吃過凝如酥油一樣的紅熬牛尾；又吃過現在只有廣東人愛吃的貓肉，並且說吃的貓，光頭就有一車可裝；又吃過愛飛的黃雀，可能是用南宋時「釀」、「煎」的烹調方法，調和五味吃的；而吃鵝肉時，則用醃和糟的方法製作，說那味道是天下沒有的鮮美。他在吃了潯陽蟹後，也寫了一聯吃蟹詩句：「蟹肥暫擘饞涎墮，酒綠初傾老眼明。」意思是剛用手把蟹掰開，就

饞得口水直淌下來，等到吃蟹喝酒時，連昏暗的老眼都突然明亮起來。他還愛吃當時越州農村的辣米菜，說它是「嘉蔬」（即上好的蔬菜）。

陸游很懂得吃，自己也很會燒菜。他有一首名叫〈飯罷戲亦鄰曲〉的詩寫道：「今日山翁自治廚，嘉餚不似出貧居。白鵝炙美加椒後，山雉羹香下豉初。箭茁脆甘欺雪菌，蕨芽珍嫩壓春蔬……」講了他烹製菜餚的經驗：做烤鵝時，要抹上花椒後，才特別鮮美；做野雞肉的羹時，鹽豉一放進去，就透出香味；又說，越州箭竹的嫩筍，比雪白的蘑菇還甘美脆嫩；蕨芽的珍貴和鮮嫩，超過春天上好的蔬菜。從詩中可見，他十分懂得名菜的製作和工藝。

他雖然愛吃葷類菜餚，但不推崇吃葷，他認為素食、粥類是有益身體的。他說：「肉食從來意自疑，齋盂況與病相宜。」又說：「世人個個學長年，不悟長年在目前。我得宛丘平易法，只將食粥致神仙。」粥容易消化、容易吸收所含的營養物質，加紅棗或其他補益身體的東西共煮，更有益於身體。

陸游既精通吃，又對烹調技術富有研究，並且懂得食療對健康的作用，可說是中國歷史上難得的美食家。

盛宴美食 —— 令人垂涎的美味世界

邀請一兩個好友的蘇軾船宴

宋代著名文學家蘇東坡非常喜歡船宴，經常邀請一兩個好友，泛舟湖泊，吟詩作對。相傳蘇東坡與佛印和尚是好朋友，二人常在一起談論詩文，有時也對對聯。一次蘇東坡想誘使佛印開葷，便以請他遊湖為名，把

第六章　南北之味：宋元飲食的多元融合

佛印請到了一條小船上，當小船划到僻靜處，蘇東坡請佛印進艙，原來艙中早已擺好了一桌酒菜。佛印一看，桌上盡是葷菜，便以佛家戒規為名，一再拒絕。蘇東坡編了一首詩唸道：

湖畔楊柳影，不礙小船行。

佛在心頭坐，酒肉穿腸過。

佛印一來說不過他，二來經不住魚肉香氣的誘惑，終於開了葷。後來竟成為一個酒肉和尚。

又有一次，蘇東坡將佛印請到船上宴飲。小船行駛沒多久，蘇東坡看到岸上有一隻狗在主人身後，專撿主人扔的骨頭啃，便想戲弄一下佛印。他說了個「狗啃河上骨」的上聯，讓佛印對下聯。佛印一聽，這「河上」分明是說「和尚」，知道蘇東坡又再搞惡作劇耍他。於是把蘇東坡送給他的一把有親筆題詩的摺扇扔到河裡，不慌不忙道出下聯「水漂東坡詩」。蘇東坡聽出佛印回敬他的是「東坡屍」，知道自己沒有占到便宜。二人心照不宣，不由得哈哈大笑。這些都成為歷史美談，流傳後世。

趙匡胤杯酒釋兵權的奪權之宴

後周時期的趙匡胤自從當上士兵後，以出色的膽識和智慧能力憑赫赫戰功很快從士兵升到統帥，在軍中樹立起很高的威望，後周的許多將領都是他的老部下、好朋友，或者拜把兄弟。後周皇帝柴榮的幼子繼位後，趙匡胤也宣誓效忠。不久河北前線傳來遼國犯境的急報，小皇帝和幾個輔政大臣讓趙匡胤掛帥出征，趙匡胤在汴京郊外的陳橋驛集合禁軍部隊準備第二天一早出發。當晚，趙匡胤的弟弟趙光義和幾個將領密謀，認為皇帝這麼小，就算立了戰功他也不懂封賞，不如讓趙匡胤當皇帝，反正這在五代時期也不是新鮮事，後周的開國皇帝郭威就是這樣篡權奪位的。

天剛要放亮，趙匡胤就被士兵們的一片叫嚷聲吵醒，他剛走出帳篷，就硬是被幾個將領披上了一件黃袍，全軍山呼萬歲，他先是推脫了一番，隨後便以皇帝的身分發號施令，率軍回汴京奪得皇位。在以後的幾年裡，趙匡胤平定了許多小國和反叛的節度使，對手除了強大的遼國，就剩下已是囊中之物的南唐和北漢，軍中許多有實權的將領也開始驕傲跋扈起來。但趙匡胤已有了進一步的打算。

一天，散朝以後，趙匡胤把剛出征歸來的石守信、王審琦、高懷德等幾名執掌禁軍的將領留下來，要與他們飲酒敘舊，酒過三巡，趙匡胤忽然沉默不語，長吁短嘆起來，幾位將領感到奇怪，他們便問趙匡胤感嘆的緣由，趙匡胤說自己從做了皇帝，就沒睡過一天安穩覺，就怕有人背叛他。

眾將領聽後紛紛表示自己的忠心，趙匡胤說，你們的忠心我相信，但有一天你們手下的人也給你們黃袍加身，你們恐怕也不得不反吧。幾個將領嚇得跪倒在地，求皇帝指條明路。趙匡胤說，大家年輕的時候出來投軍，目的說白了就是為了高官厚祿封妻蔭子，現在大家的年紀也大了，不如交出兵權，我多賞你們金銀和良田，回去做個富翁頤養天年，咱們再結個親家，君臣相互不猜疑這樣多好！

第二天，各將領紛紛上疏請求辭職，趙匡胤成功的親自接管掌握了禁軍，接著又用同樣的手段，解除了其他幾位握有重兵的大將的兵權。

這次宴會是宋代的宮廷宴會，汴京地處的河南也是數朝的京城或陪都所在，豫菜也是中國著名的菜系，甚至也是現代的國宴菜，趙匡胤請和自己一起打江山的兄弟吃飯，雖然有奪權的目的，但一定也會具陳天下的美味。

在封建社會，很多朝代的開國皇帝都有殺功臣的行為，但趙匡胤卻用溫和和平的手段，成功完成了兵權的解除與交接，這也已經被現代管理學所運用。從此，軍人出身的趙匡胤卻組織了世界上最早的文官政府體系。

第六章　南北之味：宋元飲食的多元融合

但是，凡事有利有弊，皇帝直接掌握兵權、不懂軍事的文官控制軍隊，武將頻繁調動，兵不知將，將不知兵，雖然宋軍有著先進的火器和出色的基層軍官，但文官指揮能力的欠缺，使得宋軍的戰鬥力極為低下，最後被蒙古族所滅亡。

宋代的賜宴——聞喜宴

宋代時，進士及第後不是自己設宴，朝廷也不再搞什麼遊宴之類的活動，而是由朝廷賜宴於瓊林苑，叫做聞喜宴，也叫瓊林宴。瓊林宴這一名稱始於北宋。宋太祖始建殿試制度，即在禮部考試後，再由皇帝在殿廷主持最高一級的考試，以決定錄取的名單和名次。

據史料記載，遼代也曾設宴招待新科進士，地點雖在內果園或禮部，但也沿襲宋人稱之為瓊林宴。瓊林宴，宋遼時期有，唐代是沒有的。

成吉思汗的斡難河畔崛起之宴

鐵木真，出生於一個蒙古部落酋長的家庭，他足智多謀，勇猛剛毅。他利用蒙古各部落之間的矛盾，聯合一方打擊一方，再各個擊破的戰略，先後消滅了世仇塔塔兒部，消滅了令金國人都頭疼的乃蠻部，接著又消滅了札木合部，最後征服了王汗克烈部，統一了蒙古大草原。

西元1206年，鐵木真在斡難河畔召開忽里臺大會登上帝王位，成為了蒙古的最高統治者，號成吉思汗（意思是像海一樣偉大的帝王），並在這次稱汗大典上，舉辦了斡難河宴會。成吉思汗稱帝後開始了對外用兵，先用兵西夏，迫使西夏求和與其聯合攻打欺壓了蒙古人數百年的金國，殲滅了金國精銳部隊，攻克金國都城，使金的勢力退往黃河以南，接著成吉

思汗開始西征,先派大將哲別滅了遼國,自己又親征花剌子模,先後攻克了撒馬爾罕、玉龍赤傑等城邦,蒙古軍隊一直攻至黑海和印度河流域,蒙古第一次西征結束,接著又回軍攻打西夏,在滅亡西夏前夕,成吉思汗病逝。他在臨死前,又留下了聯宋滅金的戰略。

成吉思汗的崛起之地可以說是在斡難河,而那次的斡難河宴會是蒙古民族的第一次盛宴。宴會上都是具有蒙古特色的美食,有外焦裡嫩的烤全羊,金黃噴香的饢餅,熱氣騰騰的火鍋,香氣撲鼻的烤牛肉,酒是蒙古族特有的馬奶酒。

成吉思汗的子孫們,一次又一次的征戰,擴大疆域,向南滅亡征服了金、吐蕃、大理、南宋,向歐洲一直攻打到多瑙河流域。以這次斡難河盛會為開端,蒙古如暴風驟雨一般的迅猛發展起來,僅用了70年的時間就建立了世界上疆域最大的帝國,改變了整個世界歷史的進程。成吉思汗已成為了雄才大略、軍事天才、勇猛無敵的代名詞。

名品由來 —— 口耳相傳的智慧典藏

書畫家米芾「滿載而歸」戲貪官

「滿載而歸」是湖北地區的名菜,這道菜是用鱖魚為主料製成的。它的由來與北宋著名書畫家米芾有一定關係。

米芾是北宋著名書畫家,祖籍山西太原,後遷至襄陽(今湖北襄陽),十二歲便在襄陽一帶出了名。

米芾曾在安徽無為做通判[56],他的上級是個知州,姓麥,是個道地的

---

[56] 在宋代,通判是知州的下屬,大概相當於現在的副縣長這個級別。知州相當於現在的省轄市市

第六章　南北之味：宋元飲食的多元融合

腐敗分子，老百姓暗地裡叫他「麵老鼠」。米芾為人正直，做官清廉，不屑於向這位上司低頭，可是州衙裡有個每月逢單日議論政事的規矩，米芾因此心裡非常鬱悶。後來，他想了一個辦法，每逢單日去衙門之前，讓家人把他收藏的古石擺出來，他穿好朝服，像拜上司那樣拜石頭，一邊拜一邊說：「我寧拜無知的石頭，也不拜你骯髒的『麵老鼠』。」拜完後，他覺得心裡舒坦多了，再去衙門議論政事。

儘管這樣心裡好受多了，但時間一長心裡還是不舒服，於是他便寫了一篇文章，派人送給麥大人，麥大人看後勃然大怒，原來文章裡寫道：

經啟無為州正堂：通判米芾，狂妄不法，每逢開衙議事，即具朝服拜石，然後入衙，實為侮慢朝廷命官。拜石時，還口中唸唸有詞：寧拜無知石，不參麵老鼠，大堂是魔窟，吸髓搞貪汙！

知名不具

姓麥的知州早就看米芾不順眼，把他視為眼中釘，肉中刺，總想著有一天給拔掉，這下可有了藉口，他立即稟報朝廷說：米芾拜石，侮辱朝廷。不久，革職聖旨來了，米芾於是租船攜帶家眷走了。

姓麥的貪官哪肯就這樣放走米芾，他上報朝廷謊稱米芾盜竊衙門財寶要乘船潛逃。米芾算準他會有這一手，故意在船頭擺滿紙箱、空盒，還用黃箔、錫紙做成閃閃發光的元寶。這樣一來，官兵緊追不捨，想當場查獲贓物。誰知追上米芾的船，才看見那些金銀元寶是假的。再打開箱籠一看，盡是禿筆、畫紙及米芾平日所作書畫，於是官兵掃興而回。但米芾滿載一船書畫的事情卻在民間流傳開來。

聰明的廚師從這個傳說中得到啟示，便烹製了「滿載而歸」這道佳餚。他們用鱖魚、瘦豬肉、蛋皮、蝦仁、筍丁做主要原料，配上青紅辣

長級別。但在封建時代，主官和副官的級別雖然只差一點，權力卻有天壤之別。做通判的大多是科舉出身，透過任通判處理各種公務的歷練，然後一步步升為主官。

椒、乾澱粉、豬油、白糖、醋、蔥花等佐料。先將鱖魚去脊骨，不破頭，要留尾，魚身切成十字花刀（不切斷），拍上乾澱粉，再將瘦豬肉、蝦仁剁成茸，加筍丁，加佐料，用蛋皮包成元寶狀。然後將鱖魚炸成船形，放在盤子裡，再把炸好的元寶放在魚上，將餘油倒出，鍋內留少許油，煸炒佐料，等有香味時再放糖醋熬汁，待燒開後澆在魚身上，這個菜就做好了。此菜形如彩船，滿載金銀元寶，魚肉外焦裡嫩，元寶柔軟鮮香，全菜酥脆，甜酸味美。

文天祥下廚烹製「文山肉丁」

提起江西省名菜「文山肉丁」，江西人對它幾乎耳熟能詳。儘管它的原料和製作方法都十分簡單，可是味道卻鮮美可口，歷來都是江西人家宴中的必備佳餚。它就是南宋大臣文天祥創製的，這其中還有一段有趣的故事呢！

南宋末年，擔任右丞相的文天祥堅決主張抵抗元軍的南侵。宋端宗景炎二年（西元1277年），文天祥親自率兵收復了許多被元兵占領的失地，深得百姓擁護。有一次，他帶兵路過家鄉江西吉安時，鄉親們紛紛前去拜訪他，鼓勵和支持他的抗元鬥爭。鄉親們的愛國熱忱極大鼓舞了文天祥，為了感謝鄉親們對他的信任，文天祥在家中設宴，並親自下廚做菜，大家見文天祥這樣平易近人，都非常高興。

文天祥脫去官服，換上便裝，捲起袖子，紮上圍裙。鄉親們出於尊敬和好奇，也都跟他來到了廚房，要親自看看這位大人如何烹調。只見文天祥不慌不忙取過一塊去掉筋膜的豬里脊肉，用刀輕輕將肉拍鬆，切成四分見方的肉丁，又取過一個冬筍，切成與肉丁同樣大小，放在一旁備用。然後，把肉丁放在碗中，加上鹽和蛋清，抓勻後放入溼澱粉中拌勻，再放入

第六章　南北之味：宋元飲食的多元融合

滾熱的油鍋中用鏟子攪散。待肉轉色後，隨即撈出。接著文天祥又把鍋放在火上，用少許豬油將切好的乾辣椒和筍丁煸炒幾下，再倒上一些湯、醬油、料酒、白糖、醋等佐料，並用溼澱粉勾芡。最後，見他將過好油的肉丁和香蔥倒入攪動幾下，淋上幾滴香油。於是，一盤顏色紅潤，香味撲鼻的肉丁便呈現在鄉親們的眼前。整個烹調過程，文天祥有條不紊，動作嫻熟，就像一位專業廚師一樣，鄉親們都看呆了，品嘗後更覺肉丁滑嫩爽口，味辣而鮮，油而不膩，十分可口，大家都稱讚不已。

從此之後，鄉親們都紛紛仿製，由於文天祥號文山，鄉親們便將這個菜取名「文山肉丁」。自此，「文山肉丁」便流傳於世。

南宋時的火鍋涮肉 —— 撥霞供

南宋理宗趙昀在位期間（西元1224～1264年），福建泉州出了一位名士，姓林名洪，自號可山。他博覽群書，學識淵博，以詩聞名當世。他性情恬淡，經常遊歷名山，拜訪高僧隱士。

一年冬天，林洪專程前往福建武夷山拜訪著名隱士止止大師。武夷山是福建第一名山，相傳古時有山神武夷君住在此山而得名。這座山綿延一百二十餘里，溪流環繞其間，分為九曲。止止大師住在第六曲仙掌峰。林洪快到仙掌峰時，天空下起了大雪。一隻野兔在岩上竄上，因下雪岩滑，滾下山來，被林洪捕獲。林洪手提野兔，心裡很是高興，不知不覺來到止止大師住的地方，要和主人一起美餐一頓。他問止止大師會不會烹兔。止止大師說：「我在山中吃兔的方法是：在餐桌上放一個火爐，爐上架著湯鍋；用酒、醬、椒、桂等作調味汁，把兔肉切成薄片，待鍋中湯沸時，用筷子夾著肉片，在湯中涮熟，蘸上調味汁來吃。」於是他們就按止止大師所說的方法，烹食了這隻兔子。林洪覺得這種食法，不僅滋味鮮

美，而且大家圍坐在一起，邊吃邊聊，非常有趣。

幾年後，林洪來到京城臨安（今杭州市），在工部郎楊泳的筵席間又嘗到這種方法烹食的兔肉。他看到爐上鍋中湯汁沸騰，如浪湧江雪，賓主們夾著紅色的肉片在蒸汽中頻頻擺動，如風翻晚霞，即席賦詩一首，其中有「浪湧晴江雪，風翻晚照霞」的名句。隨即給這一菜餚取了個名字叫「撥霞供」，而且把它收入自己撰寫的《山家清供》[57]書中。

從以上文字我們不難得知，林洪所謂的「撥霞供」就其用料和烹食方法來說，應該就是火鍋涮肉。也許今天的涮羊肉就是由此而來的呢。

趙構品嘗後聞名的「宋嫂魚羹」

「宋嫂魚羹」是杭州的名菜，可以說是歷史悠久。《都城紀勝》等南宋典籍記載，這道菜與南宋皇帝趙構有著淵源。

南宋孝宗在位期間（西元1163～1189年），有一天，他去德壽宮遊玩，邀請太上皇趙構與太后遊聚景園（今天的杭州柳浪聞鶯與清波公園）。先在宮中上壽酒、賞牡丹花，之後共登御船，從外西湖遊至裡西湖到斷橋登岸，進入附近真珠園遊覽。趙構一時高興，便命人買湖中魚鱉放生，又召來臨近做買賣的商販，分別賜給財物。這其中便有在錢塘門外開餐館的宋五嫂。

宋五嫂本是東京汴州（開封）人，金兵入侵時，隨趙構一行人南下，在此開店製作魚羹待客，以謀生度日。趙構品嘗了她製作的北宋風味的、鮮美的魚羹後，不禁勾起了鄉思，對年老的宋五嫂產生了同鄉之情，賜給她金銀綢絹，並讓她在後宮製作魚羹，以供他不時品嘗。此事不脛而走，

---

[57] 《山家清供》：全書主要收錄以山野所產的蔬菜（豆、菌、筍、野菜等）、水果（梨、橙、栗、杏、李等）、動物（雞、鴨、羊、魚、蝦、蟹等）為主要原料的食品，記其名稱、用料、烹製方法，行文間多利用有關歷史掌故、詩文等。內容豐富，涉獵廣泛。

第六章　南北之味：宋元飲食的多元融合

傳遍杭城，宋五嫂的魚羹頓時出了名，前來品嘗者絡繹不絕。

此後，宋五嫂魚羹流傳開來，後來杭州的歷代廚師在製作此菜時，又不斷加以改進，以肉質細嫩、鮮美的鱖魚代替黃河鯉魚，並輔以熟火腿、熟筍、水發香菇、蛋黃及各種調味料製作，使得風味更加可口迷人。由於此羹製成後，魚羹鮮嫩滑潤，味如蟹肉，所以又有「賽蟹羹」的美稱。

唐琬智烹「三不黏」

唐琬是南宋著名詩人陸游的表妹。她自幼聰慧，琴棋書畫樣樣精通，有才女之稱。後成為陸游原配夫人，他們情投意合，十分恩愛。但陸游的母親對這個才貌雙全、賢慧能幹的媳婦就是看不上眼，想盡一切方法難為她。

在陸游為母親舉辦六十歲壽辰時，陸游的母親想到了為難唐琬的辦法。陸家賓客盈門，擺了有七八桌酒席，十分熱鬧。正當男女老少舉杯暢飲的時候，陸老太太又想讓媳婦在客人面前出醜，忽然當著眾人對正忙得團團轉的唐琬說：「今天我想吃說蛋也有蛋，說麵也有麵，吃不出蛋，咬不著麵；用火燒、用油煎；看著焦黃，進口鬆軟；瞧著有鹽，嘗嘗怪甜；不黏勺子不黏盤；不用咬就能咽的食物。」老太太吩咐唐琬要在一個時辰（相當於現在的兩個小時）內做出這樣的點心來。

唐琬心裡明白，婆婆又在找碴為難她了。她二話沒說，走進廚房，在麵盆裡打了幾個雞蛋，再將蛋黃加入澱粉、白糖、清水，用筷子打勻。然後在炒鍋裡加入熟豬油，放在中火上燒熱，倒入之前調好的蛋黃液，迅速攪動。待蛋黃液成糊狀時，一邊往鍋中徐徐加入熟豬油，一邊用勺不停攪炒，直到蛋黃糕變得柔軟有勁，色澤黃亮，不黏炒鍋，一會兒工夫就做好了。唐琬將熱騰騰、香噴噴的點心盛在一個盤子裡，撒上點細鹽恭恭敬

送上餐桌，端到婆婆和眾客人面前。客人們一看外觀上完全合乎陸老太太的要求；大家一嘗，更是口感酥軟，甜度適宜，大家都誇唐琬心靈手巧，陸老太太也無話可說了。

這道點心一不黏盤，二不黏勺，三不黏牙，吃起來鬆軟柔嫩，清香可口。因此大家替它取名叫「三不黏」，後來成為傳統名食。

對憎恨奸臣秦檜而炸出的「油條」

油條，說起這一食品，它顯得再平常不過了。然而，這一平常食品卻與歷史上的一個反面人物「關係不一般」。

這個奸惡之人就是遺臭萬年的秦檜。南宋紹興十二年（西元1142年），岳飛被昏君宋高宗召回京師的第二年，賣國的宰相秦檜和他的老婆王氏，使用毒計將精忠報國、曾使金軍聞風喪膽的岳飛元帥謀害致死。消息傳開後，當地老百姓個個氣憤不已。在臨安城裡的眾安橋頭有個名叫王小二的小吃攤主和街頭其他小吃店的老闆都是正直之人，他們一向對岳飛的愛國行為十分敬佩，聽到岳飛被害更是按捺不住自己心中的悲憤之情。他們聚在一起，拿起案板上的麵團，捏成兩個人：一個是吊眉毛男人，一個是翹嘴巴女人。然後有一人抓起刀向那個「男人」頸上橫切一刀，又往那女人肚皮豎剖一刀。此時，一位廚師端來了一大鍋油，油燒沸了，王小二說：「我讓他倆下油鍋。」說著就把那兩個麵人丟下油鍋，並對大家說：「這叫油炸檜！」眾人都拍手稱快。麵人炸熟了，人們將其撈起分給來買早點的顧客，感到十分解恨。之後，大家紛紛要求王小二他們就照這樣做法多做多炸，人們都叫它「油炸檜」，以此來表達、發洩對奸臣的痛恨情感。

後來，人們感到捏麵人太麻煩，就用兩根麵條來代替，一根代表秦

第六章　南北之味：宋元飲食的多元融合

檜，一根代表王氏，並將二者用木棒壓一下，扭在一起，下油鍋煎炸。在此後很長一段年代，人們仍叫這種食品為「油炸檜」。

由於這種食品製作方便，味道香脆，加之有一種十分解恨的寓意，很多人便來此處購買這種食品，小店頓時生意興隆，應接不暇，而且這種食品很快傳到全國各地，一直延續至今。但時間長了，人們總覺得一種美味可口的早點冠以「油炸檜」似乎不雅，又因這種食品炸熟後呈長條形狀，久而久之，人們就改稱它為「油條」了。

抗金名將宗澤始創金華火腿

金華火腿是浙江金華地區的著名傳統食品。相傳宗澤是火腿的始創人，很多地區將其視為火腿行業的祖師爺。那麼，宗澤是如何發明火腿的呢？

北宋末年，金兵向南入侵，俘獲了宋徽宗和宋欽宗。小康王趙構驚慌之餘，急忙遷都商丘（今河南商丘），自封高宗。這時，祖籍浙江金華的大將宗澤，看到局勢緊張，決心收復失地，就在家鄉金華招兵買馬。凡所招的士兵們，都用鋼針在雙頰上刺了「赤心報國，誓殺金賊」八個字，被人們稱作「八字軍」。宗澤所率領的「八字軍」，由於作戰頑強，收復了大片失土。後來宗澤回到故鄉，父老鄉親們熱情歡迎宗澤的這些將士們，並贈送大批當地所產的「兩頭烏」豬肉。

據說這種「兩頭烏」是金華特有的生豬品種，豬身潔白如雪而頭尾黑如烏炭，皮薄肉鮮，肥瘦適當，可是當宗澤命人將這些豬肉裝入船艙時，卻為難了，這麼多豬肉運到河南，要兩三個月，不是都會變質了嗎？他靈機一動，終於想出了辦法，把大量硝鹽撒在豬肉上，全部醃漬起來。就這樣，將一船船的豬肉運到了目的地。可是到目的地時打開船艙一看，啊，

雪白的豬肉全都變紅了，而且還散發出一股撲鼻的奇香。燒熟後一嘗，比起鮮肉更加濃香誘人、美味可口。當宗澤向宋高宗趙構獻上這些煮熟的火紅異常的「兩頭烏」豬肉時，趙構大為興奮。他一面飲著御酒，一邊吃著豬肉，對這美味的、紅色的肉讚不絕口，說：「這哪裡是豬腿，這是『火腿』，要不，它怎麼會這樣火紅的呢！」於是，「火腿」之名就從此流傳開來。

從此，金華一帶的百姓便爭相製作火腿，而民族英雄宗澤也就被人們奉為製作「火腿」的祖師爺了。

陳友諒夫人犒勞將士「沔陽三蒸」

「沔陽三蒸」是指湖南北部沔陽的著名美味「蒸肉」、「蒸白丸」和「蒸珍珠丸子」三種菜餚。相傳這一名稱始創於元代，一直流傳到今天。

在元朝末年紅巾軍農民起義中，有一支陳友諒領導的起義軍，在反元抗爭中建立了不朽的功勛。陳友諒出身於沔陽漁民家庭。他年輕時嫉惡如仇，起義後一向勇往直前、奮力拚殺，終於從普通小兵漸漸升到了元帥職位。他以沔陽為根據地，把勢力擴充到了長江中下游廣大地區，最後建立了「漢國」當上了君王，最後雖然被朱元璋打敗，但是沔陽人永遠忘不了他反抗元代暴政的功業。

當初陳友諒在家鄉沔陽準備出征時，夫人潘氏親自下廚，精心選用肉、魚和蓮藕，拌米粉加佐料蒸成美味食品，送到軍營之中，和將士們一起分享。眾將士有感於夫人美德，在以後的征戰中個個奮勇衝殺，士氣大振，取得了一個又一個勝利。這位聰慧而又體恤下屬的陳夫人，親手所製蒸食，就是流傳至今的名品「沔陽三蒸」了。

現在，沔陽人喜歡用「沔陽三蒸」款待賓朋，以表示鄭重歡迎之意。

第六章　南北之味：宋元飲食的多元融合

隨著人們對這道佳餚的不斷完善，現在這道菜餚中的「蒸珍珠丸子」，美如工藝製品，入口之鮮不能不令客人叫絕。這一佳餚是用豬肉和鱖魚碎末拌雞蛋液，加粉芡、米粉及佐料製成丸子上籠蒸熟。入盤時特別潔白剔透，玲瓏小巧，猶如粒粒珍珠落入玉盤之中，使人大飽眼福，食之有無窮的美感。

廚家風範 ── 留名千古的飲食權威

起於宋代的職業烹飪女性 ── 廚娘

在宋代之前，只有廚子、廚司、廚人、廚丁等名稱，這些稱呼都是指男人；到了宋代出現了職業烹調師的婦女，當時稱之為「廚娘」。宋朝汴京的小戶人家，不重視生男重視生女；生女異常愛惜，等到她長大到一定年齡時，因材施教，訓練出各類「飲食專家」，供士大夫家僱聘。

這些專事烹飪的職業婦女甚至還有在皇宮禁地為皇帝做飯的，稱為「尚食娘子」。《江行雜錄》中記載，一天，一個廚娘拿來一個巨大的容器，把它分成十五格；再將麵揉成團，把肉剁成餡，每一格內，都放了一個精心製作的折枝蓮花。這十五枝折枝蓮花，姿態各異，五彩繽紛，分外好看。主人望瞭望這些栩栩如生的蓮花，半晌不忍品嘗。經廚娘催促後，他才取出一朵，仔細品嘗一番，味道出奇的好。便問：「此一點心何名？」廚娘回道：「它名『蓮花餅餡』，宮內管它叫『蕊押班』。」

1955 年河南偃師清流溝北宋墓出土的畫像磚上，刻有北宋廚娘操勞於廚的生動形象。廚娘下廚前先要整裝，她們身穿緊袖寬領衫，襯方格緊身圍襖，長裙曳地，腰佩花穗長帶，足登雲頭履，頭綰高髻，緩步向廚

灶走去。廚娘的分工極細,甚至有專門切蔥的。專管烹魚的,名「斫鱠廚娘」。宋人喜食鱠(魚的一種),高朋雲集,常有「斫鮮之會」。

廚娘是專供士大夫及富貴人家聘用的,一般經濟中等人家是用不起的。宋人筆記中,有這樣一個故事:有一位出身貧苦後來官至太守的人還鄉,因為以前就聽說過京城廚娘的手藝,很想一嘗為快。就託人物色,過了一段時間,那人便送來一位年齡在二十歲上下、相貌俊俏,新近從某王府出來的廚娘來。太守欣喜若狂,請她操辦一次便飯。廚娘請太守點菜。老人家欣然接受,點了「羊頭籤」、「蔥虀」等當時的名菜,準備好好吃上一番。

廚娘便根據菜單開單採料,送到太守面前,太守一看嚇一跳,先是一項羊頭肉,要用羊頭十個、蔥五斤。不過頭一次打交道,不便駁她;同時也要看看,一桌便飯,何以要用到這些材料?所以看完不做聲,叫人照著採購就行。

材料辦齊,廚房裡的下手去通知廚娘,可以動手了。廚娘於是打開隨帶的箱籠,廚房裡的用具,一應俱全,連砧板都是自己帶來的;而且好些用具如鍋鏟之類,是白銀所製,璀璨耀目,將全家大小看得都愣住了。

她自己也帶著丫頭,選派丫頭把這些用具送到廚房,一一安置妥當;然後她換了入廚的衣服,繫上圍裙;衣袖縮起,進入廚房,先坐在椅子上指揮下手,將材料先做初步的處理。該洗的洗、該剝的剝,等料理乾淨了,廚娘徐徐起身,一把廚刀到她手裡,連轉如風,切肉切菜,一會工夫就完了。但整個材料,留用的也就一兩成。像處理羊頭,先在滾水中焯過,撈起來只剔出臉上兩塊肉,其餘的往砧板外面一堆,都棄了在地上;問她緣故,說是「除此以外,皆非貴人所食」。有人心疼將她拋棄的羊頭撿了起來,她笑笑說道:「你們是在狗嘴裡奪食。」

再比如她切蔥。蔥在她手裡十分講究,先在熱水中過一下,外面的葉

第六章　南北之味：宋元飲食的多元融合

子都不要，只留蔥白；看碟子大小切段，再剝去蔥白數層，只剩下像韭黃那樣的嫩心；在加鹽的淡酒中浸漬片刻，瀝乾備用。

等菜上桌，自是無話可說，所得的評語是「馨香脆美」四字。賓客都說口福不淺，太守更是非常高興。

第二天上午，太守將廚娘召來，大為稱讚。廚娘殷殷拜謝；主人的話完了，她還不走；原來她也有話。「昨天試廚，幸而貴賓還中意，請照例犒賞。」太守一聽愣住了，隨便請客吃個便飯，廚娘要支犒賞；這是哪裡的規矩？

太守正猶豫間，那廚娘又從從容容開口了：「想來是要知道成例？」她探手入懷，取出一疊花箋，捧向主人：喏，這是未到府上以前，京中一位達官的犒賞單。」

太守取來一看，上面寫的是：「每大筵，支犒錢十千緡（音民，古代穿銅錢用的繩）、絹二十匹；常食半之，數皆足，無虛者。」十千緡即一萬錢，合十貫；宋朝的錢有虛數，官用以七十七作一百；市井中各行各業不同，一般是七十五作一百；金銀七十四、魚肉蔬菜七十二。書籍最賤，五十六即作一百。廚娘的犒賞，說明「數皆足，無虛者」，十貫就是十三貫；太守無可奈何，只能照例支給。沒過幾天，找個藉口，將這個廚娘打發走了。

像這種技藝精湛的廚娘，雖然少見，但卻證明了不是富貴人家是僱傭不起的事實。

宋代的烹飪行家姜特立

宋朝時，烹調的行家除了大名鼎鼎的蘇軾外，首推姜特立。據《宋史》上的記載，姜特立，字邦傑，是南京的著名詩人，擔任福建兵馬副都

監時，因擒海賊有功，後官至節度使。

姜特立平常就喜歡烹飪，賓客造訪時，他一定要親自操刀主廚，眾人無不叫好。一次，因為客人寒冷飢餓，他無意中創製了一款點心「金絲酒」。他為此極為得意，作〈客至〉詩道：「凍雪垂地寒崢嶸，故人訪我邀晨烹。旋燒薑子金絲酒，卻比蘇公（指蘇軾之子蘇過）玉糝羹。」

直到今天，四川江津縣仍有「金絲酒」這一小吃。

美器食談 ── 相得益彰的飲食器具

宋代陶瓷五大名窯 ── 官、哥、汝、定、鈞窯

宋代是中國陶瓷燒造工藝發展的輝煌時期。這一時期的陶瓷業在種類、樣式和燒造工藝等方面，均取得了前所未有的偉大成就。在中國南北各地，先後產生了官窯、哥窯、汝窯、定窯和鈞窯等著名陶瓷燒造中心，他們被後人合稱為宋代「五大名窯」。

■ 官窯

宋代官窯包括北宋官窯和南宋官窯。北宋官窯也稱「汴京官窯」，是宋徽宗政和年間（西元 1111～1118 年）在京師汴梁建造的，窯址至今沒有發現。南宋官窯是宋室南遷以後，在浙江杭州鳳凰山下設窯，名叫修內司窯，也稱「內窯」。後又在今杭州市南郊的烏龜山另立新窯，即郊壇下官窯。

官窯以燒製青釉[58]瓷器著稱於世。其產品主要有碗、盤、瓶等，此外

---

[58] 釉是岩石或瓷土等原料所組成，但釉比較容易在火中熔融，釉原料在高溫完全熔融成液體狀態，冷卻後這種液體凝固而成一種玻璃，這就是釉。陶瓷中所說的釉是熔融在黏上製品（陶

第六章　南北之味：宋元飲食的多元融合

也有仿周、漢時期青銅器的鼎、爐、觚、彝等式樣，器物造型往往帶有雍容典雅的宮廷風格。其燒瓷原料的選用和釉色的調配也非常講究，所用瓷土含鐵量極高，故胎骨顏色泛黑紫。器的口沿部位因釉垂流，在薄層釉下露出紫黑色，俗稱「紫口」；又底足露胎，所以稱「鐵足」。

官窯釉色以月色、粉青、大綠三種顏色最為流行。官瓷胎體較厚，其釉面上布滿紋片，這是因胎、釉受熱後膨脹係數不同產生的效果。這種釉面裂紋原是瓷器上的一種缺陷，後來卻成為別具一格的瓷器裝飾方法，通常稱為「開片」。一般來說，官窯釉厚者開大塊冰裂紋，釉較薄者開小片。這是北宋官窯瓷器的典型特徵。北宋官窯瓷器傳世很少，十分珍稀名貴。

■ 哥窯

哥窯是宋代南方五大名窯之一，確切窯場至今尚沒有發現。據歷史傳說為章生一、章生二兄弟在兩浙路處州、龍泉縣各建一窯，哥哥建的窯稱為「哥窯」，弟弟建的窯稱為「弟窯」，也稱章窯、龍泉窯。有的專家認為傳世的宮藏哥窯瓷，實際上是南宋時修內司官窯燒製的。

傳世的哥窯瓷器為數眾多，但哥窯窯址迄今尚未發現。哥窯瓷器屬於青瓷系，產品主要以瓶、爐、碗、罐等為主。瓷器裡外面均施有釉層，均勻光潔，晶瑩滋潤，不僅瓷音清亮，而且造型挺拔大方，輪廓柔和流暢。哥窯的主要特徵是釉面有大大小小規則的開裂紋片，細小如魚子的叫「魚子紋」，開片呈弧形的叫「蟹爪紋」；開片大小相同的叫「百圾碎」。小紋片紋理呈金黃色，大紋片的紋理呈鐵黑色，故有「金絲鐵線」之說。

■ 汝窯

汝窯窯址在今河南省寶豐縣境內，宋時屬汝州，故名「汝窯」。汝窯

瓷、搪瓷）表面上一層很薄的，均勻的玻璃質薄層。它具有玻璃所固有的一切物理化學性質。

主要燒造宮廷用瓷，但燒造時間很短，僅從北宋哲宗到徽宗時期（西元1086～1106年）的二十餘年間，所以它是宋代名窯中傳世品最少的一個窯。

宋代汝窯的產品主要有碗、盤、洗、尊等日用品。瓷器胎質細膩，極少以花紋作裝飾。造型端莊大方，通體施釉，釉色天青，晶瑩似玉，並開有細小紋片，底部多有用支釘[59]支燒的痕跡。釉層薄而瑩潤，釉泡大而稀疏，有「寥若晨星」之稱。

■ 定窯

定窯窯址位於中國北部河北省的曲陽縣，這裡宋代屬定州，所以稱「定窯」。定窯的燒造開始於唐代（西元618～907年）晚期，終止於元代（西元1271～1368年），它是著名的白瓷燒造中心。

北宋定窯以燒造白釉瓷器為主，也兼燒綠釉、黑釉、褐釉瓷器。黑釉、醬釉稱為「黑定」、「紫定」等。它首創了後代流行的瓷器覆燒[60]法。瓷器質地潔白細膩，造型規整纖巧。產品以盤、碗最多，其次是梅瓶、枕、盒等。常見在瓷器底部刻「奉華」、「聚秀」、「慈福」、「官」等字。盤、碗因覆燒，有芒口及因釉下垂而形成淚痕的特點。裝飾方法有劃花、刻花、印花和捏塑等。紋飾以蓮花、牡丹、萱草為常見，畫面簡潔生動。以豐富多彩的裝飾花紋而聞名，有用刀刻成的劃花，用針剔成的繡花，特技製成的「竹絲刷紋」，「淚痕紋」等等。工整素雅的印花定窯瓷器，一向被視為陶瓷藝術中的珍品。

---

[59] 支釘：一種支燒工具。古代常用的支釘，形狀有圓環形、圓餅形、三叉形、四叉形、直筒形等多種，上面都有齒狀凸起，其數不等。用支釘支燒的器物，燒成後底部留有支釘痕跡。宋代汝窯、官窯等器物的支釘痕跡很小，形似芝麻。

[60] 覆燒：瓷器裝燒的一種方法。即將瓷器口朝下倒過來裝在有支圈（一種適應覆燒法的特殊工具。使用支圈燒一窯瓷器，用同樣的燃料、同樣的時間，比使用其他類型工具產量增加數倍）或筒形梯狀支具匣缽內焙燒，始於北宋定窯。優點是產量高，變形小；缺點是器物口沿無釉，使用不方便。

第六章　南北之味：宋元飲食的多元融合

■ 鈞窯

鈞窯窯址位於中國河南省的禹縣。鈞窯創燒於北宋，盛於北宋晚期。官鈞窯是宋徽宗年間繼汝窯之後建立的第二座官窯。鈞窯廣泛分布於河南禹縣（時稱鈞州），故名鈞窯，以縣城內的八卦洞窯和鈞合窯最有名，燒製各種皇室用瓷。鈞窯的生產規模較小，燒造時間也短，後來隨著宋室的南遷而衰敗。

鈞窯瓷器主要以尊、爐、瓶、花盆、盆托等陳設用瓷居多。鈞窯瓷器屬北方青瓷系統，胎質細膩堅實，造型端莊古樸。其成就在於釉中加入銅金屬，經高溫使銅汽化，產生窯變，使釉色以青、藍、白為主，兼有玫瑰紫、海棠紅等，色彩斑斕，美如朝暉晚霞，被譽為「國之瑰寶」，在宋代就享有「黃金有價鈞無價」、「縱有家財萬貫不如鈞瓷一片」的盛譽。

鈞瓷的又一特徵是釉面上常出現不規則的流動狀的細線，稱「蚯蚓走泥紋」。此外，鈞窯瓷器的底部均刻有數字，以顯示器物的大小。

享譽世界的景德鎮青花瓷器

提起景德鎮瓷器，可以說是家喻戶曉。江西省景德鎮歷來被譽為中國的「千年瓷都」。在景德鎮出產的各類瓷器中，尤以青花瓷器最為突出。

景德鎮青花瓷的燒造始於北宋時期。到了元、明兩代，青花瓷器的逐漸流行和對外貿易的不斷擴大，使得景德鎮青花瓷在生產技術和規模上都得以進一步提高。清代是青花瓷的鼎盛時期，景德鎮青花瓷以其燒造精緻而獨占鰲頭，成為中國近代青花瓷的代表。如今，中國政府在景德鎮設立了人民瓷廠專門生產青花瓷器。

青花瓷是一種彩繪裝飾瓷。它以含氧鈷為著色劑，先在瓷坯上描繪花紋，再施一層透明白釉，入窯經 1,300 度左右高溫燒製而成。青花瓷雖然

著色單一，但它較五彩瓷器更顯清麗、娟秀，因而廣為世人所愛。

　　景德鎮青花瓷造型優美，色彩絢麗，裝飾精美，是景德鎮四大傳統名瓷之一，它無鉛無毒，耐酸耐磨，面色經久不退，素有「永不凋謝的青花」之稱。

第六章　南北之味：宋元飲食的多元融合

第七章
宮廷饕餮：明清飲食的極致傳承

第七章　宮廷饕餮：明清飲食的極致傳承

明清時期，經濟發展，社會穩定，一般百姓的飲食習慣與其他朝代基本一樣，冬季每日兩餐，夏季每日三餐，農閒食稀，農忙食乾。與百姓相比，貴族地主的飲食生活則豐富得多，正餐之外有點心，形成了難以數計的小吃品種。

宴飲作為一種重要的交際手段，仕宦、商賈乃至中等之家都很講究。與之相應的是餐飲業十分發達，最終形成了蘇、魯、川、粵四大菜系，其餘如淮揚、蘇松、湘鄂的小菜系也很有名。滿族傳統的全羊席，也發展成了具有如「水晶明肚」、「七孔靈臺」等全羊品菜的一百二十種菜餚及十二種點心的大筵。至於所謂滿漢全席，更是達到了古代社會的最高水準，使中國博得了「烹飪王國」的美譽。

開篇定論──啟人心眼的酸甜苦辣

明代皇室和一般百姓的飲食情況對比

據明代雷禮的《大政紀》（內容為明代西元1352～1752年之間的歷史）記載，明代開國皇帝明太祖朱元璋[61]洪武二十七年（西元1394年），命令工部在京城建立十五座大酒樓，取名鶴鳴、醉仙、鼓腹、來賓等。這些酒樓都交給民間經營，然後皇帝賜錢幣給文武百官，讓他們拿著這些錢上酒樓享樂。

又據《明史‧食貨志》記載，明英宗朱祁鎮（明代第六位皇帝）九歲即

---

[61] 按在位先後順序排列的明代歷代皇帝的名字：明太祖朱元璋、明惠帝朱允炆、明成祖朱棣、明仁宗朱高熾、明宣宗朱瞻基、明英宗朱祁鎮、明代宗朱祁鈺、明憲宗朱見深、明孝宗朱佑樘、明武宗朱厚照、明世宗朱厚熜、明穆宗朱載垕、明神宗朱翊鈞、明光宗朱常洛、明熹宗朱由校、明思宗朱由檢。

皇帝位，他一個人所用的器皿達到 37 萬多件。明英宗在第二次當皇帝[62]時，更加腐敗。天順八年（西元 1465 年），光祿寺僅準備給他吃的果品物料就有 63 萬多公斤。他第一次當皇帝時，每年吃的雞鵝豬羊費錢三四萬，第二次當皇帝用量增加了四倍。明憲宗朱見深（明代第八位皇帝）下過一道詔書，令光祿寺為皇室準備牲口的費用不得超過十萬，如果不進行限制，真不知道會揮霍到什麼程度。要吃去這麼多東西，需要大量的御廚來操辦，據《明史・食貨志》說，明仁宗朱高熾（明代第四位皇帝）時，宮中的廚役是比較少的，但也足有 6,300 多名。到明憲宗時增加了四分之一，達到近 8,000 名之多。

明代時，有些傳統節日活動往往由皇帝親自主持，文武百官與皇室人一起宴飲娛樂。大約從明宣宗朱瞻基（明代第五位皇帝）起，每逢端午時，要在午門外設宴，賜文武大臣吃粽子，並一起觀看龍舟競渡等。有些本來是以家庭為活動範圍的傳統風俗，在皇帝那裡也相當盛行，而且顯得更為隆重熱烈。

而明代一般百姓的飲食，沒有十分嚴格的、成文的規矩，總的來說以節儉為主。如有紅白喜事需要擺筵席招待賓客，桌上的菜餚不超過六盤。若是在窮鄉僻壤，六盤菜中只有五盤能吃，另一盤是魚，這魚是用木頭雕成，只是擺擺樣子，當然不能吃。不過有時也會往木魚上澆些滷汁，客人們可以象徵性動動筷子。等到宴會散了，還要將木魚洗淨晾乾，等下次有機會再擺上筵席。現在湖北的筵席，其中也有一道菜是魚，午宴端上的魚通常是不吃的，散席時完完整整又端回廚房。客人們也都知道這個規矩，所以誰也不會把筷子伸到魚盤中。晚宴時，這盤魚又會重新出現在餐

---

[62] 明英宗西元 1435 年即位，年號正統，即位時才九歲。即位時有三楊輔佐（楊士奇，楊榮，楊溥），社會比較安定。自王振掌權後，政治開始腐敗，塞外瓦剌人進犯明朝，在王振的建議下明英宗親征，用兵不當導致英宗被俘。明英宗被俘之後，大臣們擁立英宗的弟弟朱祁鈺為帝，為代宗。後英宗被瓦剌釋放後，被代宗囚禁在北京八年，後趁景泰帝病危重新登上皇位。

第七章　宮廷饕餮：明清飲食的極致傳承

桌上，不過這次可以吃了，不必再端回去。這種吃法，也許同明代的「木魚」多少有些關係。

在明代陸容的《菽園雜記》[63] 一書中，曾談到當時江西民間崇尚節儉的風俗。他說，江西人吃飯時，第一碗飯不許吃菜，吃第二碗飯時才允許吃菜，稱為「齋打底」。吃葷一般只買豬內臟等下水，因為沒有骨頭可扔給狗吃，所以稱為「狗靜坐」。酒席宴上擺有不少果品，不過大都是用木頭雕成，只有一種時令水果可供食用，稱為「子孫果盒」，意為可代代相傳。更有甚者，祭神時所用的畜牲也都是臨時從飯鋪借來，完事後再送回去。這一方面是儉樸，一方面也反映了貧窮。

奢侈浪費的清代皇帝、嬪妃膳桌上的菜餚

清代皇帝每天分早晚兩次進食，早餐（清代宮廷有規定，把飯叫膳，把吃飯叫進膳，所以早餐叫早膳，晚餐叫晚膳）在早上六七點鐘，晚餐在中午十二時至下午二時之間。晚上六點前後的「晚點」不包括在內，那不是正膳。正膳之外的酒膳和小吃一般沒有固定的時間，由皇帝隨意下命令進獻。皇帝每天吃飯沒有固定的地點，一般多在寢宮和經常活動的地方。每到皇帝用膳時，太監先在傳膳處擺好膳桌，御膳房的膳食一運到，就迅速按規定擺放妥當。

皇帝用餐時總擔心有人下毒謀害他。他在動筷子之前，要先看看菜盤中插著的一塊小銀牌的顏色。看完銀牌，皇帝仍不大放心，還要命令在一邊伺候的小太監用筷子先嘗嘗每道菜點，這是一道絕不可少的程序，稱為「嘗膳」。如果有毒，太監就先替皇上命歸西天了。當然嘗膳並不是清帝的發明，它甚至是留傳了幾千年的一種古老的禮儀，可以在西周時代找到它

---

[63]　《菽園雜記》是明代陸容撰寫的，流傳於十五世紀後期至十六世紀中期的一部筆記集。在這部書裡歷史史實和虛構成分兼有，但有些歷史可與明代正史相印證，有相當可靠的參考價值。

的淵源。另外，對於非常豐富的皇帝的膳食，皇帝每次每樣只許吃一點，這一點由皇帝身邊伺候皇帝飲食的大太監直接監督。否則，如果皇帝吃多了或吃壞了肚子，那這個大太監就要負責。

不管皇帝、嬪妃、皇子們吃多吃少，皇室宮廷的飲食總是那麼豐盛。膳食所需物料，都按吃不了的分例備辦，浪費十分驚人。如皇帝每餐分例是：盤肉二十二斤、湯肉五斤、豬油一斤、羊兩隻、雞五隻、鴨三隻；白菜、菠菜、香菜、芹菜、韭菜共十九斤；大蘿蔔、水蘿蔔、胡蘿蔔共六十個；包瓜、冬瓜各一個；苤藍、乾閉蕹菜（就是空心菜）各五個；玉泉酒四兩，醬與清醬各三斤，醋兩斤。早晚膳又有餑餑八盤，每盤三十個。御茶房特備皇帝每日所飲茶、乳等。皇帝例用乳牛五十頭，每頭牛每天擠乳兩斤。每天用京西玉泉水十二罐、乳油一斤、茶葉七十五包。這些都是平時膳食的分例，如遇年節，就另備更加豐盛的菜餚。

另外，在皇帝用餐時，如果未經皇帝特別恩准，任何人都不得與他在同一張桌子上進膳，一般來說，皇太后、嬪妃及皇子們都各自在自己的地方用餐。

在現今的清代的檔案中，保留了大量的皇帝膳單，膳單上有的還詳細註明早晚用膳的時間、用什麼樣的膳桌，主要菜餚還指明烹製廚師的名姓，註明用何種餐具盛送等。

規模空前絕後的清代御膳房

清朝作為中國歷史上最後一個，也是最龐大的封建王朝，其皇帝和皇室人的飲食必然集合了歷代的飲食規矩，並有龐大的管理機構，也有大量的廚役，這一切都是空前絕後的。皇室的特權與尊嚴，在他們的飲食生活中得到了最充分的展現。

第七章　宮廷饗餮：明清飲食的極致傳承

在清代，管理宮廷飲食的機構主要為內務府和光祿寺，但實際上直接掌管宮廷飲食的是「御茶膳房」。御茶膳房設管理大臣若干人，由皇帝特別委派。下面再設尚膳正、尚膳副、尚膳、主事、委署主事、筆帖式等職，作為次一級的管理官員。御茶膳房分茶房、清茶房和膳房三部。後來膳房又有內膳房和外膳房之分。內膳房下設葷局、素局、點心局、飯局、掛爐局和司房等機構，專門備辦皇帝和皇后和妃嬪們的日常飲食。在這以後，宮中又陸續設立了皇子飯房和茶房，還有專為老太后、太妃承辦茶膳的壽康宮茶膳房。另外還有侍衛飯房，專管內廷各個大臣和各處侍衛的日常飲食。

皇帝和皇室其他人所用的膳食也並不全在御茶膳房製備，有時由另一個稱為「掌關防管理內管領事務處」的機構辦理。這個機構下設官三倉、恩豐倉、內餑餑房、外餑餑房、酒醋房和菜庫等。

官三倉主要負責備辦宮中祭祀和筵席所需米、麥、鹽、蜜、糖、蠟、油、麵及豆、穀、芝麻、高粱等一切雜糧。

恩豐倉專管太監所用的飲食和米糧的，定期發放。

內餑餑房專管帝后早晚膳所用的各樣餑餑、花糕、每月朔望日（農曆每月初一為朔日，農曆每月十五為望日）佛樓所用的「爐食供」和佛城用的「玉露霜供」等等。每逢上元、端午和中秋，宮中所需的元宵、粽子和月餅，也歸內餑餑房承辦。

外餑餑房備辦大宴席，王公的班桌、各位妃嬪和皇子用的翟鳥泉、賞賜用的跟桌、七星供桌及寺廟用的供餅等。

酒醋房為內宮特釀玉泉酒、白酒、醋、豆漿、麵醬、清醬、醬包瓜、鑿瓜條、醬茄子、醬胡蘿蔔、醬紫薑、醬糖醋蒜、醬豆豉、醬萵筍、醬冬瓜片等，這些是用於調劑帝后吃膩的胃口的。

菜庫管理和供應宮中所需瓜菜，這些瓜菜均由各地菜園頭、莊頭和瓜園頭每年按量繳納，少量缺貨到市場上採買。

光祿寺專掌各類宮廷筵宴的備辦，內廷和宗室筵宴不在此列。光祿寺分設大官署、珍饈署、良醞署、掌醢署等機構，各司其責。

食俗禮儀 —— 約定俗成的趣味飲食

受元雜劇影響很大的明代宮廷宴飲樂舞

明代早期的宴饗樂舞受繁榮的元代雜劇藝術影響很大。明代洪武三年（西元1370年），朝廷定宴饗之樂，大都採用雜劇的音樂曲調填詞，如〈起臨壕〉、〈開太平〉、〈安建業〉、〈撫四夷〉、〈定封貴〉、〈大一統〉、〈守承平〉等宴樂都按雜劇的曲調演奏。洪武十五年（西元1382年）又重定宴樂九奏樂章。同時又規定，大祀慶成大宴用萬國來朝隊舞、纓鞭得勝隊舞。萬壽聖節（皇帝生日）大宴，用九夷進寶隊舞、壽星隊舞。冬至大宴，用贊聖喜隊舞、百花聖朝舞。

從以上樂舞的名稱我們可以看出，這些樂舞的主題內容主要是歌頌皇帝的文德和武功，宣揚國勢強盛，祝福皇帝長壽，歌唱京都繁榮等。後來又規定外國及少數民族來朝貢時，為了誇耀中原文化、顯示自己的強大和富有，在招待諸侯、外使的大宴上，要兼用大樂、細樂、舞隊，奏〈朝天子〉、〈醉太平〉之曲，舞長生之舞。

中國是一個地域廣大、民族眾多的國家，歷代統治者總是喜歡在宮廷中設置一些少數民族和外國樂舞的樂部，稱之為四夷樂，或者統一某個地方，就把當地的民族樂舞拿到宮內用於宴享。其目的主要是誇耀功績，同

第七章　宮廷饗餐：明清飲食的極致傳承

時也有籠絡人心的意思。如明永樂年間定宴饗樂舞時規定，撫安四夷之舞奏畢要表演高麗（即高麗王朝）舞、回回舞等。

最明顯的歌功頌德、炫耀國力的清代宴飲樂舞

清代是滿族人建立的王朝，所以它的宮廷宴飲樂舞非常具有自己民族的特色。據史料記載，清初宮廷宴飲樂舞沿襲宋代叫法，用於宴飲的樂舞也叫隊舞。

清代隊舞總名最初叫莽式舞，也稱瑪克式舞，原是滿族的傳統民間舞蹈。乾隆八年（西元1743年）改各隊舞總名叫慶隆舞。慶隆舞由揚烈舞與喜起舞兩部分組成。表演時，首先表演揚烈舞，十六人身穿黃布畫套，再有十六人身穿黑羊皮套，全部戴著面具，翻騰跳躍，模仿野獸舞蹈。另有八人扮作獵人騎馬帶弓，從兩邊分別上場，意為八旗。舞蹈的人先向北（就是皇帝所在方向，歷史上的皇帝都是坐北朝南方向上朝理事）叩頭，然後在場上賓士旋轉，一個滿族打扮的八旗人向一個扮野獸的人射箭，隨後其他「野獸」先後表示馴服。伴奏樂器有琵琶、三弦、箏、拍板等。揚烈舞屬武舞，它生動反映了滿族人民早期的狩獵生活，同時又是對清代政治功績的歌頌。

揚烈舞完畢後，喜起舞上場。喜起舞屬文舞，一般由大臣舞蹈。十八或二十名大臣恭恭敬敬穿著朝服配著儀刀，進入宮殿正中。隨後向皇帝三叩頭，然後排成兩行面對面舞蹈，跳完舞蹈後，再向皇帝叩頭，然後退下。這些大臣跳喜起舞的同時有十三人在一旁唱歌，同時伴奏的樂器有六十六種，這在清代都是有嚴格規定的。

後來，在乾隆巡訪盛京（今遼寧瀋陽）時又增加世德舞，其規則與慶隆舞差不多。乾隆二十五年（西元1760年），清軍進入西域，又增創了德勝

舞。它是象徵清朝武功已成的舞蹈，主要用於宮中凱旋筵宴。之後，清朝對筵宴隊舞作了一些規定：慶隆舞主要用於殿廷朝會、宮中慶賀宴饗活動；世德舞用於宴饗清朝的王宮宗室；德勝舞用於慶賀戰爭勝利的凱旋宴飲。

此外，清代的宴飲樂舞還有八部其他兄弟民族及外國樂舞。瓦爾喀部樂舞是瓦爾喀部的民間舞蹈，該部落原居住在吉林長白山麓和黑龍江中下游，十六世紀末至十七世紀初被努爾哈赤與皇太極合併；朝鮮國緋是朝鮮的樂舞技藝表演，緋長一人戴面具從右邊上場，擲倒伎（雜技演員）十四人從左邊上場，由東向西依次表演各種技藝；蒙古樂是蒙古樂舞；回部樂即新疆地區的樂舞，表演時先奏樂，接著二人對舞，最後舞者手拿圓盤、夾筷，按節奏表演。番子樂即藏族的樂舞；廓爾喀部樂是尼泊爾樂舞；緬甸國樂是緬甸樂舞；安南國樂是越南樂舞。這些以族名、地名、國名為樂部名稱的樂舞，具有鮮明的民族和地方特色。清代宮廷將舞樂用於宴飲，主要目的是為了炫耀國力的強盛，但在客觀上卻促進了各民族舞樂藝術的交流。

清代宮廷菜餚的四大特點

清代宮廷聚集了全國廚藝精湛的廚師，薈萃了天下的美味。清代宮廷菜餚相比於歷代朝廷的菜餚更加講究和奢侈，主要有四個特點：

◆ 菜餚用料珍貴

有史料記錄了西太后慈禧的一個菜單，其中有燕窩的菜餚六味，「燕窩雞皮鸎（音躅）魚丸子、燕窩萬字金銀鴨子、燕窩壽字五柳雞絲、燕窩無字白鴨絲、燕窩疆字口蘑鴨湯、燕窩炒爐雞絲」。其他如鹿胎、鹿脯（就是鹿肉乾）、山雞、熊掌、蘆雁、天鵝、哈什螞（雪地蟾）之類野味也達數十種。有些菜餚的用料甚至只能是擁有天下的皇帝才能用得起。如

第七章　宮廷饕餮：明清飲食的極致傳承

「清湯虎丹」，這一菜餚，是用小興安嶺雄虎睪丸製作，其狀有小碗口大小，製作時需在微開不沸的雞湯中煮三個小時，然後剝去皮膜，放在調有佐料的汁水中漬透，再用特製的鋼刀、銀刀平片成紙一樣的薄片，在盤中擺成牡丹花狀，佐以蒜泥、香菜末而食。又如「一品麒麟麵」菜餚，用「四不象」（麋鹿）的頭製成；「明月照金風」菜餚，用鹿的眼珠製成，在加工煮製時為防止破裂還要用六根細竹籤撐起。若不是這些菜餚都有確切的史料記載，否則真令人很難相信。

◆ 菜餚的配方用料、調和程序化

清宮廷做事情極為注重「祖宗之法」，在烹調上也不例外，皇室經常食用的許多菜餚用料和製法都有固定不變的程序。御膳房每次為皇帝進呈的菜餚，必須把使用的原料、調味料詳細記入菜單，不准隨意配合。如八寶鴨，民間烹製此餚只要有生料鴨子，再配以相應的八種輔料即可，而宮中烹製則只能限用規定的八種輔料，不得任意更改。這樣，不論哪位皇帝，也不管他是在宮中還是在外巡遊，所食用的菜餚味道區別不會太大。如果慈禧想吃乾隆時代的菜點，廚師便可按乾隆時的菜單做好，其味道與乾隆時代的絲毫不差。這對烹調的發展有促進的一面，使之規範化、工藝化。技藝高超的廚師其高明之處就在於他能全面考慮食客的習慣、用餐的時間、上菜的先後，靈活掌握味道，不為固定不變的步驟所左右，但宮廷的規矩不會為一流廚師開闢充分發揮其才能的天地，而只能束縛人的烹飪才能。另外，宮中調味要求純一，膳房使用的調味料不能任意下鍋，如做雞湯，除雞外不許添加其他肉料。這些對宮廷菜餚的發展都是不利的。

◆ 注重菜餚的圖案造型

清宮廷菜餚一般採用雙拼、三拼，即兩種、三種以上菜餚拼配構成，因此，史料中有御廚說：「皇帝不吃寡婦菜。」（指未加拼配的獨品菜餚）

拼配的目的在於悅目，使菜盤中出現吉祥與美麗的形象。如「龍鳳呈祥」這道菜，要再現「龍」、「鳳」的形象，就得採取拼的方法不可，御廚用水晶蝦仁拼「龍」身，黃酒蒸鴨拼作「鳳」，成品紅白相間，鮮脆香鹹；再用不同顏色的蘿蔔雕刻成「龍」和「鳳」的頭部，整個拼盤龍飛鳳舞，富貴氣十足。其他如雞、鴨、魚等菜餚製成後，也力圖透過拼、配、圍、鑲等技藝突出其完整性。拼配雖然會使菜餚外形美觀，但也會使菜餚的營養流失、味道揮發。這是其不利的一點。

◆ 注重菜餚的命名

清宮廷很多菜餚的名字都帶有明顯的皇家特徵和喜慶吉祥的特點。避凶趨吉本是常人心理，但在帝王家表現得更為強烈。宮中負責御膳的官員和太監要挖空心思為菜餚起象徵著吉祥如意的名字，如龍鳳呈祥、壽比南山、帶子上朝、宮門獻魚、旭日東昇、鳳凰臥雪、龍鳳賞月、羅漢大蝦、懷胎桂魚。年節喜慶之日，還要把主菜菜名拼配成一句吉祥的成語。光緒元年（西元1875年），除夕早膳的添安膳桌上有「燕窩迎字八鮮鴨子」、「燕窩喜字口蘑肥雞」、「燕窩多字鍋燒鴨子」、「燕窩福字什錦雞絲」四品，寓「迎喜多福」四字。當日晚膳有「燕窩洪字三鮮鴨子」、「燕窩福字什錦雞絲」、「燕窩萬字爛鴨子」、「燕窩年字五縮雞絲」等四品，拼成「洪福萬年」四字。

不鹹不淡、沒有滋味的清代皇帝飯菜

宮廷廚師使用精美、珍異的食物原料，是不是就能烹調出人間最好的美味？這也不一定，原因有兩點：

第一，是宮廷禮制的限制。皇帝正式用膳前必須擺好桌子，把與他身分相符的菜餚一齊端上，御膳房的廚師為應付皇帝的這種需要，往往在半

第七章　宮廷饗餐：明清飲食的極致傳承

天、甚至一天以前就把菜餚做好，或煨在火上，或燜在大籠屜裡，時間一長味道都變了，中看不中吃。因為美味的充分發揮與一定的熱度相連繫，許多鮮嫩名貴的菜，其味美時只能在翻滾火燙的一刻才可嘗到。宮廷御膳房也意識到這點，採取了保溫措施，做好菜煨在灶塘邊以及菜上加蓋（有時用大張的雞蛋皮蓋上）或把菜放在熱鍋中（熱鍋分兩種，一種為銀碗，分兩層放著，上層裝菜，下層裝熱水；另一種是約二分厚鐵製碗，上下各有一塊鐵板，將菜裝入鐵碗之中，再把兩塊鐵板燒熱，分別放在碗的上下）。可惜這些方法只能使菜餚保持一定的熱度，卻不可能保持剛出鍋時的最佳滋味。

而且，就實際情況來說，皇帝居住的地方不可能離御膳房很近，從御廚做好菜餚到端到皇帝面前也需要一定時間，這段時間對於用「煨」、「燒」、「煮」、「燉」、「蒸」、「燴」等烹飪方法製成的菜餚來說關係不大，但對於用「烤」、「炒」、「爆」等烹飪法製成的菜餚卻不同，致使「烤」菜失其酥、「炒」菜失其鮮、「爆」菜失其脆。有時雖有「行灶」跟隨，可難以像正式的爐子那樣便於掌控火候，因它主要還是用來熱菜的。不僅清朝末代皇帝溥儀覺得宮中的菜餚淡而無味，乾隆皇帝下江南品嘗了淮揚、江浙的菜餚後也感到比宮中的菜餚滋味好多了。清朝一些皇帝的近臣也知道御廚所做的菜餚未必好，甚至以皇帝賞賜菜餚為苦，可見對於宮廷飲食有所接觸的人們，並不認為宮中菜餚為世間滋味最佳的菜餚。

據文獻記載，皇帝「膳品雖有四十八品，味皆不鹹不淡，毫無滋味，令人生膩。皇上總說不好吃，依然不改，原因是怕皇上吃得太多而生病」（清代太監信修明著《老太監的回憶》）。這是多麼奇怪的理由啊，但這確實是真的。同篇文章中還寫道「光緒十歲上下，每至太監房中，先翻吃食，拿起就跑。及至太監追上，跪地哀求，小皇爺之饌饌，已入肚一半矣。小皇爺如此飢餓，實為祖法的約束，真令人無法子」。因此，皇帝飯

菜沒有滋味也就不奇怪了。

第二，由於祖宗制度使廚師難以施展其才能，宮廷不是他們最能發揮廚藝的地方，因而皇帝很難吃到他們烹飪最佳的菜餚。

名家食味 —— 增光添色的名士品鑑

明末清初的美食家張岱

張岱（西元 1597 ～ 1679 年），字宗子，又字石公，號陶庵，又號蝶庵居士。著名散文家、史學家。山陰（今浙江紹興）人，一生所處時期為明末清初時期。

明中葉以後的商業活動，空前繁榮。不但貨物種類繁多，且穀布絲棉、鹽糖茶酒等日用消費品的比重上升，以致交換的領域，從地方市場走向跨區域市場，甚至遠達海外。在這樣的條件下，一方面提高城鎮生活的水準和消費方式，另一方面則擴大人們的眼界，以致飲食消費尤其驚人。於是富豪之家的窮奢極欲，文人雅士的精究飲食形成風氣，集兩者之大成的張岱，就在他的《陶庵夢憶》裡，用了不少篇幅憶述了自家的飲食生活和飲食品。

自稱「越中『好吃』的人沒有超過我的」張岱，喜歡吃各地的特產，但是不合時宜的不吃，不是上佳的食物不吃。比如：「北京的一定要吃蘋婆果、馬牙松；山東的一定要吃羊肚菜、秋白梨、文官果、甜子；福建的一定要吃福橘、福橘餅、牛皮糖、紅腐乳；江西的一定要吃青根、豐城脯；山西的一定要吃天花菜；蘇州的一定要吃帶骨鮑螺、山楂丁、山楂糕、松子糖、白圓、橄欖脯；嘉興的一定要吃馬交魚脯、陶莊黃雀；南京的一定

第七章　宮廷饕餮：明清飲食的極致傳承

要吃套櫻桃、桃門棗、地栗糰、窩筍糰、山楂糖；杭州的一定要吃西瓜、雞豆子、花下藕、韭芽、玄筍、塘棲蜜橘；蕭山的一定要吃楊梅、蓴菜、鳩鳥、青鯽、方柿；諸暨（今浙江諸暨）的一定要吃香貍、櫻桃、虎栗；臨海的一定要吃枕頭瓜；台州的一定要吃瓦楞蚶、江瑤柱；浦江的一定要吃火肉；東陽的一定要吃南棗；山陰的一定要吃破塘筍、謝橘、獨山菱、河蟹、三江屯蟶（音撐）、白蛤、江魚、鰣（音時）魚。」而且不管多遠，只要是自己想吃，就不惜時間去品嘗，如不一一弄到手，絕不善罷甘休。

而且，張岱善於吃蟹，他認為食物不加鹽、醋的，夠滋味的就是河蟹。河蟹到十月時更加肥大，連蟹足都有很多肉。尤其是殼裡面的蟹黃、蟹膏厚實而實惠。因此，他每年一到十月時節，就與友人舉行吃蟹會，所搭配的菜色，則是肥臘鴨、牛乳酪等，在蔬菜、果品上則搭配兵坑筍、謝橘、風栗、風菱，飲品上則是蘭雪茶。

李漁的飲食觀和他宴客的美食

李漁是清初著名的戲曲理論家、小說家、劇作家。他一生遊遍全國的名山大川，作品有《笠翁十種曲》、《一家言集》、白話小說集《十二樓》、《連城璧》、《蜃中樓》等傳奇十八種，蔚為大觀。當時他的聲名遠播東鄰扶桑（今日本），德川時代的日本人談起中國戲曲，沒有不知李漁的。他不僅對於戲曲、詩文、音律富有研究，而且是清初著名的美食家。

李漁認為：凡是吃蟹，最好整隻蟹蒸熟了，放在盤中，端到桌上，聽任客人自取自食。蒸熟多少，吃掉多少，掰斷一螯（即蟹前面像鉗子一樣的足），就吃掉一螯，只有這樣，蟹的鮮氣及美味，才絲毫不會失掉。而且，吃蟹要自己動手，邊剝邊吃，才有味道。如果人家剝好殼後拿來吃，那麼吃起來就不香了，就好像吃瓜子，一定要自己動手。

另外，李漁對吃魚也有一套獨特的觀點。他說：吃魚的講究，首先重在一個「鮮」字，其次是一個「肥」字。鮮、肥這兩個字，可以說把魚的特點概括盡了。但是，這兩個字用到不同的魚上，又各有側重。像鱘魚、鯽魚、鯉魚等都是以鮮取勝的。凡以鮮取勝的魚，最宜於清煮或做湯；像鯿魚、白魚、鰣魚、鰱魚等都是以肥取勝的。這類魚適宜做味道濃厚的菜餚如膾品等。他又說：「烹魚之法，關鍵在於火候適宜。火候不到則肉生，生則不鬆；火候過甚則肉死，死則無味。」他認為：待客的時候，凡魚類菜餚，最好先把活魚買來養在水盆裡，等客到之後，現殺、現烹，因為魚的滋味要「鮮」，而魚製品的鮮味最突出的時刻就在初熟的一剎那間。如果客還未到，就預先烹製好放在那裡，那麼魚的鮮美味道就白白散發在空氣中了，等客來之後再熱一遍，猶如冷飯復炊，涼菜、涼酒再煎一樣，只有其形而沒有本來的滋味了。從這些論述中可以看出，李漁對於烹調、品味，觀察的細微，體會得深刻，總結得精闢，是令人嘆服的。

在對蔬菜的食用上，李漁說：一般論述蔬菜的人，只談到蔬菜清、潔、芳馥、鬆脆而已，卻不懂得蔬菜最美的地方也在於一個『鮮』字，這就是在我的作品中將蔬菜放到肉類前面的原因。

李漁到了晚年，將全家從南京搬遷到杭州，在風景如畫的吳山鐵崖嶺建了一處宅院，並自撰對聯一副，以寄胸懷：「繁冗驅人，舊業盡拋塵市里；湖山招我，全家移入畫圖中。」他在這如詩似畫的芥子園中，撰文排戲，邀朋宴客，日子過得雖然有些緊迫，但出自他指導而設的筵席，常能以平常菜餚米飯，做出與眾不同的風味，令朋友們大開眼界，讚賞不已。如他創新的「四美羹」，用陸蕈（即香菇）、水蓴（即蓴菜），配以蟹的膏黃，魚的嫩肋製成，裝在上好的器皿裡，再由婢僕端出來，四座賓朋品嘗之後，無不感到甘美異常，發出由衷的讚嘆之聲：「今日吃了先生之羹，自今之後，筷勺在普天之下已無處可下啦！」他的家廚所做的「五香麵」，

第七章　宮廷饕餮：明清飲食的極致傳承

也與眾不同，用花椒末、芝麻混入麵粉中，以醬、醋及焯筍（或煮蕈煮蝦）的鮮湯當水和麵，且最大限度的拌勻、擀薄，切細，然後滾水下鍋，精粹之物盡在麵中，味道非常鮮美。再比如他家做的八珍麵，將雞肉、魚肉、蝦肉切碎晒乾，與鮮筍、香蕈、芝麻、花椒等共研成細末，味道確實不同一般。

最後要說的是，李漁請客的名菜中只有一種稀品，那就是髮菜[64]。說起髮菜，李漁得來還真不易呢，事情是這樣的：有一年，他雲遊陝西，受到當地達貴官人的熱忱歡迎與招待。一天，李漁將坐車出門，見炕上有亂頭髮一團，以為是侍候他的婢女梳頭時落下，吹到炕上的，便隨手抓起，想扔出窗外。旁邊婢女見了，忙前來阻擋，告訴這位江南客人，說這是老爺們吃的名菜。李漁驚訝得不得了，問後，才知道這是髮菜，可以吃。

髮菜的食用方法是：先用滾水泡軟，然後拌之薑醋之汁，其味要比涼拌海味鹿角菜（洋菜、石花一類的東西）好吃得多。離開陝西時，李漁弄到一些，不遠千里帶到江南，用它招待好友。賓客們吃了，無不感到驚訝萬分，說是這樣奇珍的美味，聞所未聞，見所未見，更不要說品嘗它的美味了。

博學多才的美食家紀曉嵐

紀曉嵐（西元 1724～1805 年）是直隸獻縣（今河北獻縣）人。曾經擔任過《四庫全書》總纂官（即總編輯），是中國清代著名的學者。他一生步履遍及華北、西南、西北，見多識廣，學問淵博。又由於長期擔任清廷高

---

[64] 髮菜是一種陸生藻類，主要產於中國西北地方的大漠荒野地帶，寧夏、內蒙也有部分地區出產。它含有豐富的蛋白質、澱粉和鈣、鐵、磷質，特別是蛋白質的含量較高，比同量豬肉多一倍，比牛奶高七倍，比雞蛋高 65%。髮菜性味甘涼，具有袪熱除溼、止咳化痰、潤腸清肺、利尿解毒等食療功效，所以特別適宜高血壓、佝僂病、氣管炎、婦女病患者食用，尤其是開刀患者吃了後，傷口容易癒合。

級官吏，出入皇室及顯貴之門，門生舊友遍天下，所以得以品嘗各種山珍海味、名餚佳饌、奇瓜異果、香茗陳醪，對飲食有獨特見解，並進行了可貴的探索。

他在新疆時，品嘗了許多珍奇的新疆肉食，如吃了騾肉後，感到其肉「肥脆可愛」。又吃了北疆大漠中的獨峰野駱駝，感到其峰肉切小塊後燒了吃「極肥美」。他又吃了許多新疆盛產的水果，認為葡萄當以吐魯番所產的為最佳，甜瓜當以哈密所產的為最好（即哈密瓜），指出北京人把綠色葡萄看成是最上乘的葡萄不妥，其實「綠色乃微熟，不能甚甘；漸熟則黃，再熟則紅，熟十分則紫，甘亦十分矣」，這是有道理的。他還和哈密王蘇來滿討論了種哈密瓜的訣竅和技術，問哈密王為什麼在北京種哈密瓜。「在北京種哈密瓜，第一年時形狀和味道沒怎麼改變；第二年時，味道就改變了，形狀雖然變化不大，但也和原來不同了；到第三年時則形狀和味道全改變了」，是不是因為地氣不同的緣故？哈密王認為是哈密地區不下雨，溫泉甘醇的原因，所以瓜味濃厚。放到內地種植，形味雖然會有變化，主要是因為「養籽不得法」，即培養處理種子欠妥的緣故。

紀曉嵐在貴州時，得知苗人部落酋長以寄生在蘭花中、吃蘭花芯長大的一種類似蜈蚣的蟲子為美食。捉住這種蟲子後，放少許鹽末，把牠放在酒杯之中，用蓋蓋住，即化為水，用牠代醋，能使齒頰留香，半日不散，但遺憾的是，他自己說當時沒有問那種昆蟲的名字叫什麼，而使後人無從考證。

在人們吃名菜的風尚和愛好上，紀曉嵐認為也不是一成不變的。他進行研究得知，金代時，當時的人們重視天鵝肉，但到清代時人們就不重視了；遼代時人們重視宣化（今河北宣化）黃鼠，到明代時還受到重視，但到清代時就不被重視了，他的研究結果說明：人的口味，確實是在不斷變化的。

第七章　宮廷饗宴：明清飲食的極致傳承

紀曉嵐的飲食習慣與一般人不同，他一生很少吃米飯，吃飯時只喜歡吃豬肉，喝濃茶。他宴請客人時，飯桌上應有盡有，但他只是拿著筷子讓客人吃，自己則光吃肉而已。有一次紀曉嵐吃飯時，他的僕人端上火腿一大碗，約有三斤，他邊說話邊吃，一會兒便碗底朝天。紀曉嵐也不愛吃鴨子，為此，他曾就為什麼不吃鴨子，寫過一首解釋性的詩：「靈均滋芳草，乃不及梅花；海棠傾國姿，杜陵不一賦。」紀曉嵐寫這首詩的意思是以屈原讚美百花而不讚美梅花，海棠雖然有傾國的美麗而杜甫卻不作一首詩讚美為例子作比，表明自己雖然不吃鴨子，但是鴨子仍應該被列為美食，可見，他的這一看法倒是挺客觀的。

袁枚對飲食文化的研究和他的《隨園食單》

袁枚字子才，號隨園老人，是清代著名的文學家。他生活在滿清鼎盛的乾嘉年代，乾隆四年（西元1739年）舉進士後，曾為翰林院庶起士（聖旨的書寫者）等。但居官時間不長，四十歲即引退，之後著書授徒，直到終老。留有《隨園全集》。

袁枚在從事詩文寫作的同時，又喜歡研究飲食。他著有《隨園食單》，被收入《隨園全集》之內。這部《隨園食單》包括「須知單」、「戒單」、「海鮮單」、「江鮮單」、「特牲單」、「雜牲單」、「羽族單」、「水族有鱗單」、「雜素菜單」、「小菜單」、「點心單」、「飯粥單」共十四個部分。可以說集中國烹調之大成，對中華飲食文化具有承先啟後的作用，其中有許多論點仍足以供今人借鑑。

在《隨園食單》中，袁枚認為「學問之道，先知而行，飲食亦然」。因此，《食單》首先作「須知單」。在《隨園食單》的調劑須知中，袁枚認為採取什麼烹調方法，要看具體原料，有時用水，有時用酒，有時用鹽，有時

用醬,或酒水、鹽醬並用。腥物要用醋噴,或用冰糖殺腥取鮮。有的食物是以乾燥為宜,要使味入於內,須取煎炒之法;有的又以湯多為宜,使其味溢於外,則需要用清燉的方法。

在「配搭須知」中,他認為烹成一味菜餚,要佐以適宜的輔料。其配搭原則是:「清者配清,濃者配濃;柔者配柔,剛者配剛。」如此方有和合之妙。

在獨用須知中,他認為味道過於濃重的飲食原料,只適宜獨用,不可搭配使用。如鰻、鱉、蟹、鰣、牛、羊都宜於獨食,因其味厚力大,需用許多作料才能取其長,去其短,很難再添枝加葉,和其他的菜料相配。

在「火候須知」中,他認為火候是烹飪的關鍵,有時需用武火,如煎炒;有時又要文火,如煨煮;有時需先武火後文火,如收湯。有的食物越煮越嫩,有的則一煮便好。「屢開鍋蓋,則多沫而少香;火熄再燒,則走油而味失。」這是烹調術的關鍵所在。

在「色臭須知」中,他認為眼和鼻是嘴的近鄰,一道菜端上桌,眼一看,鼻一聞,不必齒咬舌嘗,便知香與不香。要想顏色鮮豔,可用糖炒。如果要求香,切不可濫用香料,否則反會壞了食物固有的美味。

在「遲速須知」中,他認為每日要預備一些急就的酒菜,如炒雞片、炒肉絲、炒蝦米、豆腐、糟魚等,如果突然有客人來,也能很快應付。

在「變換須知」中,他認為一物有一物的味道,不可隨便混在一起烹調。有些水準一般的廚人,動不動就將雞、鴨、豬、鵝放進一口鍋裡煮,結果令客人不知吃的是什麼味道,味同嚼蠟。應當多設鍋、灶、盤、碗,盡可能讓食物展現出本味,使其各有特色。

在《隨園食單》的「須知單」後,袁枚接著寫了「戒單」。即烹調飲食中應該禁忌的事項。如他提出要「戒目食」。他說:「目食就是力求以多為

第七章　宮廷饗餮：明清飲食的極致傳承

勝的虛名罷了。如今有人羨慕菜餚滿桌，迭碗疊盤，這是用眼吃，不是用嘴吃。有名的廚師做菜，盡心竭力，一天之中也只能燒四五種好菜，而且把握不大。因為越多越壞事。」他說：我曾到一個商人家進宴，上菜換了三次席，點心有十六道，總計達四十餘種之多，主人自以為很得意，但我回家後，還得煮粥充飢。他還提出「戒耳餐」，指責那種片面追求食物名貴的做法是「耳吃」，不是「口吃」。他說：如果僅僅為了炫耀富貴，不如就在碗中放上百粒明珠，豈不價值萬金。顯然，隨園老人的飲食之道是講究實惠，反對貪貴物之名，聚眾物之多，以此來誇耀富貴。

袁枚最忌落入俗套，主張獨創。他在「戒落套」中說：詩以唐詩最佳，但五言八韻的試帖，名家不選它，這是由於它落了俗套的緣故。詩尚且這樣，食物落套被人厭棄更是理所當然的了。現在官場中的菜餚，名號有「十六碟」、「八大碗」、「四點心」之稱，都是不好的廚師的陳規陋習。他認為用此敷衍應付新親上門還可以，若要講究實用就不行。所以他主張破除陳規鄙習，創造出符合實際需求的食物。

眾所周知，魚翅屬於高檔菜餚，但袁枚能將最普通的菜餚蘿蔔絲精心處理後，做得與魚翅幾乎亂真。他在《隨園食單》中記載，用開水焯蘿蔔絲兩次，除去它辛辣的芥子油味，和拆碎的魚翅摻在一起串雞湯，味道「融合柔膩」。使人難辨魚翅與蘿蔔絲。他又用焯熟的蘿蔔絲與雞胸脯肉末加豬油、芡粉混和做雞圓子，味道鮮嫩能如蝦圓，這簡直有點出奇制勝。此外，袁枚還研究出用熟豬油、蝦米、蔥花煨蘿蔔，此菜燒成，色如琥珀，味美宜人，為色香味形俱全的好菜；又將蘿蔔醬後加醋吃，能使之滋味甜脆可口等。

袁枚《隨園食單》中記載的蘿蔔的多種吃法，使人大開眼界。其實這些菜點並不是袁枚自己的創造發明，大多是他在做官的朋友家中吃到的，而這些朋友又大多有家廚。可以說，這些精美的蘿蔔菜點，大多是身為社

會基層的廚師們創造或者從民間收集來的，袁枚只是在這個基礎上，加以研究整理寫成文字，使之流傳後世。

在他的《隨園食單》中，記載了很多諸侯、官宦家的名貴菜餚。如楊中丞家的鰒（即鮑）魚豆腐、焦雞、西洋餅，龔雲若司馬家的煨馬魚蛋、烘問政筍絲，謝蘊山太守的煨豬里肉片，包道臺家的野鴨炒梨，高南昌太守家的挺雞，真定魏太守家的蒸雞，楊明府家的楊公圓、冬瓜燕窩，沈觀察家的煨黃雀，常熟顧比部家的湯鰻，家致華分司的蒸鰻，山東楊參將家的全殼甲魚，蔣侍郎家的豆腐及豆腐皮、雞腿、蘑菇煨海參，王太守的八寶豆腐等。

除了這些官宦家的菜餚外，袁枚還在《隨園食單》中記載了一些其他省份和地區的美味及商人家、市井中的美食。比如說，郭耕禮家的魚翅炒菜，陶大太的煎刀魚，滿洲的跳神肉，旗人的燒小豬，朝天宮道士的黃芽菜煨火腿、芋粉團，方輔兄家的焦雞，杭州商人何星舉家的乾蒸鴨，杭州西湖上「五柳居」的醋摟魚（即今天的西湖醋魚），程澤弓商人家製的蟶乾，蘇州唐氏的妙鰉片，程立萬家的煎豆腐，吳小谷廣文家的炙茄，盧八太爺家的炒茄，揚州定慧庵僧的煨木耳，蕪湖大庵和尚的炒雞腿蘑菇，揚州定慧庵僧人製的素麵，廣東宮鎮臺的顛不稜（即肉餃），蘇州都林橋的軟香糕，杭州北關外的百果糕及儀真南門外的蕭美人點心等。

當然，袁枚的《隨園食單》也有局限之處，對其中袁枚提出的一些觀點，我們應靈活借鑑。

第七章　宮廷饕餮：明清飲食的極致傳承

盛宴美食 —— 令人垂涎的美味世界

清代時風氣更盛的船宴

清代時，盛行於唐代的船宴更加流行。比較著名的有蘇州船宴、揚州船宴、無錫太湖船宴、南京秦淮河船宴、成都浣花溪船宴、廣州珠江等地船宴；下面，我們主要介紹一下揚州和蘇州的船宴。

揚州船宴是指在揚州北郊的瘦西湖上舉行的船宴，揚州北郊的瘦西湖不僅是風景優美的旅遊勝地，也是文人雅士、官宦大族舉辦船宴的理想場所。《揚州畫舫錄》[65]記載：官宦貴族往往用大船裝酒，大船被布置得非常精緻豪華，船的上面有雕刻技藝精湛的圍欄、門窗和涼亭。沒有大船的人家則用蘇州沙氏建造的輕快蕩湖餐船，船中有火灶和茶酒、菜餚，便於自己烹製。

後來，由於舉行船宴的人越來越多，乾隆時期的瘦西湖常常呈現出「畫舫（裝飾華麗的遊船）在前，酒船在後，櫓篙相應，放乎中流（意思是任其在湖中漂流），傳餐有聲，炊煙漸上」的壯麗景觀。揚州的船宴筵席設在畫舫裡，廚房則設在另一條船上，這條酒船載著炊具、燃料、茶器、酒罈以及各種烹調原料，成了一個「行廚」。揚州的船宴在瘦西湖裡進行，水波蕩漾中人們心情愉快，就更能充分享受揚州菜餚之美。除酒船、沙飛船外，揚州的一些酒樓還將飲食與船宴結合起來，專門為外地遊客或家無船舫的人家提供一種名叫「紅橋爛」的遊船，「這種船將茶、酒和火灶放在船頭，可以煮肉。從碼頭開船，到紅橋則肉熟」，因此叫做「紅橋爛」。

---

[65]《揚州畫舫錄》這部書是作者李斗（清代乾隆時期人）居住揚州期間，根據自己的所見所聞，用三十多年的時間陸續寫成的，內容涉及的範圍相當廣泛，比如揚州的城市區劃、運河沿革、工藝、商業、園林、古蹟、風格、戲曲以及文人軼事等各方面的情況，都有記載；有些記載還相當詳細具體。這對了解和研究中國十七、十八世紀的社會經濟文化狀況，提供了很有價值的資料。

而蘇州地區的船宴也有自己的特色，有的酒樓根據遊客的預訂，每晚在堤壩上將菜餚分別送到各個船上，供遊船的人食用。此外，蘇州地處江南水鄉，水陸交通便利，因此載酒泛舟之風更是如火如荼。

不論是蘇州還是揚州的船宴，總的來看，船宴上的菜點都要求小巧精緻。其原料多取自水鮮，注重美時、美景、美味、美趣的協調，突出江南魚米之鄉的風情。如清蒸閘蟹、油拖湖蝦、母油船鴨、酥炸藕夾以及鳥獸蟲魚、花果葉蔓狀的船點，均以原汁原味、清淡鮮美的特色取勝。

船宴的樂趣，除了得自於菜餚的豐美外，主要是得自於飲食環境不同尋常的自然和裝飾美。飲食環境直接影響人們吃的情趣。現代人們旅遊無錫，常要泛舟太湖品嘗太湖船菜，為的也是滿足這種飲食心理上的需要。

明清時豪飲和欣賞冰雪世界奇觀兼得的冰宴

冰宴是明清時期京都的人們舉辦的一種野宴活動。努爾哈赤建立後金後，曾舉行冰嬉活動，據史料記載：天命八年（西元1623年）正月初二，努爾哈赤曾率領眾福晉（王妃），八旗[66]，蒙古貝勒（王）及其福晉和漢官及其妻兒等，在太子河[67]上舉行一次冰上運動。內容主要有兩項：一項是諸貝勒率侍人等踢行頭（即冰上踢球）；另一項是眾福晉在冰上賽跑，分組進行，先到達的人以金銀為賞。比賽之後舉行冰宴，用山珍野味宴請參加

---

[66] 努爾哈赤在統一女真各部的戰爭中，取得節節勝利。隨著勢力擴大，人口增多，他於明萬曆二十九年（西元1601年）建立黃、白、紅、藍四旗，稱為正黃、正白、正紅、正藍，旗皆純色。四十三年，努爾哈赤為適應滿族社會發展的需求，在原有牛錄制（清代滿族的一種社會組織形式）的基礎上，創建了八旗制度，即在原有的四旗之外，增編鑲黃、鑲白、鑲紅、鑲藍四旗（鑲，也有寫作「廂」的）。旗幟除四正色旗外，黃、白、藍均鑲以紅，紅鑲以白。此時所編設的八旗，即後來的滿洲八旗。清太宗時，又建立蒙古八旗和漢軍八旗，旗制與滿洲八旗同。八旗由皇帝、諸王、貝勒控制，旗制一直延續了整個清代。

[67] 太子河：是遼寧省較大河流之一，流貫本溪境內。太子河古稱衍水，漢稱大梁河，遼稱東梁河，金時稱無魯呼必喇沙，滿語意為蘆葦河。明稱太子河，清稱太資河。太子河全長464公里，流經本溪173.2公里。太子河流域物產豐富，經濟發達。自古以來就是北方人類繁衍生息區域之一，所以文物古蹟很多。

第七章　宮廷饗餮：明清飲食的極致傳承

冰上娛樂的人。

而在民間，為了行走和運送貨物方便，人們往往做拖床、冰車或冰床一類的交通工具代替步行。

這種工具以木作床面，下面鑲上鋼條，一人在前牽繩奔跑，床上可坐三五人，運行起來速度很快，因其形狀像床、車，因此叫做冰床、冰車。嚴冬時節，京城的什剎海、護城河、二閘以及西苑等水面也已冰凍三尺，於是京城喜歡冰床、冰車的人將拖床結連一處，擺上美酒和菜餚，歡飲高歌。有些人甚至將很多冰床、冰車連接到一起，並把地毯鋪在上面，盡情飲酒作樂。

這種冰上的聚宴方式可以說非常奇特，它一方面不誤豪飲，另一方面又可飽覽沿途冰雪世界的奇觀，充分展現了北方民族不畏嚴寒的豪邁氣概。

號稱中國古典宴席之冠的滿漢全席

滿漢全席是清代時最高檔次和規格的宴席。相傳，「滿漢席」出自清王朝宮廷之內，但歷史文獻和史料記載，康熙、雍正、乾隆時期的史實中並無「滿漢席」這個名詞。這個詞最早見於乾隆時期袁枚所著的《隨園食單》：「今官場之菜餚……又有『滿漢席』之稱，用於新親上門、上司入境。」這就是說，「滿漢全席」在乾隆年間已由宮廷傳到各地官府。

那麼，滿漢全席是怎麼形成的呢？滿漢全席的形成有其特定的歷史原因，滿族貴族在沒進入山海關前，多喜歡食用大葷大腥之物，不怎麼講求精細烹調，入關初期，仍習慣於席地而坐、刀割進食的方式。即使豐盛的大宴，也不注意菜餚的組合和布局。

西元 1644 年滿族人建立清朝，統一全國後，出現了滿漢雜居的局

面。滿清大員在與漢族官員相互宴請的過程中，嘗到了漢族廚師烹製的各種美味佳餚，看到了餐桌上豪華雅緻的裝飾。席面結構嚴謹，上菜程序有方，禮儀周到隆重，引起了他們的極大興趣。久而久之，漢族廚師和菜餚也進入清朝宮廷和滿族大員家中，宴客活動中，菜餚的烹調組合，上菜的規章程序，筵席的禮儀等，都摻揉著漢族傳統宴席的程序和禮儀。

滿漢席最初主要是由滿點、漢菜組成。滿點又稱「滿洲餑餑席」，漢族人呼「滿洲宴席」，一桌席面以上點心為主，菜餚品種很少，烹調也很簡單。漢菜品目豐富多彩，烹調精細考究，兩者加在一起合稱「滿漢席」。清朝中葉以後，達官顯貴互比闊氣，沿習成風；加上這種宴席涉及許多方面的全面配合，加了一個「全」字，因此被稱為「滿漢全席」。

滿漢全席的特點是筵宴規模大，用餐流程複雜，用料珍貴，菜點豐富，烹調方法兼取滿漢宴席特點，又有滿漢大席和燒烤席之稱。

這裡先介紹一下「滿席」。滿席從一等到六等，共分六種。

滿席上的菜品實際上只有「品」沒有「菜」，也就是當時人們稱為的「餑餑桌子」，因為其中所包括的沒有一樣是屬於漢式筵席中的菜餚，盡是各種各樣的糕點與果品，下面將頭等滿席所列內容介紹如下：

四色餡白皮方酥四盤，每盤四十八個，每個重一兩一錢。

四色白皮厚夾餡四盤。（數量及每個重量同上）

白蜜印子一盤，計四十八個，每個重一兩四錢。

雞蛋印子一盤，計四十八個，每個重一兩三錢。

黃白點子二盤，每盤三十個，每個重一兩八錢。

鬆餅二盤，每盤五十個，每個重一兩。

中心合圖例餑餑六盤，每盤二十五個，每個重二兩。

中心小餑餑二碗，每碗二十個，每個重九錢。

第七章　宮廷饗餮：明清飲食的極致傳承

紅白饊枝三盤，每盤八斤八兩。

乾果子十二盤。（龍眼、荔枝、乾葡萄等，每盤十兩）

鮮果六盤。（蘋果、櫻桃、梨、葡萄等時果）

磚鹽一碟。（重六錢）

滿席的用途主要用於祭奠。皇帝賜宴，只有太和殿筵宴時用到滿席。又因為一席只有二三人，無論如何吃不了這麼多東西，所以只用品種減至一半的「四等」滿席，另加每席粗肉一方，酒一斤。滿席只適於供應滿人，賞賜漢官，並不合適。所以，當時的恩榮宴、經筵[68]宴，用的都是漢席。

漢席除了頭、二、三等外，還有上、中、下三種席，也是六種。漢席與滿席所不同的是，滿席是從一等到六等，定有明白的等差，漢席則上等其實只是頭等以下二等以上，中席只是二等以下三等以上，下席則是比三等席還次的宴席。漢席之所以既有頭、二、三等又有上、中、下席之分，可能是因為原來所規定的頭、二、三等酒席的菜品過於奢侈，所以才刪減每種品類，而另制定為上席、中席、與下席。上席供應王公大臣，中席供應一般官員及新科進士，下席不常用。

滿漢全席究竟有多少菜點，說法很多。這裡把乾嘉年間李斗《揚州畫舫錄》記載的「滿漢全席」部分菜單抄錄在下面：

第一份，頭號五簋碗十件──燕窩雞絲湯、海參匯豬筋、鮮蟶蘿蔔絲羹、海帶豬肚絲羹、鮑魚匯珍珠菜、淡菜蝦子湯、魚翅螃蟹羹、蘑菇煨雞、轆轤健、魚肚煨火腿、鯊魚皮雞汁羹、血粉湯。一品級湯飯碗。

第二份，二號五簋碗十件──鯽魚舌匯熊掌、糟猩唇豬腦、假豹

---

[68] 經筵，是為皇帝專設的講席，由大學士、翰林院侍講學士等擔任主講，並同皇帝切磋經史，也是君臣共同探討治國理念與治策的場所，一般於每年春季的二月至五月和秋季的八月至冬至間舉行，逢單日設講。

胎、蒸駝峰、梨片伴蒸果子狸、蒸鹿尾、野雞片湯、風豬片子、風羊片子、兔脯奶房籤。一品級湯飯碗。

第三份，細白羹碗十件——豬肚、假江蟯鴨舌羹、雞筍粥、豬腦羹、芙蓉蛋鵝掌羹、糟蒸鯽魚、假斑魚肝、西施乳文思豆腐羹、甲魚肉肉片子湯繭兒羹。一品級湯碗。

第四份，毛魚盤二十件——獾炙、哈爾巴[69]、豬子油炸豬羊肉、掛爐走油雞、鵝、鴨、鴿臛（音獲，肉羹的意思）、豬雜什、燎毛豬羊肉、白煮豬羊肉、白蒸小豬子、小羊子、雞、鴨、鵝、白麵餑餑捲子、什錦火燒、梅花包子。

第五份，洋碟二十件、熱吃勸酒二十味、小菜碟二十件、枯果十徹桌、鮮果十徹桌。所謂「滿漢全席」也。

這種宮廷宴席，可以說是山珍海味，水陸雜陳，應有盡有，民間是不敢奢望舉辦的。

滿漢全席逐漸發展，也受到其他筵席的影響，致使後來的滿漢全席有了一百零八道菜的名目，甚至還有多達兩百餘品的滿漢席。清代後期，滿漢席傳播到許多城市，《粵菜存真》中錄有廣州、四川兩地的滿漢全席譜。民國《全席譜》中錄有太原滿漢全席。瀋陽、大連、天津、開封，甚至臺灣和香港也都陸續有了各具特點的滿漢全席。正是因為清末民初的時代變遷，使得各地的滿漢全席流派紛呈，各具風采。源自於官場的滿漢席，流傳到民間後得到新的發展，各地的滿漢席雖有相似的格局，卻沒有通用的菜單。

滿漢全席流傳至今已有兩三百年的歷史了，但真正見識過、品嘗過滿漢全席的人並不多，可以說，人們對滿漢全席是「只聞其名，未見其面」。

---

[69] 「哈爾巴」是滿語，漢語譯為肩胛骨（又稱琵琶骨）。在烹飪上，指豬、羊、牛、鹿等動物大腿與小腿的關節部位。此處關節骨周圍的肉瘦而鮮嫩，滋味醇美。

第七章　宮廷饕餮：明清飲食的極致傳承

滿漢全席是中國名聲和規模最大的古典宴席，主要由滿族燒烤、茶點和漢族經典菜餚組成，菜品達一百道以上，如果按照每天三餐進食，通常要三天九餐才能吃一遍；再加上奢華的製作原料、精湛的烹飪技藝、開席時宏大的場面及隆重的禮儀，使滿漢全席成為中國古典宴席之冠。

名品由來 —— 口耳相傳的智慧典藏

努爾哈赤急中生智燒出「黃金肉」

清代時，東北民間有一款名菜「鍋烙肉片」，後來傳到清宮御膳房，被更名為「黃金肉」，從此身價倍增。那麼，「黃金肉」這一菜餚是怎麼來的呢？和努爾哈赤又有什麼關係呢？

事情是這樣的：青年時的努爾哈赤生活很艱苦，為了生計，他進了總兵府當火頭軍，伺候總兵老爺一家大小的飯菜飲食。總兵大人是位養尊處優、無所事事的人，公務上不太動什麼腦筋，一日三餐卻是異常的講究。總兵大人每天都挖空心思吃好每一頓飯菜。總兵府制定有嚴厲的家規：每餐必需做好八菜一湯，而且天天不得重樣。下人要是做不到這些，輕則要受皮肉之苦；要是惹得總兵老爺生氣了，就會被趕出總兵府。

總兵府家廚有八九個，大家分工行事，每人每天設計一菜。這一天，其他七人均已成竹在胸，唯獨努爾哈赤沒有設計出菜餚來，眼看開飯時刻已到，大家烹調完畢，七樣菜都做好放到盤子上了。這時努爾哈赤急中生智，胡亂將大肉片入鍋快燒，還沒等別人看清楚他是怎麼調製烹飪的，香噴噴的一盤菜就被端上總兵的餐桌了。

過了一陣，等總兵府一家用餐完畢後，下人開始收拾飯桌，八個家廚

也湊過去看究竟。奇怪的是桌上其他七道菜基本上沒動，唯獨努爾哈赤做的菜全被吃光了。以後一連三天，總兵老爺指名要吃努爾哈赤做的那道肉餚。努爾哈赤靠小聰明討得了主子歡心。

由於努爾哈赤做的這道菜餚肉色呈現金色，於是總兵大人將這道菜餚取名為「黃金肉」，並被正式列入總兵府菜餚首席，經常用來招待出入官府的官員。

此後，努爾哈赤得以親近總兵，茶餘飯後學到了不少治軍領兵之道，對他日後的發展，可以說幫助很大。努爾哈赤對軍事謀略心領神會，在許多年的累積和實踐中，他終於成為中國歷史上叱吒風雲的一代汗王，他和他的子孫們建立的滿清政府統治了中國四百餘年。清代歷屆君主都念念不忘其祖先努爾哈赤的開國功績，清宮廷御菜名單中，也總將努爾哈赤首創的「黃金肉」位列其首，以示紀念和尊崇。

摹擬百鳥放生情景的宮廷名餚 ——「百鳥朝鳳」

西元 1735 年，乾隆登皇帝位，時年二十五歲，正當年輕力盛，精力充沛。他勵精圖治使「康乾盛世」在他當政時期達到了巔峰，從而成為中國古代社會最後的一個極盛時期。乾隆自幼熟讀「四書」、「五經」，精通詩詞歌賦、繪畫書法。身為盛世的皇帝，其特權與尊嚴，在他的飲食生活中也得到了充分的展現。

在乾隆母親鈕祜祿氏六十歲壽辰前夕，乾隆為表孝心，為母親舉辦一次隆重的壽宴，特意建造了一座大報恩延壽寺，並精心裝點，以便在寺內舉行隆重的祝壽儀式。祝壽的那天，天氣格外晴朗，「萬壽無疆」的呼聲此起彼伏。當乾隆皇帝、皇后、宮妃、大臣等敬賀皇太后六十大壽後，便到院中舉行放生儀式。那天掛出了一百個鳥籠，每個鳥籠內有一種鳥，各

第七章　宮廷饕餮：明清飲食的極致傳承

不相同。太后首先打開第一個鳥籠，放出第一隻鳥。接著由九十九位宮女同時打開鳥籠，放出籠中之鳥。頓時百鳥從籠中衝出，在宮中院落叫個不停，百鳥鳴叫之聲好似在向皇太后齊聲祝賀長命百歲。皇太后見此極像百鳥朝鳳的情景，非常高興。乾隆由此得到啟發，便吩咐御廚仿此場面精製一道別出心裁的菜上壽筵宴席。當這道菜上桌時，皇太后喜悅萬分，不僅誇獎兒皇的孝心，而且重獎了御廚。從此，這道摹擬百鳥放生時歡快熱鬧的情景的菜餚就被命名為「百鳥朝鳳」。

後來，後宮嬪妃及大臣做壽時也都置辦這道菜餚。於是，此菜就成了清朝宮廷中頗受歡迎的名餚。漸漸的，朝中軍政要員們出巡在外，逢到做壽，也多用此菜。所以「百鳥朝鳳」這道菜很快就傳遍各地。今日杭州樓外樓的「乾隆宴」中就有這道菜。

「百鳥朝鳳」是取用嫩母雞、鴿蛋、火腿、菜心、水發香菇、鴨肫（鴨胃）等原料，經精心烹製而成。中國有些地方儘管取用的原料有所改變，但菜名仍不變，如有改用公雞頭、雞脯肉、雞蛋、雞皮等原料烹製成鳳凰，取鳳尾蝦、鮮蝦肉烹製成小鳥形，同樣能製成「百鳥朝鳳」的形狀。「百鳥朝鳳」這道菜色澤鮮豔，雞肉酥爛脫骨，香醇味鮮，是一道色形與滋味俱佳的宮廷菜餚。

乾隆遇雨題字的「皇飯兒」和魚頭豆腐

乾隆皇帝在位時曾多次巡視江南。一次，他來到杭州私訪。一天上午，他來到吳山地界，此時已經中午時分，突然天降大雨，勢如傾盆。乾隆面對突如其來的大雨萬般無奈，只好跑到一戶人家的屋簷下避雨。誰知大雨一直下個不停，根本就沒有停的意思，此時，乾隆非常飢餓，於是請求這戶人家的主人幫忙弄點吃的。

這戶人家的主人叫王小二，是一家飯館的夥計。王小二見躲雨的乾隆冷得直哆嗦，便熱情招待了他，但他家中貧寒，沒什麼東西可招待乾隆，他索性冒雨到園地中拔了點菠菜，做了一碗菠菜煎豆腐。尋來找去，又用僅有的半個魚頭和一塊豆腐，加點豆瓣醬，燉了個魚頭豆腐，菜上桌後，兩個菜色澤鮮亮，香味撲鼻，乾隆在宮中是不可能吃到的。俗話說：「適口者香。」乾隆此時又飢又冷，這兩道菜對他確很適合。他嘗了一口，鮮美異常，十分滿意，於是飽餐一頓。飯後，雨過天晴，乾隆向主人詢問了姓名，然後告辭離開了。

乾隆回到皇宮後，多次讓御膳房做這兩個菜，可是，不管御廚怎麼下工夫，沒有一次趕上王小二做得那麼好吃。

過了一段時間，乾隆又來到吳山，想起上次遇雨求食一事，記起了王小二一家。便派人找來王小二，重賞之後，問起王小二日子過得怎麼樣。此時，王小二已是艱難度日。乾隆了解王小二的情況後，對他說：「你很會燒菜，何不自己開家飯館。」於是，王小二便用皇帝的賞銀在吳山腳下開起飯館來，這就是杭州城的「王潤興」飯館。當時，乾隆還親筆為他題了「皇飯兒」三字。王小二把「皇飯兒」的牌匾高高掛在店內。

「乾隆皇帝為王小二飯館親筆題字」，這件事被人們一傳十，十傳百傳開了，人們爭相來「王潤興」飯館就餐。王小二又在魚頭豆腐這個起家菜上用心琢磨，狠下工夫，用鮮活青魚頭與豆腐作主料，配以香菇、筍片等輔料，精烹細作，魚肉細嫩，魚湯鮮美，成為當家的特色菜。不久，「王潤興」便名滿杭城，由於這道菜餚的做法不斷被完善，因此也就越來越遠近聞名了。

第七章　宮廷饕餮：明清飲食的極致傳承

乾隆下蘇州執意吃出來的「松鼠鱖魚」

蘇州有一道聞名大江南北的名菜「松鼠鱖魚」，說起「松鼠鱖魚」這道菜的來歷，還和愛下江南的乾隆皇帝有關呢！

有一年，乾隆皇帝下江南來到蘇州地界，他遊覽了姑蘇勝景後心情十分愉悅。一天他走進了松鶴樓，見神臺上供放著鮮活的元寶魚（鯉魚），他執意讓隨從拿下來烹製供他食用。在舊時，神臺上的魚是用來敬神的，這種魚是絕對不能食用的。但因乾隆是皇帝，堂倌無可奈何，於是便與廚師商議如何處理此事。廚師發現鯉魚的頭很像松鼠的頭，而且想到「松鶴樓」的第一個就是個「松」字，頓時靈機一動，計上心來，決定將魚做成松鼠形狀，以避開宰殺供魚的罪。

廚師先把鯉魚洗淨，將魚頭切下剖開，並輕輕拍平，將魚身部分片開，去脊骨、胸刺，在魚身上用刀劃成菱形刀紋。然後將紹酒、鹽放入碗內調勻，均勻抹在魚身上，並在魚身抹上乾澱粉。又將肉骨湯、糖、醋、酒、水澱粉、鹽水一起放入碗內攪成調味汁。然後在鍋中放入豬油，當鍋燒至八分熱時，將兩片魚肉翻捲，使魚尾呈松鼠形，一手提著魚尾放入油鍋中炸透裝盤，接著放入魚頭炸至金黃色時撈出盛入盤中，裝入炸好的魚頭，拼成松鼠形狀。再將鍋中豬油燒熱，放入蝦仁、松子、果仁溜熟，撈起後瀝去油。在鍋內留下少量熟豬油，放入蔥白、蒜末、筍丁、香菇、青豌豆煸炒，加入排骨湯、調味汁拌勻，再加入熱豬油、香油，攪勻，起鍋澆在魚上，最後撒上熟蝦仁、松子仁。

這道菜餚烹調完畢後，端給乾隆皇帝品嘗，乾隆感到這道菜餚外脆裡嫩，酸甜適口，他讚賞有加，便重賞了廚師。因為菜餚的魚形似松鼠，所以叫松鼠魚。乾隆每逢節日和壽辰，他都要吃松鼠魚。後來，廚師們改用鱖魚製作此菜，所以又被稱為「松鼠鱖魚」。

大受乾隆讚賞的天下第一菜 —— 蝦仁鍋巴

　　江南無錫地區有一傳統名菜，叫「蝦仁鍋巴」，又名「平地一聲雷」、「天下第一菜」。

　　鍋巴是做飯時的鍋底上的東西，用它來作菜餚原料烹製，做出的菜居然還成為一種地方風味名餚，贏得「天下第一菜」的美稱，實在是化平凡為神奇，令人意想不到。無錫「蝦仁鍋巴」就是這樣的一道名菜。

　　這道江南名菜還有一段美麗的傳說呢！據說乾隆皇帝有一次下江南時，曾在無錫一家飯館就餐，想品嘗當地名菜，店主哪裡知道來客就是乾隆皇帝，隨手取家常鍋巴用油炸酥後裝入盤內端上桌去，同時端上的另一盤裝有蝦仁、雞絲、雞湯熬製的滷汁，店主當著客人的面將其淋在熱鍋巴上，頓時盤中發出「吱吱」的響聲，同時還冒出一縷白氣，一種從未有過的香氣直鑽鼻孔。

　　乾隆皇帝見這道菜不僅用料不一般，而且烹製更不是尋常烹法，頓時來了興致和胃口，品嘗後更是覺得香酥鮮美，味道異常，便問道：「這叫什麼菜？」店主答道：「春雷驚龍。」乾隆聽了大悅，稱讚道：「此菜如此美味，可稱天下第一。」因為食用這道菜的人就是乾隆皇帝，這道菜也便身價百倍了，並改稱為「天下第一菜」，後來又有人以它上桌淋滷汁時會產生「吱吱」響聲而稱之為「平地一聲雷」。

　　烹製這道菜餚時需注意，應選用糯米或粳米飯的鍋巴，要求質地薄，厚度均勻，為了使其在澆上滷汁後仍能保持鬆脆，必須採用先烘乾、再油炸的加工方法。炸鍋巴時也有講究，鍋內下油要多，只有當油溫升至八分熱時下料炸製，這樣鍋巴才會漲發，不吸油，吃口好，鍋巴金黃，鮮香鬆脆。

第七章　宮廷饕餮：明清飲食的極致傳承

乾隆御評後身價倍增的「五丁包子」

在風景秀美的江蘇揚州有一道名點叫「五丁包子」，相傳它曾受到乾隆皇帝的特別稱讚呢！

一次，乾隆到揚州巡察，揚州的官吏為了獲得帝王的歡心，聘請名廚，別出心裁，精心製作了五丁包子。當騰著熱氣的包子呈獻給皇帝時，乾隆心想，一道點心，有什麼稀奇的，能有多好吃？誰知一經品嘗，不禁叫好，竟然一口氣連吃了好幾個。回味之際，乾隆稱讚道：「滋養而不過補，味美而不過鮮，油香而不過膩，鬆脆而不過硬，細嫩而不過軟。」乾隆的這五句話，非常恰當的概括了五丁包子的不同尋常的特色。

揚州五丁包子本來就別出心裁，精心烹製，此次加上乾隆皇帝的御評，更是身價百倍，名播大江南北。一時間，八方食客競相奔走，以品五丁包子為美事，以談五丁包子為雅趣。揚州的許多酒店，看準商機，大行其道，紛紛亮出五丁包子的招牌，使揚州城鮮香處處，食客如潮。

五丁包子具體是怎麼烹製的呢？製作五丁包子要選用海參、雞肉、豬肉、冬筍、蝦仁五種精細原料，切成細丁做餡的包子，故稱五丁包。那包子麵皮的色澤，白淨光潔；看形態，又大又扁，猶如一個大荸薺。包子雖大，卻透著幾分玲瓏與雅致。包子的褶皺，不多不少，恰好三十道。包子上端的收口處，捏成鯽魚嘴的形狀，使這一道點心，平添了幾分靈動與生氣。咬上一口，回味無窮。

乾隆皇帝御賜匾額「都一處」

北京前門大街上的「都一處」燒賣，是京城著名的傳統風味小吃。它味美餡兒嫩，形似石榴，色、香、味、形俱佳。這道菜之所以風味獨特，

關鍵在於用料。它用精白粉燙麵為皮，包以各式餡料，如豬肉餡、韭菜餡、蟹肉餡、西葫蘆餡、三鮮餡，捏成梅花狀，蒸熟就可以食用。

「都一處」原來只是北京前門外大街的一家小酒館，門很小，屋裡僅有幾張小桌，利潤不大。如此一間不起眼的小店，後來所以聲名遠播，傳說還因為是沾了乾隆皇帝的光。

有一次，乾隆皇帝帶領隨從去南苑（今北京南苑）打獵，打到了很多獵物，乾隆非常高興，直到天黑才往回趕。他們進了永定門已是萬家燈火，月掛星空。到了前門大街時便感到肚中飢餓，又乏又累，於是想找家飯館歇歇腳，順便嘗些民間飯菜換換口味，但沿街尋找酒館大都已是店門緊閉，找來找去只見一家小酒鋪燈火通明，正趕上店夥計站在門口讓客。店夥計一看來了一位穿著闊綽的老頭，身邊還有幾個隨從，心想準是哪個大家門戶的老太爺，便彎腰施禮：「老爺子您大駕光臨，請委屈您進來喝兩盅吧！」

乾隆見店夥計非常有禮又和氣，就讓廚師做兩樣拿手菜端上來下酒。乾隆早已餓得前胸貼後背，加上吃膩了宮裡的山珍海味，初次品嘗民間菜餚覺得味道可口，不覺吃了個酒足飯飽，向店夥計說道：「你家廚師手藝真不錯，不知酒飯錢該付多少？」店夥計微笑著回答說：「老爺子，伺候您滿意了算我們有福氣，您給三吊錢就成了。」乾隆聽了哈哈大笑，對隨從說道：「給五兩銀子吧，多的算是賞錢！」店夥計從沒見過如此慷慨的顧客，朝著乾隆作揖道謝。乾隆臨出店門時問店夥計：「你們這家小酒館叫什麼字號？」店夥計說：「買賣太小啦，沒取字號。」乾隆道：「全城店家都關門了，只有你一家做生意，就叫『都一處』吧！」

過了不久，店夥計對多給賞錢的老顧客早已淡忘了。有一天突然有地方官員來店，說是奉聖旨來送御賜匾額，這下夥計呆了，不知怎麼回事，官員告知前些天晚間在店裡飲酒用飯的老人是當朝的乾隆皇帝，聖主御書

第七章　宮廷饗饗：明清飲食的極致傳承

賜你店一方「都一處」匾額，趕快接匾懸掛吧！店夥計這才知道先前喝酒用飯的老爺子是當朝皇上，心裡自然是慶幸不已。店家恭恭敬敬將匾懸掛，從此這家酒飯鋪就叫「都一處」了。

人們聽說「都一處」是當朝皇帝御賜的匾額，無論是京城裡的達官貴人、文臣武將，以及普通百姓，無不慕名而來，爭相品嘗。

「都一處」的店主人把乾隆皇帝坐過的座位用黃綢子圍了起來，名曰「寶座」，不許別人坐。店門至「寶座」的通道不掃地，以留下龍跡。日久天長，塵土堆積成一道土埂，被稱為「土龍」，成為當時北京城的一處古蹟，現在早已沒有蹤影了。

如今，「都一處」大門前的三尊銅像再現了乾隆皇帝為「都一處」題寫店名的場面。餐館一樓大堂屏風上懸掛「都一處」虎頭金匾，筆力遒勁，帝風猶存。二樓正牆上懸郭沫若先生題寫的「都一處」三個大字。三樓設乾隆皇帝畫像及香案，襯托出老店的風韻，保留著「都一處」幾代人帝恩難忘的情結和紀念。

慈禧太后御廚擅長的「八寶飯」

八寶飯是湖北名餚，而「荊州八寶飯」可稱為其中的一流食品而享譽中外。

據說清代慈禧太后非常愛吃八寶飯。當時的清宮御膳房有位肖代師傅擅長做這道菜餚，很討西太后的喜歡，讓別人看了非常嫉妒、眼紅，不知暗中費了多少心機，總想把八寶飯做的比肖代更高明，可是一個個的計謀都落空了。俗話說同行是冤家，肖代免不了被人暗算。

慢慢的，西太后的耳中聽到了很多關於肖師傅的壞話，有的說肖代的餐具不夠衛生，有的說肖代用料搭配不合常情，有的說肖代背後對太后不

敬……最後，肖代終於失寵，被逐出清宮，流落民間。

　　肖代作為曾受慈禧太后恩寵的御廚，當然不會心甘被逐的境遇。在江陵地方，他巧遇荊州聚珍園餐館主人。二人相見如故，聚珍園主人替肖師傅大鳴不平，誠心相邀，並願重金相聘。於是肖代決心在荊州重新闖出一條路。他潛心設計，精心製作，不久「荊州八寶飯」便有了很高的知名度，遠近知名人物無不爭相前來品嘗曾在御膳房效過力的名廚手藝。

出自太子少保丁寶楨府中的「宮保雞丁」

　　「宮保雞丁」是四川的名菜，據說這道菜來源於清代太子太保——丁寶楨。

　　丁寶楨（西元 1820～1886 年），字稚璜，貴州平遠（今貴州織金）人。清朝咸豐三年（西元 1853 年）任山東巡撫時，曾鎮壓撚軍[70]起義，誅殺慈禧太后的寵信、太監安德海，主張抵抗侵略；後任四川總督，加封太子少保。

　　丁寶楨沒考上進士之前，曾發奮讀書，考中進士後仍保持簡樸的生活習慣。有時他忙於公務，回府時早已飢餓難忍，便吩咐家廚：不需多麻煩，只要快送上吃食便可。家廚摸準了大人的脾氣，只好照辦，便在廚房內，隨手抓些現成的雞丁、辣椒及花生米之類，熱鍋快炒後送上。丁大人吃得津津有味。幾次下來，丁大人便叫家廚將此菜列入常規飲食譜中。

　　一次，丁寶楨在家中宴客，菜餚中就有油炸糊辣子並花生炒雞丁。由於賓客多為愛吃辣香的四川人，食後都讚不絕口，紛紛詢問其製法，回家後就依法烹製，並漸漸為越來越多的四川人所歡迎。不久，這味菜的烹製

---

[70] 撚軍起義是爆發在太平天國革命時期北方的農民起義。撚軍是十九世紀初開始活動於皖、魯、豫一帶的農民祕密組織。所謂「撚」，即農村迎神賽會時要搓撚子燃油，因此得名。

第七章　宮廷饗餮：明清飲食的極致傳承

方法傳入了清宮廷，就成為宮廷菜系中的一款佳餚。當時丁寶楨被加封為太子少保，清代對加封有太子少保職銜的人尊稱為宮保。此菜因出自宮保丁寶楨府中，菜名也就叫做「宮保雞丁」。

後來這道菜傳到民間，很多的菜館爭相仿製，「宮保雞丁」聞名四川各地。清朝末年，川菜走向全國，中華大地到處都有了名餚「宮保雞丁」。

慈禧太后賜封的名菜「金絲韭黃」

在陝西的臨潼，有一種驪山（驪山位於陝西省西安市臨潼縣城南，屬秦嶺山脈的一個支脈）溫泉澆灌後生長的「金絲韭黃」，特別的鮮嫩味美。「韭黃炒肉」、「韭黃餃子」、「韭黃蛋湯」，樣樣都可口。有趣的是「金絲韭黃」這一菜名還是垂簾聽政的慈禧太后賜封的呢。

1900年，八國聯軍入侵北京時，慈禧決定出京西行暫避，當她來到陝西臨潼驪山腳下，感到又疲又乏。一同隨行的大太監李蓮英叫御廚用當地盛產的韭黃做成大包子給太后充飢。也許是慈禧一路勞頓，竟然出人意料的吃了好幾個大包子。她覺得這種包子不同於其他包子，味道簡直香美異常，於是忙問用的什麼名菜？李蓮英回答：「臨潼韭黃。」太后說：「此菜真是好吃，李太監也會辦事，當有重賞。」李蓮英叩頭謝恩說：「如今是九月天氣。有道是吃了九月韭，老佛爺開金口。您老真是洪福齊天，壽比南山哪。」慈禧要李太監多帶些韭黃，好在路上隨吃隨用。李蓮英說：「這九月韭已是最後一茬鮮菜了。再想吃就得等到明年三月了。」慈禧聽後只得叫手下人將自己吃剩下的韭黃包子全都帶上，以便在路上食用。

慈禧太后回京後，總是念念不忘臨潼鮮嫩味美的韭黃，多次打發李蓮英去臨潼採購。臨潼縣令接旨後，左右為難，只好下令菜農照辦，不得有誤；違旨當以欺君大罪論處。時值臘月天氣，怎會長出青韭？菜農們有如

大禍臨頭，惶惶不可終日。後來有人想出辦法，引驪山溫泉的水來澆灌韭苗，再用厚厚的草簾覆蓋其上保溫。這一辦法還真有效，不久金黃色的鮮韭就長出來了。菜農們得救了。

李蓮英回京覆命，慈禧看到臨潼縣令送來的鮮香金黃的韭黃，非常開心，賞賜了縣令許多銀子，並賜名為「金絲韭黃」。此後，臨潼的「韭黃炒肉」、「韭黃餃子」及「韭黃蛋湯」都成為遠近聞名的地方風味美食了。

食界聲名顯赫，被奉為經典的譚家菜

俗話說：「富貴三代才懂吃和穿。」若論其中的佼佼者，在中國近百年的歷史上，當非「譚家菜」莫屬。

譚家菜出自清末官宦世家譚宗浚府中。譚宗浚，字叔裕，廣東南海人。譚宗浚自幼聰穎過人，能詩善文，尤其精於飲食。自從到翰林院供職後，酷愛飲食的他，開始一展長才。當時京城飲宴蔚然成風，京宮每月有一半以上的時間，花在相互宴請上。每次輪到譚宗浚做東時，因他善於安排、精於調味，能將家鄉的粵菜與京菜巧妙融合，鮮美可口，風格獨具，所以贏得了「榜眼菜」的美稱。

譚宗浚自幼生長在京城的兒子譚瑑青，對飲食的講究，比他父親更甚。少年時就廣泛搜集經典食譜，等到譚宗浚到江南、四川、雲南等地充任外官時，隨往的他，更利用機會，對各地名餚多有涉獵，博採各地之長。

譚瑑青一生喜歡交遊，在家道中落以後，仍然不改嗜吃本色。起先變賣珠寶，接著變賣房產，一再籌款辦宴。等到坐吃山空，局面無法維持時，於是突發奇想，悄悄承辦宴席，名為「家廚別宴」。這樣做既能貼補家用，又可盛宴常開，一飽口腹之欲。當時正趕上社會飲食風氣盛行，於是深得「飲食之道」的「譚家菜」，便聲名遠揚。

第七章　宮廷饗餮：明清飲食的極致傳承

譚瑑青比較注重自己的身分，堅持不掛牌營業，每次僅承辦三桌，熟客四十元（這裡指銀圓）起價，生客非百元不辦。最早三天前預約，後來因名聲太大，慕名而來的士紳，不惜花費重金訂席。雖然譚瑑青和他的譚家菜具有如此大的名聲，然而譚瑑青卻是個遠離廚房的人，真正上灶的，是三位人們稱為「阿姨」的夫人及幾位家廚。譚瑑青早於宣統年間從廣東帶來的兩房姨太太，全是烹飪高手。她們又從原家中名廚陶金榜（人稱陶三）處，暗中學得驚人手藝，灶上功夫不同一般。自1919年兩人相繼病逝後，獨撐譚家菜門面的，一直是三姨太趙荔鳳。趙荔鳳初進京時，才二十一歲，卻聰穎端麗。到譚家沒多久，就掌握了譚家菜的精髓，能燒一手好菜。在她管理譚家廚事的那段期間，不單自己上灶，而且親自採買食料。

譚府辦宴的場所是在一間客廳和三間雅室裡。傢俱只用花梨、紫檀，古色古香；所用器皿，均為上好古瓷；四壁則是名人字畫，並以古玩、盆景點綴。而在此處宴客，有個不成文的規矩，不管由誰做東，不論認識和不認識，都得給主人一份請柬，留出一處空位給主人。

在譚家菜形成初期，純為家庭式菜餚，也是宮府菜的瑰寶。趙荔鳳的苦心孤詣，努力不輟，是譚家菜另闢蹊徑、獨樹一幟的重要關鍵。後人總括譚家菜的烹飪經驗，提出譚家菜的特點有四個方面：

- 甜鹹適口，南北均宜。中國烹飪界向有南甜北鹹之說，譚家菜在烹調的過程中，常糖、鹽各半，以甜提鮮，因此譚家菜菜餚口味適中，鮮美可口。不論南人、北人，吃過之後，沒有不喜愛的。

- 講究原汁原味，絕少辛香調味料。烹製譚家菜時，幾乎不用花椒等香料熗鍋，也少在成菜上撒放胡椒粉之類的調味料，其用心處，在吃雞就要有雞味，吃魚絕對要嘗魚鮮，斷不能以其他異味、怪味干擾菜餚的本味。而在燜菜時，不許續湯或減汁，務必保持原汁。

- 選料精，加工細。尤其對山珍海味類的食料精益求精，簡直吹毛求疵。比方說，熊掌必選左前掌（熊用左掌採蜂蜜，並不時用唾液滋潤），魚翅只用呂宋黃，鮑魚只用紫鮑等。
- 火候足，下料狠，菜餚軟爛，易於消化。譚家菜講究慢火細做，最常使用的燒法為燴、燜、蒸、扒、煎、烤以及羹湯等，罕見急火速成的炮炒類菜餚。所謂下料狠，指熬湯時捨得多下料。所以譚家菜的清湯，必用整雞、整鴨、豬肘子、干貝、金華火腿等熬製而成，達到「百鮮都在一口湯」的最高境界。

趙荔鳳主持譚家菜時，譚家菜共有百十種佳餚，尤以擅燒海味馳名。而在眾多的海味菜中，又以魚翅和燕窩的烹調最為世人稱讚。如魚翅系列的佳餚，即有十九種之多，較為著名的有三絲魚翅、蟹黃魚翅、砂鍋魚翅、清燉魚翅、海燴魚翅、黃燜魚翅等。後者更是上乘傑作。取呂宋黃整翅為主料，整雞、整鴨、干貝、金華火腿為輔料，煨好上湯後，輔料棄而不用，再以此湯用文火連燜魚翅六小時後，淋入原汁即成，烹調完後的黃燜魚翅熟爛味香、金黃透亮、汁濃黏滑、濃鮮不膩，因而獨步食壇。另外，在譚家菜的燕窩菜餚系列裡，烹調完後的燕窩潔白、質地軟滑、湯色淺黃、清澈見底的清湯燕菜，也在食林稱尊。這兩道極品，堪稱譚家菜中的雙璧，也是其最高檔的「燕翅席」裡的頭兩道大菜。

此外，譚家菜對於各種素菜、甜菜、冷菜，以及各類點心的做法也獨具特色。這裡就不細說了。

由於譚家菜的獨到和經典程度，於是，曾有人吃了譚家菜燕翅席後，發出「人類飲食文明，到此為一頂峰」的讚嘆。譚家菜另有一項規矩，就是想吃譚家菜，不進入譚府，絕對吃不到。即使是當朝權貴，照樣不買帳，要外出起灶休想。據說汪精衛擔任行政院長時，有次進北京宴請名流，為了慎重起見，親自致電譚瑑青，請他破例外出當廚。譚瑑青一口

第七章　宮廷饗餮：明清飲食的極致傳承

回絕，汪精衛吃閉門羹後，說盡了好話歹話，譚才勉強答應外送「紅燒鯊翅」、「蠔油鮑魚」這兩道菜應景。其先決條件仍是得在譚家事先做好，再派家廚送去會場。至於外燴一事，譚瑑青終其一生，從未答應過。

後來，譚家菜在西元 1958 年搬入「北京酒店」營業，延續譚家菜的香火。

振興譚家菜的關鍵人物是彭長海。他十六歲就到譚家，充任趙荔鳳的下手，由打雜到幫案，最後獨當一面。在其長達五十餘年的烹飪生涯中，曾應邀出國獻藝兩次，調教五十餘名徒弟。他的傳世弟子中，又以陳玉亮最能光耀門楣，並將譚家菜擴大規模，進一步發揚光大。

廚家風範 —— 留名千古的飲食權威

明清時期燦若星辰的眾多名廚

明代時，御廚、官廚、肆廚（酒樓餐館的廚師）、俗廚（民間廚師）、家廚和僧廚眾多。在《宋氏養生部》都有記載。《宋氏養生部》是一部重要的官府食書。其作者宋詡回憶說：他的母親從小到老跟著當官的外祖父和父親，到過許多地方，學會不少名菜，特別會做烤鴨。她將一身的廚藝傳給兒子，宋詡整理出 1,010 種菜品。再如南通的抗倭（指日本海盜）英雄曹頂，原係白案（指做麵食）師傅，在刀切麵上有一手絕活。湖南還有位能寫的名師潘清渠，他寫有《饕餮譜》一書，在這部書中，潘清渠將 412 種名菜編成了菜譜。

清代的名廚更是舉不勝舉。其中有以「遂將食品擅千秋」著稱的蕭美人，「什景點心」壓倒天下的陶方伯夫人，五色饍「妙不可及」余媚娘，嘉興美饌「芙蓉蟹」的創始人朱二嫂，川味名珍「麻婆豆腐」的創始人陳麻

婆，撰寫《中饋錄》的才女曾懿等。此外，《揚州畫舫錄》等書還介紹過眾多名廚，如做「十樣豬頭」的江鄭堂，做「梨絲炒肉」的施胖子，做「什錦豆腐羹」的文思和尚，做「馬鞍橋」（鱔魚菜）的小山和尚等。

清代乾隆時期的江南名廚王小餘，曾在美食家袁枚的家中當了近十年廚師。他一定要親自去市場選料，掌火時目不轉睛看著，調味「未嘗見染指之試」（即不用手指去嘗）。他有一句「作廚如作醫」名言，認真做到了「謹審其水火之齊」（準確掌握施水量與加熱量），不管做多少菜都注重對色香味的講究，為此深得袁枚的器重。他死後，袁枚非常思念，於是寫下情深意長的《廚者王小餘傳》。這也成為封建社會歷史上唯一的古代廚師傳記。

晚清時，先後又出現了「佛跳牆」創始人鄭春發，「狗不理包子」創始人高貴友，「叫化雞」創始人米阿二，「義興張燒雞」創始人張炳，「散燴八寶」創始人肖代，「皮條鱔魚」創始人曾永海，「早堂麵」創始人余四方，「什錦飯過橋」創始人詹阿定以及「抓炒王」王玉山，魯菜大師周進臣、劉桂祥，川菜大師關正興、黃晉齡，粵菜大師梁賢，蘇菜大師孫春陽，京菜大師劉海泉、趙潤齋等。

美器食談 —— 相得益彰的飲食器具

明代時特別盛行的青花瓷和釉裡紅

明代時的飲食器具，是以瓷器為主，其中最著名的就是青花瓷。根據考古資料顯示，青花瓷可能始創於唐代，經過宋元兩代漸趨成熟，到明代時進入鼎盛時期，不論是景德鎮的官窯，還是各地民窯的生產都達到了高

第七章　宮廷饗餮：明清飲食的極致傳承

峰。官窯的青花瓷製作不惜工本，製作講究，從造型到紋飾和款式都十分精美。

明代的青花瓷對用料十分嚴格和講究，其大體上可分為三個階段：明初尤其是永樂、宣德時期，以色澤濃豔的進口料「蘇泥勃青」為主，那是鄭和下西洋時帶回的鈷料；從成化到正德的明代中期，以顏色淡雅幽藍的國產料「平等青」為主；明代嘉靖以後，以藍中泛紫藍的「回青」料為主。明代民窯青花瓷十分流行，它的圖案裝飾突破了歷來規範化的束縛，出現了大量的寫意、花鳥、人物、山水以及各種動物題材的畫面，構圖奇巧、考究。

這裡有必要對明代青花瓷的整體特點進行一下說明。明代的青花瓷屬釉下彩繪，是用鈷料為呈色劑，在瓷坯上描繪紋飾，然後罩上一層透明釉，經 1,300 度高溫還原焰燒成白地藍花的瓷器，紋樣呈現明快又沉靜的青藍色。白裡泛青的釉質與幽靚青翠的紋樣結合，清新明麗，莊重素雅，具有雅俗共賞的特點。

明代青花瓷的燒造最為突出的一點是，在明初的永樂、宣德時期，江西景德鎮官窯的青花瓷器的燒造進入了一個全盛時代，這一時代被譽為青花瓷器製作的「黃金時代」。明初永樂、宣德的景德鎮官窯作品非常精美，這一點無論在當時還是現在來說都是不可質疑的。

由於青花瓷獨特的燒製工藝和技巧，它受到世界各國的喜愛，早在元代，青花瓷就透過「絲綢之路」等管道遠銷到地中海沿岸各國，連歐洲的一些貴族和富賈鉅賈都以擁有青花瓷為榮。

釉裡紅的燒造是明代製瓷業的另一個主要成就。釉裡紅是江西景德鎮於元代時創燒的一種釉下彩繪，是用氧化銅為著色劑，在瓷胎上彩繪後再覆上透明釉，經 1,300 度高溫一次燒成。

明代時釉裡紅較為流行，呈色淺紅而帶灰色。裝飾以線描為主，紋飾

有纏枝菊紋、纏枝牡丹、纏技蓮等，器形有瓶、壺、盤、碗等。釉裡紅表現手法豐富多彩，有白底紅花、紅底白花、青白瓷加紅斑和刻花青白瓷飾紅彩等多種。當時較為流行的是白底紅花的魚紋飾釉裡紅瓷器。

極為名貴的清代宮廷御用瓷器 —— 琺瑯瓷

在清代的飲食器具中，瓷器的應用仍是占主要地位，除了白瓷青瓷以外，特別值得一提的是多姿多彩而又非常名貴的琺瑯瓷。

琺瑯瓷是一種極為名貴的宮廷御用瓷器，是用從國外進口的琺瑯料（一種彩料）在皇宮造辦處製成的。琺瑯瓷始造於清代康熙晚期，盛於清雍正、乾隆時期，到嘉慶初期停止生產，清末民初又有仿清琺瑯瓷的產品出現。琺瑯瓷除康熙時有一些宜興紫砂胎外，都是在景德鎮燒製的白瓷器上繪上圖案，再二次烘燒，就成為精美絕倫的琺瑯瓷器。

先介紹康熙時期的琺瑯瓷。康熙琺瑯瓷的底色是紅、黃、藍、綠、紫、胭脂等顏色，在花卉團中常加有「壽」字和「萬壽無疆」等字，畫作工整細膩，器物表面很少見白地。釉面有極細冰裂紋，極富立體感。

到雍正時期，琺瑯瓷製作更加完美，多是在白色素瓷上精工細繪，一改康熙時有花無鳥圖案，除在器物上繪製竹子、花鳥、山水外，還配以相宜詩句。

到了乾隆時期，琺瑯瓷採用軋道工藝，在器物局部或全身色地上刻畫纖細的花紋，然後再加繪各色圖案，大量吸收西方油畫技法，在題材上出現了《聖經》故事、天使、西洋美女等西洋畫的內容，所以又叫做「洋彩」。

琺瑯瓷是清代宮廷特製的一種精美的高檔藝術品，也是中國陶瓷品種中產量最少的一種。當時的普通老百姓是很難見到的。因此琺瑯瓷每件都

第七章　宮廷饕餮：明清飲食的極致傳承

可稱為獨一無二的精品。它不僅具有很高的欣賞價值，同時也具有很高的收藏價值。

第八章
食在當下：近代飲食的嶄新篇章

第八章　食在當下：近代飲食的嶄新篇章

歷史發展到現當代，中華飲食文化已發明或創製了六萬多種傳統菜點、兩萬多種工業食品、五光十色的筵宴和流光溢彩的風味流派，獲得「烹飪大國」的美譽。當代中華飲食文化在食源的開發與利用、食具的運用與創新、食品的生產與消費、餐飲的服務與接待等方面非常深厚廣博。而且當代中國的飲食文化從時代與技法、地域與經濟、民族與宗教、食品與食具、消費與層次、民俗與功能等多種角度進行分類，展示出不同的文化品味，展現出不同的使用價值，異彩紛呈，絢爛之極。從影響上看，當代的中國的飲食文化直接或間接影響到亞洲、歐洲、美洲、非洲、大洋洲等地區，已惠及全世界數十億人口。

開篇定論 —— 啟人心眼的酸甜苦辣

民國時期令人「回味」的飲食文化

中華民國大陸時期是指從 1911～1949 年這段時間，這一時期工農業發展緩慢，人民生活十分困苦，飲食業突出成就不是很明顯；雖然整體情況如此，但局部地區的飲食文化也出現了一些新因素，並且產生了很大的影響。主要表現為以下六點：

◆ 第一，新食料的引進和「中西合璧」菜式的產生

這一時期，歐美等列強紛紛向中國傾銷大量商品，牟取暴利。其中就有所謂的新食料，如味精、果醬、魚露、蛇油、咖哩、芥末、可可、咖啡等。這些食料引進後，逐步改變了一些食品的風味，且對傳統烹調工藝也產生了一定的「撞擊」。

在中國主要的一些沿海及內陸一些城市，如廣州、上海、青島、大

連、長春、哈爾濱、北京、武漢、南京等城市，由於戰事不斷導致的外國人的增加，英法式、蘇俄式、德義式、日韓式菜點被介紹進來，出現了《造洋飯書》[71]，創設了西餐館和「東洋料理店」。中國廚師吸收歐美菜餚的某些技法，由仿製外國菜進而創製「中式西菜」或「西式中菜」。這種新的菜式其原料多取自國內，調味料用進口的，工藝主要是中式的，筵宴又沿用歐美程序，品嘗起來，別具風味。這樣既增加了中菜品種，又豐富了筵席款式，使一些地方菜薰染上幾分「洋味」。這種「中西合璧」的菜式很受中國人和外國人的歡迎，因此使這種所謂的「西餐」得以延續發展下來。

◆ 第二，仿清宮菜和仿古宴的出現

仿清宮菜也叫仿膳菜，大約出現於 1920 年代。那麼，仿清宮菜是怎麼出現的呢？1911 年辛亥革命後，上百名清朝宮廷的御廚被遣散出宮。為了謀生，很多人又做起了烹飪，或在權貴之家賣藝，或去市場經營餐館。有些人在北京的北海公園掛出「仿膳飯莊」的招牌；從此，以宮廷風味為特色的仿膳菜便流傳開來，一直持續到二十世紀末。

雖然仿清宮菜也叫仿膳菜，但兩者又不是完全一樣的，妙就妙在這「似與不似之間」。相似的地方是兩者的氣質、文采、風韻、基本用料和基本技法，仿膳菜一上桌，就有一股皇家飲饌的華貴氣息撲面而來；不相似的地方，一方面揚棄形式主義的成分（如用料過於講究、苛刻等），一方面又賦予新的內容（如變換名稱、增加掌故），使之符合時代和社會需求。由於仿膳菜價格比較昂貴，所以他的食客主要以中上層人士為主。

近代人們又經常把仿膳菜與清宮慶典掛鉤，推出仿擬的《千秋（帝王

---

[71]《造洋飯書》中國最早的西餐烹飪書。西元 1909 年上海美華書館出版。該書在記載出版年代時，未使用清朝年號，而是寫作「耶穌降世一千九百零九年」。由此可以相像該書是出自與教會有關的人士之手。該書分二十五章介紹了西餐的配料及烹調方法。這本書的出版，並不是為了在中國推廣洋飯，而是為了培訓做洋飯的中國廚師，解決外國傳教士在中國的吃喝問題。

第八章　食在當下：近代飲食的嶄新篇章

生日）宴》、《大婚（帝王納后）宴》、《九白宴》（清代蒙古部落向朝廷進貢一匹白駱駝和八匹白馬後被賞賜的御宴）、《木蘭宴》（清代帝王秋季在木蘭圍場打獵後舉辦的慶筵）等，更受歡迎。仿膳菜和仿古宴對飲食業的最大貢獻是它使很多平民也嘗到了皇家宮廷菜。

◆ 第三，滬菜的興盛和川蘇風味的興起

滬是上海的簡稱，滬菜是一種彙集多方飲食特點的綜合菜式。上海本地菜吸收北京、山東、四川、廣東、湖南、湖北、江蘇、浙江等地區菜餚的優點和西餐的某些技法，逐步形成自成一體的年輕菜系。

滬菜的構成有八個分支，其中之一便是著名的「海派四川風味」。所謂「海派四川風味」是指四川、江蘇風味相結合的產物，它的基地則是上海的梅龍鎮酒家。川蘇風味醞釀在抗日戰爭時期。先是江浙財團和蘇杭名廚內遷重慶，後是接收大員和巴蜀廚師飛回上海，其間八年反覆磨合，使得長江上、下游的菜餚風味逐步融合，形成一個新菜種。這就是川蘇風味的興起。

◆ 第四，以變應變的川菜和對其他菜式的影響

川菜最早是以成都風味為主。川菜款式多，變化巧，以麻辣香濃為主要特色。在西元1911年的「保路運動[72]」之後，特別是在抗戰時期，重慶成為陪都，很多來自其他地區的黨政要人和社會名流匯集四川，各地名廚也輾轉來此。由於四川菜式的陳舊和口味的偏辣，老川菜一時適應不了新的形勢。面臨服務對象的變化，又有外地名廚競爭，川廚們「以變應變」，進行革新，在短時間內便推出一批新川菜，控制了四川飲食業的主

---

[72] 保路運動，也叫「鐵路風潮」。1911年（宣統三年）5月，清政府假借鐵路國有之名，將已歸民間所有的川漢、粵漢鐵路築路權收歸「國有」，隨後馬上又出賣給英、法、德、美四國銀行團，激起湘、鄂、粵、川等省人民的強烈反對，掀起了保路運動。運動在四川省尤其激烈，這一運動也成為武昌起義的先聲。

動權。另外，由於各地名廚的相互交流，全國其他地區的烹調技藝等很快便受到了川菜的影響。

◆ 第五，粵菜開始走紅與星期美點的出現

二十世紀初的廣州曾是中國的政治文化中心。尤其是西元1929～1937年間，廣東經濟由於受到世界金融中心轉向香港和國內戰事的影響，從而得以迅速發展，飲食業進入空前未有的黃金時代。只在廣州一地，就有著名的中餐店、茶室、酒家、麵包館、西餐廳兩百餘家。有的經營正宗的鳳城（廣東順德縣大良鎮的美稱）小炒、柱侯食品（130多年前佛山市三品樓名廚梁柱侯創製的一批美食，如柱侯醬、柱侯乳鴿）、東江名菜（以惠州菜為代表）和潮州美食；有的專賣京都風味（這裡指南京菜），姑蘇佳餚、揚州珍品和歐美大菜。在這期間，廣州名廚梁賢代表中國參加巴拿馬國際烹飪賽會，並榮獲了「世界廚王」的稱號。這使粵菜開始迅速走紅。

在1920年代末至1930年代初，廣州的陸羽居茶樓為了適應廣東一帶人的「三餐兩茶」的生活習慣，招引顧客，率先推出「星期美點」，就是將一月更換一次菜點品種的期限縮短為一週，很快受到顧客的歡迎。接著，其他一些福來居、金輪、陶陶居等名店競相仿效，每週一次更換的菜點均以「五」字命名，前後不許重複。這樣一來，促使店家在變化品種花色上狠下工夫，以巧取勝。在很短的時間內，廣式菜點便增加近千種款式，為全國的同行敬佩不已。

◆ 第六，中餐隨著華僑的足跡走向世界

中華民國年間，透過外交、貿易等各種管道出國的人很多，據資料顯示，其中至少有五六百萬人以經營小型的家庭式中餐館為生，並且代代傳承下去。他們把中國烹飪介紹給各國，使中菜大規模進入了國際市場。

中國菜傳到國外後有一部分保持原有的風味，主要對象是華僑和留學

第八章　食在當下：近代飲食的嶄新篇章

生；一部分受原料限制和當地食俗影響，變成中外混合的菜餚，對象既有中國僑民，也有外國人；還有一部分只有中菜之名而無中菜之實，這是外國的飲食經營者仿擬中國菜的緣故，其對象多是慕中餐之名而不求中餐之實的外國人。不管中菜如何變化，在世界的多數國家都受到一致認可。

更加繁榮發展的飲食文化

當今中國飲食業的成就，可以概括為以下八個方面的特點：

◆ 第一，建立餐飲業的管理機構，大力搶救文化遺產

從中央到地方，逐步成立飲食業的專門機構，進行廚師職稱評定，廚師個人的相關權益也得到相關的政策保護等，可以說廚師的地位得到空前的重視。

此外，中國又大力搶救飲食文化遺產。在政府的幫助下，狗不理包子鋪、義興張燒雞店、松鶴樓菜館、大三元酒家等一大批瀕臨倒閉的百年老店得以新生；孔府菜、劉墉菜、帥府菜、大千菜等名流菜種被挖掘出來；《調鼎集》、《宋氏養生部》、《齊民要術》、《飲膳正要》等古籍相繼整理出版；楚國冰盞、漢代漆器、唐朝金杯、宋代名瓷等餐具也得到了發掘、研究；還有不少名師的技藝錄影得以保留；眾多飲食文化專題列入國家科研專案。

◆ 第二，組織人力，積極出版飲食文化書刊

據資料顯示，歷史上遺留下來的飲食類出版物總數不超過三百本；現在中國的五百多家出版社，每年約出飲食文化書籍近五百種。這些作品包括《中國古典食譜》、《中國烹飪百科全書》、《中國烹飪辭典》等等，這裡就不一一列舉了，這些書對中外學者都有很高的參考和研究價值。

◆ 第三，開辦烹飪院校，培訓技術人才

中國在鼓勵名師傳藝的同時，還大力興辦烹飪教育事業，使中國一千多萬廚師團隊文化素養有了明顯提高，並從根本上扭轉了飲食業青黃不接、後繼無人的狀況，為中國烹飪事業的振興提供了充裕的後備力量。

◆ 第四，設定職稱標準，表彰名廚大師

從 1960 年代起，中國相關部門多次制定飲食業技術職稱評定標準，對全行業職工分期分批進行考核、定級。據粗略估計，到目前為止，有特級廚師稱號的已不下數萬人。

現今廚師成了光榮的職業，烹飪屬於永恆的事業。不僅名廚先富起來，而且在社會上的地位也逐步得到提高，或被選為教授、研究員，或著書立說和出國講學。《中華飲食文庫》中的《中國名廚大典》，已將數千名名廚收錄入傳。

◆ 第五，採用先進工藝，更新款式品種

中國一方面採用先進工藝，一方面進行花色品種的創新：

- 加大對新食源的開發。如繼續引進新食料，如牛蛙、孔雀、鴕鳥、袋鼠、海狸、王鴿、蘆筍、腰豆、玉米筍、夏威夷果等。與此同時，還在開發海底牧場、人工試管造肉、繁殖食用昆蟲、提取植物蛋白等方面開展科學研究。
- 炊飲器具逐步高科技化。許多飯店的廚房設備已大為改觀，如使用人工智慧生產工具等等。
- 注重營養搭配。現在做菜講究膳食結構合理和營養平衡，強調三低兩高（低糖、低鹽、低脂肪、高蛋白質、高纖維素），歷史上留下來的大魚大肉、厚油濃湯食風正在改變。雞鴨魚鮮和蔬菜水果利用率提

第八章　食在當下：近代飲食的嶄新篇章

高，破壞營養素和有損健康的技法減少，推出不少營養菜譜、食療菜譜、健美菜譜、養生菜譜等。
- 重視造型藝術。食雕、冷拼、圍邊和熱菜裝飾技術發展很快，從立意、命名到定型、敷色，都注意表現時代精神和民族風格。而且還努力運用美學原理，借鑑實用工藝美術的表現手法，賦予菜品新的情韻，提高藝術審美價值。
- 烹調工藝逐步規範化。特別重視菜品研究，對名菜點的每道工序、各種用料的比例都注意分析，並用菜譜或錄影方式記錄下來。六是積極進行筵席改革。它從國宴開始，漸及各種禮宴、喜宴、家宴。總的趨向是「小」（規模與格局）、「精」（菜點數量與品質）、「全」（營養配伍）、「特」（地方風情和民族特色）、「雅」（講究衛生，注重禮儀，陶冶情操，淨化心靈）。

◆ 第六，舉辦各種烹飪比賽，提高服務品質

中國先後舉辦多次特大規模的技術比賽，還十多次組團出國參加世界烹飪奧林匹克大賽。至於各省市的中型比賽（如冷菜大獎賽、熱菜大獎賽、食雕大獎賽、圍邊大獎賽等），更有上百次之多。據不完全統計，這些比賽的參賽選手多達十餘萬人次，參賽菜點也以數十萬計，社會反響強烈，大多轉化為經濟效益。歷屆的烹壇群英會，不僅掀起廚藝界的學藝熱潮，也震驚世界食壇。

如今，由於激烈的市場競爭，很多著名的旅館、飯店等，更加注重服務品質。他們採用許多促銷策略，如筵席預約、上門服務、列隊迎賓、微笑接待、價格優惠等等，視顧客為上帝，生意越做越好。

◆ 第七，致力於建立科學的飲食文化體系

中國國內貿易部和中國烹飪協會等部門聯手負責此項工作，推出了

「五大工程」，成果累累。與此同時，孔府菜、仿唐菜、仿宋菜、紅樓宴、東坡宴等，均列於各地科研專案，透過了專家鑑定。還多次召開飲食文化研討會等學術會議，影響深遠。

◆ 第八，派遣名師出國，促進中外飲食文化交流發展

到目前為止，中國已向世界很多國家和地區派遣了數萬名烹調技師。這些烹飪專家出國後，有的主持烹飪學校，有的經辦中式餐館，有的參加食品節表演，有的講學，有的傳藝，有的在大使館或經貿團工作等等。與此同時，一些文化名城、烹飪高校和著名餐館，都與國外的友好城市簽訂技藝交流合約，或互派名廚訪問，或委託培訓學員，或交流烹飪書刊，或饋贈名特原料。

食俗禮儀 —— 約定俗成的趣味飲食

少數民族人口最多的壯族的飲食風俗

壯族是中國人口最多的少數民族，在千百年的歷史演進過程中，許多飲食習慣及食品烹調與周邊漢族趨同，但在一些方面仍保持著本民族的特色。

五色糯米飯，是壯族節慶的必備食品。逢年過節，壯民都要製作花糯米飯，互相贈送，表示祝福，也表示彼此間的深情厚誼。

壯民喜用糯米製成粽子，壯族稱為「粽粑」。粽粑花樣繁多，這裡介紹兩種特色鮮明的粽粑：

一種是雲南文山壯族苗族自治州的馬腳杆粽。這種粽粑是用 30 公分

第八章　食在當下：近代飲食的嶄新篇章

長、10～15公分寬的大粽葉包成。其形狀頭大，有一長尾，很像帶蹄的馬腳，所以叫馬腳杆粽。馬腳杆粽色灰黃、味香，口感滑膩。可熱食，也可冷食，保存期較長，是節日必備之品，也是青年男女趕集、趕花街互相贈送的常備禮品。

另一種是廣西壯族自治區寧明縣壯民在春節時做成的大壯粽。這種粽粑大得驚人，以芭蕉葉子包成，內放一條剔去骨頭的醃豬腿，足有八仙桌那麼大。春節時，歡樂的人們抬著大粽粑遊街祭祖。然後同族的人分食這個吉祥的大粽粑，以示大家同心同德，和睦美滿。

每當有客人來時，好客的壯族人總愛設雞宴招待客人。壯族人設雞宴有一定的禮俗：宴飲時，客人坐上席，主人坐在客人的左邊，斟滿酒，主人給客人夾肉品嘗。雞的部位有些講究：雞頭一定要敬給年長者，以示尊敬；雞腿則專門留給小孩，據說未婚青年食了雞腿會影響生育，因此未婚青年禁食雞腿；小孩不能食雞冠、雞爪，否則說話時會臉紅、不大方，吃了雞爪，上學寫字手顫抖，寫出的字東倒西歪，不整齊。在歡宴中，還有主人請客人講故事的規矩，客人講完故事，主人開始敬磨米酒，從客人開始，由左至右，每人飲一杯，然後客人主持，依次每人再飲一杯。喝完酒後，主人請客人吃糯米飯。客人食畢，應將筷子頭朝外置於桌面，然後離席，若將筷子頭朝裡放於桌面，主人還會繼續為客人加飯。

在烹飪原料上，豬、牛、羊、狗、雞、鴨、兔、蛇、魚等，甚至蜂、豆蛆、沙蛆，都可入饌。其名菜名點有七里香豬、魚生、酸甜燒乳豬、火把肉、皮肝生、五福喜臨門、脆皮假燒鵝、芙蓉浮皮絲、酸筍牛肉湯、清燉破臉狗肉、子薑野兔肉、白炒三七花田雞、蛇湯、檸果白切鴨、辣血旺、豆苗南粉雞、鵪鶉回巢、梅藕四味、脆皮瓤茄瓜、魚粉角、龍臥金山、脆溜蜂兒、瓤炸麻仁峰、五香豆蛆、油炸沙蛆等等。

這裡以七里香豬和魚生為例，簡單介紹一下這兩種佳餚的做法。「七

里香豬」是廣西田東地區的壯族人民喜食的一道美味佳餚,並常用它來招待尊貴的客人。其製法是:選飼養半年、體重25公斤左右的當地豬,宰殺洗淨後,在豬身內外塗上醬油、草果、大料、肉蔻等做成的調味料,然後將豬懸吊在烤坑內,加蓋密封,燜烤四個小時即熟。烤坑用磚泥砌成,膛大口小,用於燃燒木炭。烤好的香豬色澤醬紅,外脆內嫩,酥香可口。

魚生是壯族節日待客的佳餚。將鮮嫩肥美的鯉魚去鱗去刺,洗淨後切成小薄片,拌入芝麻油、食鹽、味精、蔥、蒜、薑等,另備醋、黃皮醬、醬油等,食用時可根據個人口味,夾生魚片蘸醋、醬或醬油吃,鮮嫩可口。製作魚生的魚,必須鮮活、衛生,否則不能生食。

興起於白山黑水的滿族的飲食風俗

滿族興起於東北的白山黑水之間,現今主要聚居在遼寧東部和北部的新賓、鳳城、岫岩等滿族自治縣,此外,河北、黑龍江、吉林、內蒙古等省區也有分布。

滿族人的日常飲食為一日三餐,個別地區也有一日兩餐的習慣。主食根據季節的變化而有不同,夏季一般用秫(音熟,黏高粱米)米或小米做水飯(粥),配鹹鴨蛋或鹽豆(用黃豆做的)。冬季用高粱米或小米做乾飯,配熬熟的菜。農村地區喜歡用黃豆自製大醬,是一年四季不可缺少的調味品。滿族有用鮮嫩的蔬菜蘸醬生食的習慣,如春天用小蔥、小白菜、菠菜、小水蘿蔔;夏天用生菜、大蔥、黃瓜;秋天用蔥白、蘿蔔;冬天用白菜心、酸菜等。酸菜是用新鮮的大白菜醃製的冬菜,可以熬、燉、氽、炒,用酸菜氽白肉、下火鍋等,酸菜也可用來做餡包餃子。東北地區的滿族,每戶醃漬的酸菜一般可以吃到第二年春天。

滿族人好客、好酒,民間諺語說:「平常要勤儉,來客要豐滿。」宴

第八章　食在當下：近代飲食的嶄新篇章

客時，先將客人讓到南炕上，然後由主人敬菸、獻茶，再敬酒。與漢族不同，滿族人喝酒沒有乾杯的習慣，客人喝酒時必須留點底，俗稱「福底」。吃飯用小碗，而且只盛多半碗，年輕媳婦在旁隨時添加米飯。客人吃得越多，主人越高興。

滿族的餑餑歷史悠久，清代時為宮廷食品。餑餑是北方方言，指饅頭和糕點之類的食品。餑餑是滿族重要的主食，餑餑的品種很多，因季節不同，製法也各異。春節時，做豆麵餑餑，夏季做蘇葉餑餑，秋冬季做黏糕餑餑。豆麵餑餑用大黃米、小黃米磨麵，加上豆麵蒸製而成，色黃、味香；蘇葉餑餑用高粱麵與小豆泥拌和在一起，外面包蘇葉蒸煮即可，入口時有蘇葉的香味；黏糕餑餑用大、小黃米浸泡磨麵以後，在裡面包夾豆泥蒸熟。食用時可以用油煎或蘸糖，香甜適口。著名的有御膳「栗子麵窩窩頭」（也稱小窩頭）、沙琪瑪等。

滿族有灌血腸的習俗，多在臘月殺豬時製作。用豬血，加鹽、薑、辣椒粉、味精等調勻，灌入豬小腸之中，所用腸以不足二尺為宜，兩端用細繩紮牢，血漿不可充得太滿，以免煮時脹裂。煮到一定程度時要用一乾淨的鋼針在腸上刺一些針眼，一則排放氣體以免膨脹迸裂，二則掌握火候，如果沒有血水自針孔洞中滲出，就撈入冷開水或冷水中。食時切成片，可以直接夾食，也可以醮以醬油、醋、蒜泥、薑汁、辣椒油等食用。既鮮美爽口，又多食不膩，佐酒下飯均宜。

滿族人愛吃白煮肉。白煮肉的製法是將豬肉切成大塊，洗淨以後用清水煮，並加入薑、蔥、大料、花椒、桂皮、豆蔻等調味料煮爛。吃的時候，將豬肉切成片，蘸著用醬油、醋、醃韭菜花、蒜泥、辣椒油、芥末等調成的滷汁食用，肥而不膩。

生活在天山南北的維吾爾族的飲食風俗

　　維吾爾族主要聚居在新疆維吾爾自治區，生活在天山南北的維吾爾族，信奉伊斯蘭教，由於獨特的地理環境、氣候物產和宗教文化的共同作用，形成了維吾爾族人喜食牛羊乳酪、烤製食品、饢（音囊）與抓飯，講究飲食衛生禮節，不吃豬、馬、騾、狗、自死牲畜與動物血液的獨特飲食風俗。

　　維吾爾族以麵食為主，最常吃的有饢、羊肉抓飯、包子、麵條等。饢是一種維吾爾族的烤餅，是維吾爾族最主要的麵食，至今已有上千年的歷史了。傳說玄奘法師去印度取經時，就是靠著身上帶的饢走出新疆大沙漠的。饢是用麵粉或玉米麵製成、在特製的火炕內烤熟、形狀大小和厚薄不一的圓形餅。維吾爾族家庭並不是每天每餐都要烤饢，一般一次烤很多，至少能吃一個星期，大大節省了做飯的時間。饢的吃法也有講究，一般要掰開來一塊一塊吃，不能拿著整個饢咬，那樣既不禮貌也不美觀。

　　有客人來時，主人遞上茶水後，接著就端來一大盆饢。主人親手掰開讓客人食用，盆內的饢只能正放，不能反放。維吾爾族人民常將其作為禮品送人。親朋好友結婚時，多送饢；女兒回娘家或從娘家回婆家時，常將饢作為見面禮；某人出遠門時，家人或親友要送些肉包子、油糕和饢給他帶在路上食用。

　　在維吾爾族人的生活中，饢不僅是不可缺少的食品，而且具有特殊意義。無論是款待客人還是籌辦婚姻大事，都離不開饢。維吾爾族人至今還保留著這樣的習俗，即在婚禮上，由德高望重的主婚人分別賜給新郎新娘一小塊饢，兩位新人用饢蘸著鹽水吃下去，以表示同甘共苦，白頭偕老。而當鄰居家生了小孩時，人們也要送饢和抓飯表示祝賀。

　　羊肉抓飯是飯菜合一的飯食，因其油、肉多，熱量大，是維吾爾族人

第八章　食在當下：近代飲食的嶄新篇章

最愛吃的冬令美食之一。傳說古時候有一位醫生，年邁體弱，無論吃什麼藥、怎樣治療都無效，於是，他改用食療的方法，每天早上和晚上都吃一小碗用鮮羊肉、紅蘿蔔、洋蔥、大米、羊油、植物油等原料做成的飯。結果食慾大增，病很快就好了。後來，大家紛紛效仿，這種既有營養又好吃的「藥」也傳到了維吾爾族的家家戶戶，就是今天人們見到的「抓飯」。

烤羊肉串是維吾爾族的傳統小吃。在新疆的各個城鄉集鎮裡，無論是大飯館，還是小吃店，幾乎都經營烤羊肉串。新疆的烤羊肉串鮮香味美，無論是烤魚還是烤羊肉，都使人胃口大開，吃了還想吃。到過新疆的人都稱讚那裡的羊肉鮮香肥嫩，沒有膻味，非常好吃。新疆烤羊肉串選用的是綿羊肉，當地最有名的肉用羊種有：阿勒泰大尾羊、哈薩克羊、巴音布魯克大尾羊和塔什庫爾干大尾羊等。製作的方法是：先把新鮮羊肉切成3公分左右的片，然後穿在乾淨的鐵釺子上，再放到鐵皮製的烤肉槽上烤。常用調味料有精鹽、孜然粉、辣椒等。

烤全羊是維吾爾族的高級宴會上的常備傳統佳餚。烤全羊需選用一歲的綿羔羊，宰殺後剝皮、剔去四蹄和內臟，以鐵絲串好固定，在羔羊上塗抹以雞蛋液、麵粉、薑黃粉、鹽水調和的汁，並在羔羊體上紮些小孔。然後把羔羊放到饢坑，封嚴，烘烤一個半小時左右即成。

食用時不需其他調味料，只備一小碟鹽花即可。羊肉外脆裡嫩，酥香可口。有些維吾爾人喜食烤製時間短的全羊。這種烤全羊，切開後，肉中尚微帶血色。據維吾爾族人說，這種羊肉又鮮又嫩，更好吃。

有「馬背民族」稱號的蒙古族的飲食風俗

蒙古族主要聚居生活在內蒙古自治區的茫茫大草原上，曾經憑藉「馬背民族」彎弓射大雕的氣魄，隨水草豐盛而遷徙的吃苦精神，創造了獨具

特色的飲食文化，這種飲食文化一直傳承至今。蒙古族傳統飲食以乳食和肉食為主。

蒙古族把乳食或奶食叫「白食」，蒙古語稱「查干伊德」，即純潔、吉祥、崇高的意思。白食包括奶類飲料和奶類食品。奶製飲料有鮮奶、優酪乳、奶茶、奶酒等。奶製食品有奶豆腐、乳酪、奶酥、奶油、奶皮、黃油、奶片、白奶豆腐等。

奶茶又被稱為蒙古茶，是蒙古牧民最喜愛的飲料之一，尤其中老年人更喜愛。牧業區有「寧可一日無食，不可一日無茶」之說。奶茶和炒米是牧民的家常飲料食品。清晨女主人擠完奶後，第一件事就是燒茶。

奶皮是將牛奶煮沸後冷卻一兩天，一層奶脂凝結於表面，像蜂窩狀麻麵圓餅，用筷子挑起，放在盤或板上，折成半圓形在通風處陰乾而製成。奶皮多用於逢年過節送禮、敬老。製奶皮用的牛奶，秋天擠下來的最為理想。由於秋季乳牛膘最肥，擠出的乳汁油脂也最豐富。奶皮內夾白糖或和炒米拌在一起，吃起來十分香甜可口。

奶油是味美質佳的食品，分為白油和黃油。白油的製法是將鮮奶倒入奶桶或鍋、盆中，令其發酵，脂肪漸漸浮在上面，用勺子撇取即成。這種食品脂肪含量極高，營養豐富，略有酸味，食用時有一種特殊的清香味。透過白油又可製成黃油，一般是將白油倒入鐵鍋中，用溫火慢慢熬燒，用勺頻頻翻動，當水被蒸發乾淨，色澤變微黃時即成黃油。其味道純香，是待客的上品。為了食用方便，牧民常把黃油裝在器皿或牛羊胃囊內。

蒙古族牧民習慣於早餐和午餐喝奶茶、泡炒米、吃奶皮和乳酪，晚餐吃手把肉。

蒙古族把肉食叫「紅食」，蒙古語稱「烏蘭伊德」，即紅色食品的意思。蒙古族的肉類主要是牛、綿羊肉，其次為山羊肉、駱駝肉和少量的馬肉，在狩獵季節也捕獵黃羊肉。肉製食品中最具特色的是烤全羊。最常見

第八章　食在當下：近代飲食的嶄新篇章

的是手把羊肉，幾乎天天少不了。一年四季都可食用，但以夏季的羊肉為最好。

蒙古族吃羊肉以清煮為主，熟後就開始食用，這樣做是為了保持羊肉的鮮嫩，特別是在做手把羊肉時，忌煮得過老，只需剛熟即可。但內蒙東部蒙漢雜居地區的蒙古族也喜煮時加佐料，並把肉煮至軟爛的手把羊肉。有些地區的蒙古族還喜將羊腰窩的肉切成大片，掛糊油炸成炸羊肉，民間稱為「大炸羊」。牛肉大都在冬季食用。

烤全羊是蒙古族在喜慶宴會和招待尊貴客人時使用的食品。蒙古語把全羊叫「秀斯」。在宴席中如果上全羊，則稱全羊席。在全羊席中，一般是在食客吃了牛羊肉製的冷熱菜正趨興奮之時上全羊。一種是讓客人觀看後撤回廚房，把皮層肉片切成半寸寬、兩寸長的方塊，放在大盤內，再把貼骨肉切好，一同上桌。另一種是廚師當客人的面切塊。一般上烤全羊後，隨上蒙古包子和大米飯、羊骨湯。

蒙古族是個豪飲的民族，把酒看作是奶和糧食的精華，認為酒是「飲食之至尊」。在他們的生活中，無論是節日、婚慶、祭祀禮儀，還是日常生活、款待賓客，可說是處處離不開酒。蒙古族喜愛自己釀製美酒，根據製作原料的不同，可分為兩種：一種叫「布達干艾日和」，意思是「糧食白酒」，用糜子米、高粱、小米糠等雜糧釀成。另一種蒙古語叫做「薩林艾日和」，意思是「奶酒」。其中牛奶酒、羊奶酒、混合奶酒（用馬奶、牛奶、羊奶混合而成）多為日常飲品，而馬奶酒則是蒙古族人最喜歡飲用的酒，每逢節日、喜慶、集會、參軍時都少不了這種酒。至今，在草原上居住的蒙古族牧民仍喜愛喝自釀的馬奶酒，而居住在城鎮中的蒙古族人的飲酒習俗已發生了變化。各種類型的酒──無論是白酒、啤酒、果露酒還是國產酒、進口酒，他們都喜歡喝。

蒙古族是一個好客的民族，為了表示對客人的尊敬和歡迎，待客必須

用酒。至於待客的酒禮，是十分講究的。主客人落座後，要先舉行「察朝里」儀式，意思是「飲酒的禮節」。在舉行這個儀式時，主人敬的酒客人是不能喝的，要用無名指在酒碗或酒杯中連蘸三下，還要連彈三下。第一次彈向空中，表示敬天敬神；第二次彈向鍋灶，表示敬火神；第三次向放桌子處的地上彈，表示敬大地。然後才能暢飲。

不少地方的蒙古族還有一種禮俗，蒙古語稱「德吉」，意思是「物的頭一件」或「酒的頭一盅」，是一種敬酒的儀式，象徵著對客人的尊敬。主人敬「德吉」時，要先從長者或最尊貴的客人敬起，客人要伸出雙手接住酒碗，在飲酒之前，要先舉行「察朝里」儀式，然後將酒一飲而盡。客人如果不善飲酒，要事先說明，不能悄悄把酒倒在地下。否則會被看作是對主人的蔑視和侮辱，使自己陷入尷尬的境地。在蒙古族農區，待客還要沏茶，不向客人獻茶或不沏新茶都是不禮貌的。與漢族不同的是，漢族以「淺茶滿酒」為敬，而蒙古族則以滿杯酒滿杯茶為敬。

居住在「世界屋脊」上的藏族的飲食風俗

藏族主要分布在西藏自治區，地處在青藏高原──世界屋脊上，由於地高天寒等因素，形成了與其他兄弟民族迥然不同的宴飲習俗。

根據生產方式的不同，藏族可分為牧區、農區和半農半牧區，飲食方式也因此而有所不同。牧區和半農半牧區日常飲食多為四餐，以肉食和乳製品為主，品種主要有牛羊肉（清燉鮮肉或風乾肉）、糌粑（青稞麥炒熟後磨成的麵，是藏族的主食）、酥油茶、優酪乳和奶渣等。農區以糧為主，菜蔬為副。農閒時一日三餐，農忙時一日四餐或五餐。

藏族人食肉一般沒有煎、炸、炒、燒的烹飪習慣，往往將肉放到大鍋中，煮開幾次，肉半熟時撈出，一手抓肉，一手持刀，邊削邊食。牲肉的

第八章　食在當下：近代飲食的嶄新篇章

部位也有講究，胸岔和肋條肉獻給客人，以表示主人的盛情；頭、小腿則留給自己；藏族人認為白色是大吉大利的象徵，因此羊尾是招待最尊貴客人的上品；肩胛骨肉，細嫩可口，藏人稱之「蘇花」，通常留給長輩。倘若男青年在其女朋友家吃到了「蘇花」，他會欣喜若狂，因為它代表著長者願將自己的掌上明珠嫁給他。

青稞酒是藏族男女老少都喜歡喝的飲料，也是節日和待客必備的飲品。客人來了，性格豪爽的主人要先敬三碗青稞酒，前兩碗酒，客人按其酒量，可飲完或各飲一口；而斟滿的第三碗酒則須一飲而盡。如來賓一點都不會飲酒，可用無名指蘸酒向上彈三下，主人見了，便不再勸酒。假如你既不彈酒，又不飲酒，主人會立即端起酒碗，邊唱勸酒歌邊舞蹈，直到你飲酒為止。

敬茶也是藏族的待客習俗，有客人來到，主婦一定會獻上酥油茶。主人斟上茶後，客人不能端起來就喝，而要等主人捧到面前時雙手接過來喝。喝一口，主人再斟滿，保證茶滿茶熱，是藏族待客的禮節。作為客人，如果一時喝不了，應該將斟滿的茶碗放著，待告辭時再一飲而盡。

藏族也有自己的特色風味菜。火鍋竹葉、手抓羊肉、燒肝、汆灌腸、血腸、肉腸、麵腸、肝腸、烤牛肉、賽蜜羊肉、素拌蒜米辣、油煎奶渣、番茄窩奔等。

這裡對燒肝、汆灌腸、油煎奶渣、素拌蒜米辣進行一下簡單介紹：

- 燒肝：將新宰羊肝洗淨塗上鹽，用溼紙包裹兩三層，埋在旺牛糞火灰中，約 30 分鐘至紙燒焦時扒出，去淨灰屑即成。以藏刀割食，食時蘸以佐料，也有先裹羊網油再裹紙的。
- 汆灌腸：取新宰的羊小腸洗淨，分別裝入填料，入鍋汆煮後供食。灌注羊血的稱血腸；填裝碎肉丁的稱肉腸；裝以豆麵的或白麵和羊油的稱麵腸；以羊油為主料，拌以肉丁的稱油腸；填以肝丁的稱肝腸。

- 油煎奶渣：用雪山犛牛奶渣，切成厚片後放入油鍋內，煎至奶渣片兩面呈金黃色時，放入糖滷內拌勻入味即成。

有諸多禁忌的回族的飲食風俗

　　回族是一個在飲食上有許多禁忌的民族，如忌食豬、驢、狗等動物的肉；忌吃一切飛禽走獸的動物的肉，如虎、狼、熊等；忌吃一切動物的血和一切致死之物；忌飲酒、抽菸等。這些習俗源於伊斯蘭教。回族不僅嚴格遵守上述習俗，而且連盛過這些禁忌食物的器皿也都不使用。如果在旅途中或其他困難的條件下非得使用漢族的鍋、碗等器皿，在使用之前，必須用熱水沖洗一遍。同時，回族日常所吃的牛、羊、雞等動物和禽類，也必須由阿訇（音轟，中國伊斯蘭教稱主持清真寺教務和講授經典的人）宰殺，特殊情況下由富有經驗的回民幫助宰殺，而絕不食漢人宰殺的動物和禽類。

　　從宴席方面來說，回族人的正宗宴席是「九碗三行」，一般用於婚喪嫁娶和招待親朋好友。所謂「九碗三行」，是指宴席上的菜全部用九隻大小一樣的碗來盛，並把九隻碗擺成每邊三隻碗的正方形，這樣無論從南北或東西方向看，都成三行。此席不僅擺法講究，而且上菜也有規矩：一般先上四個肉菜，擺在席面的四角，稱為「角肉」。然後再上四個菜，擺在席面的四邊，其中對面的兩碗菜名稱要相同，稱為「門子」，「門子」的菜名雖然一樣，但花樣和原料可以有所區別，如東面的是丸子，西邊也必須是丸子，但一邊的丸子可以用牛肉。另一邊則可用羊肉，還可以放些木耳、雞蛋等配料以示區別，最後上中間的菜，一般放一碗涼菜，中間放火鍋。

　　「九碗三行」的菜用蒸、煮、拌的方法烹飪，不用油炸。菜的原料

第八章　食在當下：近代飲食的嶄新篇章

主要有牛、羊、雞肉以及白菜、豆腐、粉條、木耳、黃花、雞蛋和時令蔬菜。九碗菜一般要同時準備好，上菜的速度很快，一兩分鐘之內即可擺齊。由於九碗菜都不過油，且選料精細，吃起來非常爽口，別有一番滋味。

回族人雖然不飲酒，但卻有講究的喝蓋碗茶的良好習俗。用蓋碗茶招待客人是回族的一種禮俗。回族的傳統茶具由托盤、茶碗、碗蓋三部分組成。托盤用以承托茶碗；茶碗用來盛茶，一般底小口大；碗蓋稍小於碗口，扣到碗上可非常密實。回族的蓋碗茶，通常是在茶葉、白糖、紅糖、冰糖、紅棗、核桃仁、元肉、枸杞、芝麻、葡萄乾、柿餅、蘋果等十二味中，選幾樣配成不同風味的蓋碗茶，如用青茶、白糖、柿餅、紅棗沏成的茶叫「白四品」，用沱茶、冰糖等沏成的茶叫「冰糖窩窩茶」，用花茶、冰糖、紅棗、柿餅、芝麻、桂圓肉、核桃仁、葡萄乾泡成的茶稱為「八寶花茶」等等。

鍾情酸食的苗族人的飲食風俗

苗族主要分布在貴州、雲南、湖南、四川、廣西等地，具有獨特的飲食風俗。

苗族日常以大米為主食，另外配有包穀、小米等雜糧。副食種類有蔬菜、豆類、瓜類及辣椒、蔥、蒜等，肉食以家禽、家畜和水產品為主，如豬、牛、雞、鴨、魚等。苗族喜食辣椒，日常菜餚主要是酸辣味湯菜。因為歷史上苗族地區不產鹽，人們常受缺鹽之苦，因此，做酸菜的習俗十分普遍。酸湯魚是苗族著名的風味菜餚，也是苗家的四季菜。苗族幾乎家家都有醃製食品的罈子，統稱酸罈，蔬菜、魚、肉、雞、鴨都喜歡醃成酸味食用。到了蔬菜淡季，多食用當家菜。所謂當家菜，是指青菜酸、辣子

酸、蘿蔔酸、豆莢酸、蒜苗酸等醃酸菜。

苗族的另一傳統菜品是醃魚，具有鹹辣適度、清香可口的獨特風味。每年初秋，苗家人競相醃酸魚。他們從田間（苗族人在田間池塘養魚）或河裡捕回鮮魚，剖腹去內臟，加入食鹽、辣椒粉拌勻後醃兩三天，然後放進罐子內，一層魚加一層糯米粉、包穀麵，密封半個月左右即成。有的苗家將魚鹽漬三五日，晒乾後往魚肚內裝滿半熟的小米或粗米粉，然後裝入罐中，密封罐口，倒放在淺水盤內。經半月後鹽浸透，性變酸，色澤橙黃，肉質酥嫩，取出生食，酸香可口。

苗族人喜愛酒，且還喜歡自釀。苗族釀酒的歷史比較悠久，儘管各地苗族的風俗習慣有很大差別，但在喜歡飲酒和熱情好客上卻是共同的。苗族待客的酒禮之多，在各民族中非常突出。至今居住在邊遠山寨中的苗族人仍然習慣用家釀美酒招待客人，如黔（貴州）東南山區的苗家人在貴客來到之前，就先在村寨外的大路上和村寨口擺上「攔路酒」，少則兩三道，多則七八道，最多達十二道。客人要喝完每一道攔路酒後才進得了村寨。遇有重大節日慶典活動，苗族人還要在寨門的木樓上掛一對牛角杯，客人來到時，由身穿傳統服裝的寨老和節日盛裝的苗家女子，雙手捧著牛角酒杯，向客人們一一敬酒。這是貴州苗族人待客的極高禮數。

苗族是一個崇敬牛的民族，因為牛的辛勤耕作為他們帶來了糧食和財富。苗族人把牛當作朋友，逢年過節，也要用竹筒盛上酒請牛嘗一嘗。當耕牛死去，人們就把牛角鋸下製成酒杯，懸在屋中，表示紀念。平時一般不用，只有在喜慶日子或貴客臨門時才取下來用，一方面表示對牛的懷念，另一方面也表示對客人的尊重。

苗族人宴客也有飲酒對歌的習俗，有對唱、獨唱、獨唱加伴唱等多種形式。唱歌與敬酒常同時進行。有時主人全家一起出動，挨個向客人唱祝酒歌並一一敬酒，使客人難卻盛情。如果客人不勝酒量，可以用酒歌表明

第八章　食在當下：近代飲食的嶄新篇章

實情並表示感謝，主人也會諒解。當然，最讓主人高興的還是客人海量，這樣就可以主客盡歡了。

為了表示對客人的熱情，苗族人還有飲換杯酒的習俗。飲換杯酒有兩種形式：一種是集體換杯，經主人提議後，宴飲者起立，每人用右手持杯，先遞給右邊的人，然後左手接過相鄰的酒杯，待全部換完後主人說「喝！」時，大家一飲而盡，飲換杯酒任何人都不能推辭。另一種是個別換杯。集體換杯後，為了進一步建立友情，可以挑選合心的朋友，進行個別換杯，方法如上，一般換兩杯為止。

擅長製作泡菜的朝鮮族的飲食風俗

朝鮮族主要分布在中國東北地區，其中60%居住在吉林省延邊朝鮮族自治州，另有30%多居住在黑龍江和遼寧。農業以種植水稻為主，擅長燜製米飯和製作風味獨特的泡菜。主食除米飯外，還有打糕、冷麵等。肉食主要有牛肉、雞肉、狗肉、魚肉等，豬肉的消費量相對較少。朝鮮族的飲食口味以鹹辣為主，其傳統泡菜微酸、味辣，品種豐富，色香味俱全。烹調方法以燜、烤、燒、煮、煎、炒等為主。口味比較清淡，不喜歡過油太多的菜。

泡菜的主料一般為大白菜、包心菜、大蘿蔔、桔梗和小黃瓜，調味料有精鹽、蘋果梨、糯米、蝦醬、白糖、味素、大蒜、生薑等十多種調味料。先將主料用粗鹽醃製兩三天，除去一些水分，把大白菜和包心菜切成兩半，把蘿蔔、黃瓜切成條，桔梗撕成絲，再將各種調味料粉碎調成糊狀，均勻的塗在主料上。然後，把主料放到溫度在攝氏1度～5度之間地窖的大缸裡，半個月以後，就可以直接食用了。因東北地區的氣溫比較低，一般泡菜可以從當年的十月初儲藏到來年的五月分，非常方便、實

食俗禮儀─約定俗成的趣味飲食

惠，是朝鮮族人越冬的必備菜餚。朝鮮族的泡菜口感微甜、微鹹、中辣、生脆。朝鮮族泡菜不但可以生食，也可以烹炒，或作其他菜餚的配菜，是非常可口的下酒小菜。

朝鮮族是一個對老人非常尊敬的民族，有「敬老民族」的美譽。平時吃飯，就是父子同席，兒子沒有得到老人允許，也不能抽菸、喝酒。即使得到允許，也不能狂飲暴食，而是要先敬老人，再溫文爾雅的喝。如果晚輩在老人面前飲酒失態，會被人恥笑為沒有教養。

自古以來，朝鮮族就有自釀各種健身酒的習俗。除人們熟知的米酒外，還有「歲酒」、「聰耳酒」等。

「歲酒」也叫「歲首酒」。因為朝鮮族把春節叫「歲首節」，而這種酒又是在春節時飲的，所以叫「歲酒」。過去，凡是有條件的朝鮮族人家都要在春節以前自釀「歲酒」，以備節日期間家人自飲和招待賓客，現在，多改為飲白酒、果酒、清酒（米酒中最上面的一層佳釀）、黃酒或米酒。「聰耳酒」是根據傳統方法，加入多味中藥材釀製而成的。民間傳說：元宵節喝了聰耳酒的人，一年當中不僅會耳聰目明，而且聽到的都將是喜訊。所以，每到「聰耳酒」，朝鮮族家家戶戶、男女老少都要喝「聰耳酒」，以圖個吉利。

朝鮮族還有在元宵節吃「五穀飯」，「藥飯」、肉菜餡大餃子的習俗。五穀飯是用糯米、大黃米、大米、小米和飯豆做成的，意味著五穀豐登。藥飯用多種原料做成，不僅色澤豔麗，而且營養豐富。做法是在糯米中放上紅棗、栗子，再拌上白糖、蜂蜜和香油燜製而成，吃時還要拌上松仁粉和桂皮粉。

第八章　食在當下：近代飲食的嶄新篇章

名家食味 —— 增光添色的名士品鑑

以藝術為第一的梅蘭芳的飲食情緣

梅蘭芳（西元 1894 ～ 1961 年）是現代中國京劇界的大師級人物，提起他的名字，可以說是無人不知，無人不曉。他的嗓聲、咬字、腔調、臺容、身段、臺步、表情、舊戲等方面都可以說是上上等。他被社會各界評為「四大名旦」之首及「梅派藝術」的創始人。梅派早期的代表作有《宇宙鋒》、《鳳還巢》、《霸王別姬》等。

在日常生活和應酬中，梅蘭芳時時都注意保護自己的嗓子。與梅蘭芳私交很好的作家包天笑說，梅蘭芳平時應酬很多，在飯桌上「這也不吃，那也不吃，辣的不吃，酸的不吃，不但北方的白酒不吃，連南方的黃酒也不吃，為什麼呢？那就是怕破壞他的嗓子……」梅蘭芳平時滴酒不沾，也並非在特殊的情況下也不沾唇。有一次，國畫大師張大千要從上海返回四川，弟子們設宴歡送，到場的有各界名流，其中就有京劇大師梅蘭芳。張大千向客人們頻頻舉杯後，突然轉向梅蘭芳敬酒：「梅先生，你是君子 —— 動口，我是『小人』—— 動手！」席間笑聲頓時四起，梅興奮異常，對張說：「那麼你我君子『小人』一起乾杯！」張大千的勸酒辭妙在「動口」既指唱戲又指喝酒，「動手」既指作畫又指敬酒。這是梅蘭芳難得的一次飲酒。

梅蘭芳不吃酸、辣等刺激性食物，但對味苦的苦瓜卻情有獨鍾。有一次，他在北京廣和居吃飯，席間上了苦瓜，有些人不愛吃，梅卻吃得津津有味，那是因為苦瓜性寒，有清火、清涼作用，有利於保護嗓子，可見他處處皆以藝術為第一。

梅蘭芳還喜歡喝北京獨特口味的豆汁。老北京人喝豆汁，往往配以辣

成菜，但作為南方人的梅蘭芳也喜食此物，只不過是避開辣味，就著切得細細的蘿蔔絲成菜食用。豆汁有一股怪味，南方人往往不習慣，但入鄉隨俗的梅蘭芳卻愛上了北京的這一鄉土風味。他說：「我這個南方人實在不能不恭維豆汁。」

梅蘭芳在外出演戲時，對各地名餚也時有選食。一次，去洛陽演出，工作忙碌，劇團管理人員為了替他增加營養，就買了洛陽四大名吃之冠的「洛陽燒雞」給他。據說，那還是由一個祖輩幾代製作燒雞的老師傅親自送上門的，滋味特別誘人。在杭州演出時，梅蘭芳還品嘗了杭州名菜「西湖醋魚」及名點「蝦爆鱔麵」。

在梅蘭芳的一生中，其對飲食的愛好無不服從藝術表演的需要，可見他始終以藝術為終身追求的目標，真不愧是一代京劇宗師。

馬敘倫與馬先生湯的軼事

馬敘倫（西元 1884～1970 年）出生於古城杭州，當過北大教授、北洋政府教育部次長、浙江省教育廳廳長。中華人民共和國成立後，又歷任政務院（即今天的國務院）教委副主席、教育部部長、文教部部長、審國科學院學部委員。在學術上，馬老長於文字、音韻、訓詁，發表了很多漢語專著，是一位受人尊敬的老先生。

在老北京時期，中山公園長美軒供應遊園顧客的菜餚中有一名湯，叫做「馬先生湯」。相傳，此湯的製法是馬敘倫先生所傳授。馬先生雖是一位教授，而且是研究古漢語的專家，但他對華夏飲食文化卻有極深的研究。他在家中，喜歡自己動手，製作各種名餚。大部分是按《隨園詩話》等古籍的記載烹製。如蒸草魚、蒸白菜等等。被北京人稱之為「馬先生湯」的名餚，確實是馬先生自己所獨創的。這湯的製法是如何傳授給長

第八章　食在當下：近代飲食的嶄新篇章

美軒的，這在馬先生的《石屋餘瀋》一書中有記載。馬先生說，他在北京遊中山公園時，曾歇在長美軒並進食中餐，因此菜館無好湯，便開出若干作料，叫廚師按常法烹製。此菜館以先生的大名，命名此湯為「馬先生湯」，供應四海遊客，於是成為名餚。但實際上，長美軒供應的「馬先生湯」只有其名而未得其精髓。

馬敘倫將「馬先生湯」自稱為「三白湯」。三白是指菜、筍、豆腐。馬先生說，這湯在他的故鄉杭州製作最為方便，因杭州四時有筍，而且有品質上乘的天竺（今印度）豆腐（原為天竺僧人所製作）。說起豆腐，他認為上海出產的無錫製法的豆腐可稱「中材」，而北京豆腐品質並不好，即使「選其雋，亦不佳也」。做此湯，除上述三味主料外，關鍵在於高湯。說起這種高湯的製法。馬先生提到要用二十種「製汁之物」，「且可因時物增減，唯雪裡紅為要品，若在北平，非向西單市場求上海來品不可也」。看來，這種湯，實際上是屬於江南風味的，而且特別適合在杭州製作。

馬先生自評這種湯的味道非常甘醇，各種製汁之物的口味都已調和成綜合滋味，已經辨不出其中製汁物的任何一種口味。馬先生在《石屋餘瀋》一書中介紹的「三白湯」是寫得很清楚的，但二十種製汁之物，除雪裡紅外，其餘十九種並未詳細介紹，也沒有說明高湯的具體製作步驟與不同季節用料的區別，到現在已經沒有人會做了，可以說馬先生湯已經失傳了。

飲食之道與常人反其道而行的鄭逸梅

鄭逸梅（西元 1895～1992 年），江蘇蘇州人，海內外知名的文史掌故大家，有「補白大王」之稱（鄭老之所以有「補白大王」的雅號，是因為知識豐富，遇上報刊版面文章不夠湊時，總有辦法使之如期印製發行），在

名家食味─增光添色的名士品鑑

其高齡九十七歲時，仍身心清健，不輟寫作，且目不昏、耳不聾。每日寫作兩三千字，從不間斷，十年間出版單行本書籍 23 種，被港澳報界譽之為「電腦」。

鄭老的飲食養生之道可以說與常人反其道而行。一般老年人應當是多吃蔬菜，少食肉類，可是他恰恰相反，每餐離不開葷腥。鄭老平時最愛吃的，有豬蹄、蛋餃、蛋炒飯、豬油菜飯等，尤其喜愛吃豬蹄。鄭老認為：豬蹄是豬身最精華之處。紅燒、白燒他都喜歡。紅燒純用醬油，白燒則用食鹽佐以醃肉或火腿。鄭老晚年心臟、膽囊都不健康。他的媳婦高肖鴻是位退休的高級醫師，曾力勸他少進肉食。為了使蔬菜類食品能適合他的口味，媳婦煞費了苦心。但拗不過他的嗜好，也偶爾做頓豬蹄菜餚給他，作為他筆墨辛勤的慰勞。

豬蹄具有填腎精、健腰腳、滋胃液、滑皮膚、長肌肉等滋補功效。鄭老一生寫作，從事腦力勞動須有高能營養物質補充大腦消耗的需求，而葷腥物中的豬蹄正是這種較好的美食。不僅如此，它的「填腎精、健腰腳、滋胃液、滑皮膚、長肌肉」等作用也正是老年人抗衰老所必需的。此外，鮮菱、鮮蓮子也都是鄭老所喜愛食用的。吃新鮮蓮子時，鄭老喜歡將蓮肉剝出後煮熟，用糖拌了吃。他認為這種吃法可以給人清鮮的感覺。

鄭老的作息飲食是非常有規律的：每天六點起床，一天之中，早晨先空腹飲西洋參湯一盅，再進粥一碗，佐以肉鬆、花生醬、乳腐等食品；午睡後沖飲牛奶一杯，有時摻以蜂蜜之類，再吃餅乾數片；中、晚飯則都吃飯一碗，菜則全仗兒媳安排；九十歲前以葷為主，九十歲後則以素為主，偶爾進葷。

在飲食的原則上，鄭老一貫堅持的是衛生第一，方便第二，味美第三，價格第四，營養第五。對宴會上的花色冷盆，鄭老是非常反感的，他認為菜餚經過人手反覆擺弄，雖然好看，總不太乾淨。對於西餐，他也有

第八章　食在當下：近代飲食的嶄新篇章

自己的看法，他認為麥當勞、肯德基這一類速食食品，是在自動流水線上生產出來的，品質過關，能令人放心食用。對蔥、韭、薑、辣椒、芹菜等帶有一股氣味的蔬菜，他是絕對不進口的。調味品內不食咖哩、糟油、蠔油、辣醬油、胡椒、花椒、芥末等。葷食內不食甲魚、鰻、羊肉（鄭老生肖屬羊，因此忌諱吃羊）、兔肉、蛙、蛇等。

對於自己的高壽，鄭老自己的結論是：不吸菸、不喝酒、不拈花惹草，常以典籍文物自娛。既不和人爭名，也不和人爭利，一切付諸淡然。他以物質上知足常樂，精神上自得自樂來自勉。

喜食閩菜的大文豪郁達夫

郁達夫（西元 1896～1945 年），出生於杭州富陽。現代著名文學家。魚米之鄉的家鄉，使他從小就愛食各種魚鮮，特別喜歡吃鱔絲、鱔糊、甲魚燉火腿。郁達夫的飲食愛好，可以說是完全江南化的。比如每天早上，他不喜歡吃泡飯，可是下飯的小菜，卻十分講究，常是荷包蛋、油氽花生米、松花皮蛋等可口之物。在三十多年的寫作生涯中，他的足跡遍及大江南北及日本，後來在抗日戰爭中，又去了新加坡、蘇門答臘。在廣結文友的交際和遊歷生活中，他幾乎遍嘗了所到之處的各種名美佳餚。

郁達夫雖然生長在美麗富饒的富春江畔，然而，後來他卻特別喜愛以海鮮為主的閩菜。1936 年 2 月，他離開杭州，前往福州任當時福建省政府參議兼公報室主任的閒職。直到 1938 年末，前往新加坡任《星洲日報》副刊編輯、《華僑週報》主編，一共在福州住了近三年時間。在這期間，他遍遊了幽麗奇秀的武夷山水，遍嘗了以海味為主的福建飲食。

他特別稱讚福建長樂產的蚌肉與海濱產的蠣房（即牡蠣）。他說：「色白而腴，味脆且鮮，以雞湯煮得適宜，長園的蚌肉，實在是色香味俱佳

的神品。」又慶幸自己「紅燒白煮，吃盡了幾百個蚌，總算也是此生的豪舉」。他認為福建產的蠣房比浙江產的「特別的肥嫩清潔」，尤其稱讚其味道的鮮美。

郁達夫也非常喜歡福建的小吃。他列舉了「肉燕」（一種將豬肉敲得粉爛，和入澱粉，製成皮子，包上蔬菜等餡子做的餛飩式的點心）、鴨麵、水餃子、牛肉、貼沙魚（可能是比目魚）等小吃，並稱它們「亦雋且廉」、「各有長處」，「倒也別有風味」。

京劇馬派創始人馬連良與美食的淵源

馬連良（西元 1901～1966 年），京劇表演藝術家，「馬派」創始人，擅長演老生。馬連良擅演的劇碼有《群英會》、《借東風》、《甘露寺》、《四進士》等等，這些都是膾炙人口、為世人所熟悉並喜愛的。

在美食上，馬連良也有很大的研究。他曾遍嘗北京各大菜館名餚，凡得到他讚賞的，店家無不感到榮幸。其中，他對北京西來川強莊製作的菜餚特別有好感，為此，他與西來順經理兼首席掌勺褚連祥有了深厚的友誼，成為好朋友。他們經常一起鑽研烹飪技藝。每到外地演出，馬連良總是邀請褚連祥做他的私人廚師，一起動身。這樣，他們有了更多的機會研究、品味美食的色、香、味等。

在日常飲食中，馬連良最喜歡吃魯菜口味的北京烤鴨，但吃多了，也就覺得膩了。於是他對褚連祥說，能不能變變味道，比如將鴨子做成香酥味。褚連祥熟悉的自然是燕魯風味，而香酥鴨都是江南風味。為了適應馬連良的口味，褚連祥就向江南廚師學習香酥鴨的做法，先將洗淨的鴨子用花椒鹽、黃酒等多種調味料醃漬入味，然後上籠蒸熟，再入旺火油鍋炸透，終於做成了色澤金黃、香酥味美的鴨子。這種鴨餚，酥脆透香、食而

第八章　食在當下：近代飲食的嶄新篇章

不膩,既宜酒又宜飯,非常受馬連良的喜歡。

因為這種江南風味的鴨饌是由馬連良首先提出、啟發而烹製出來的,所以北京人習慣將香酥鴨叫做「馬連良鴨子」。後來,馬連良在文革中受到迫害逝世。然而,「馬連良鴨子」卻在北京盛名不衰,長期被北京各大菜館奉為名饌。

三毛揮之不去的美食情結

三毛(西元 1943～1991 年),原名陳平,臺灣著名女作家,祖籍浙江舟山。她的文字以女性獨具的視角和細膩灑脫流傳於世。此外,她對美食也有很高的品賞能力,並且能下廚烹製多種富有地方特色的、精美的菜點。

三毛雖然常年生活在臺灣,但她卻深深喜愛江南地區出產的多種美食,像一年四季不斷的、帶著新鮮泥土氣息的竹筍;散發著濃香的、鮮美的冬菇;帶著大海成香氣息的紫菜;像鄉思那麼悠長的粉絲;更是她夢寐以求的美食⋯⋯她特別喜愛杭州名點糯米燒鵝,認為那是江南點心中最好吃的東西。她最喜歡到江南遊覽,每次到中國,最使她渴望的,便是盼望能吃到江南的大閘蟹。因為臺灣不產湖蟹,臺灣市場上見到的陽澄湖產的大閘蟹,都是由香港空運而去,昂貴的價格自然可想而知。她在臺灣時寫給朋友的信中調侃:「如果今生可以放懷大食一次大閘蟹,我可以瞑目了。」可見她是多麼愛吃江南的大閘蟹啊!

由於小時候就耳濡目染母親的做菜手藝,三毛還擅長製作以江南風味為主的各種傳統的精美菜饌,偶爾還會學做日本風味的菜點。她與丈夫荷西生活在非洲撒哈拉沙漠中時,她一手操持起家務,常常以她的手藝,用幾顆洋蔥、幾片肉便能做出一道精美的小菜來。她經常用母親自臺灣空運

而來的粉絲、紫菜、冬菇、生力麵、豬肉乾及罐頭醬油，做出種種可口的小菜，在杳無人煙的沙漠中的小屋裡，創造出一股溫馨的氣氛。她以精湛的手藝為荷西做江南風味的雞湯煮粉絲、小黃瓜炒冬菇；川菜風味的螞蟻上樹；天津風味的合子餅；日本風味的壽司……常使丈夫荷西目瞪口呆，驚訝異常。

雖然三毛已經離開了我們，但她的一片赤子之情，卻永遠留存在熱愛三毛、熱愛三毛作品的讀者心裡。

盛宴美食 —— 令人垂涎的美味世界

「避暑山莊」—— 承德的八仙宴

承德的八仙宴是承德新華飯店的仿膳菜餚。其主要菜餚有：

- 洞賓牡丹：這一菜餚的構思來源於呂洞賓瑤池會牡丹的神話，它由銀耳、羊肚，配以蝦茸、鮮肉等，經釀、蒸、燒多種技法製成，菜品形意結合，兩色兩味，具有鮮嫩清香、醇濃味美的特點。
- 采和散花：此菜餚選料嚴謹，刀工精巧，用多種原料，質嫩、色異，烹後各種主料形如朵朵鮮花散落盤中。此菜鮮嫩、鬆脆、味美。
- 湘子玉笛：這一菜餚以松江鱸魚為主料，佐以鮮嫩雞脯、海參、冬菇、火腿等名貴原料，經刀技巧妙成形。其菜品猶如彩鳳飛落盤中，口味鮮嫩滑潤、軟糯清口。
- 國舅檀板：此菜餚選用上等鮮蟹肉、蝦仁、干貝、腐皮為主料，佐以髮菜、冬菇等，經蒸、釀、炸、溜等多種技法加工而成。成菜形象逼

第八章　食在當下：近代飲食的嶄新篇章

真，似有檀板揮舞乾坤之態，既有鮮蝦活蟹的自然美味，又有軟嫩兼備清香適口的特點。

- 仙姑蓮花：這一菜餚選用上等蓮子、糯米、豆沙、荷花為原料，經多種技法加工成熟。成菜恰似鮮蓮開放，形美色豔，具有軟Q適口、甜香味美的特點。

- 果老仙齋：此菜餚選用上等驢肉（驢為張果老坐騎），佐以名貴藥材何首烏精心燜煨，並加配各式蔬菜合烹而成。此菜風味絕佳，入口醇香酥脆。

- 鐵拐成仙：此菜餚選用上等野味珍品鹿肉、飛龍（大興安嶺的一種鳥類）肉，佐以蝦茸巧妙構思而成。此菜多色合成，色形佳美，具有焦軟鮮嫩、醇香、麻辣適口等特色。

- 鍾離芭蕉：這一菜餚選用名貴鯉魚肉翅，經原湯蒸燜，全湯煨燒；並配以廣肚（魚肚）、蝦茸，製成扇形，成熟入盤，色美形真、醇濃軟糯。

能給人藝術享受的長白山珍宴

這裡所說的長白山珍宴，是指宴席上的主要菜餚都是以吉林長白山區珍貴特產為主料烹製而成的。珍宴皆選珍貴的人參、鹿肉（鹿筋）、熊掌、飛龍等，加上造型講究，火候適當，入口不失細嫩鮮脆，不僅給予食者口腹之美，而且使其得到賞心悅目的藝術享受。

- 金鹿梅花：此菜餚以鹿肉為主料，在盤中塑成奔跑欲飛的梅花鹿形象。「鹿皮」是用雞皮燻製而成。並用蘑菇、銀耳、蕨菜點綴出一幅「林海春光」圖。

- 松鶴延壽：這一菜餚風味清香，盤中松、鶴形象逼真。蔥油薇菜：以

長白山野生薇菜製成的高級素菜，輔以海米和調味料，鮮嫩清淡，別具風味。

- 叉燒白玉兔：此菜餚用山兔肉製成，色香味絕佳。長白飛龍鮮香鍋：這是以酒為燃料的火鍋，其主料是長白山名貴野生珍禽，並輔以鹿筋、葉赫白蘑、松耳蘑等烹製，為不可多得的美味。
- 松花熊掌福祿壽：這一菜餚以「八珍」之一的熊掌為主料，輔以髮菜製成。
- 荷花家麟戲野鳳：以鹿茸和山雞肉製成。
- 仙香蘭花醉金猴：以猴頭蘑製成。
- 多喜人參長壽魚：以人參和甲魚烹製。
- 天池雪蛤紅蓮花：以蛤士蟆製成。

點心中「雪花豆沙」選用鮮蛋清略調澱粉，用豆沙球黏裹烹炸，呈淺黃色，入口香甜柔軟。「四喜燒賣」用上等精粉加工，並選海參、蝦仁及多種調味料為餡，每個燒麥由紅、綠、粉、黑白色組成，其味鮮美而不膩。

名品由來 —— 口耳相傳的智慧典藏

獨樹一幟的成都風味小吃

成都小吃可以說是爭妍鬥奇。其中最著名的有龍抄手、鐘水餃、擔擔麵、鮮花餅、蛋烘糕珍珠圓子、夫妻肺片等十餘種。1930年代出版的《新成都》中，光是較有名氣的小吃店就羅列了79家，每一家都獨具特色。

第八章　食在當下：近代飲食的嶄新篇章

1936年著名民主人士黃炎培到四川遊歷，對成都小吃讚賞有加，曾題詩：「小小商招趣有加，味腴菜館浣秋茶，臨時維持生活處，不醉無歸小酒家。」詩中所列的「味（之）腴」、「臨時維持生活處」、「不醉無歸小酒家」都是成都小吃的店招牌，「浣秋」是茶館。

成都的水餃非常有特色，它用剁細的精肉做餡，不加任何配料，其麵皮厚薄適中，綿軟適度，而且個頭較小，一兩麵粉可做十來個餃子，保持了麵和肉的本味。吃時再澆以辣椒油，加上蒜泥和紅、白醬油等佐料，其味甚佳。有些點心師還別出心裁，用菠菜汁和麵擀皮，做出碧綠如玉的水餃，吃時配以清湯，在感覺和味道上給人以另一番享受。

蛋烘糕雖然在成都市面上隨處可見，但製作卻很講究。一個紅泥小火爐，配以巴掌大的小平鍋，廚師一個個邊做邊賣，就像小鍋單炒一樣，一絲不苟。成都還有一種價廉物美的小吃——葉兒粑，熱氣騰騰的竹蒸籠裡，蒸著摻了野菜、裹著蓼葉（音了，一種蓼葉竹的葉子）的糯米粑，芯子有黃豆麵、紅豆沙等，光聞其味道就足能沁人心脾。

還有一種有名的成都小吃叫粉蒸牛肉夾鍋魁。牛肉在拳頭大的蒸籠內蒸熟，撒一點香菜，夾入剛出爐的白麵鍋魁（一種食品名）裡，又熱又香，非常可口。成都小吃使人一飽口腹之餘，還會給人留下很多美好的回憶。

北京門框胡同特有的「三絕」飲食

北京的門框胡同位於天安門廣場南面前門外大柵欄中段路北，長200公尺左右，最寬處僅四米多。這條南北向小胡同，南通大柵欄，北穿廊房三條、二條，並連接比它更短的皋（音高）家胡同，進而直達廊房頭條。

舊時，門框胡同裡是晝夜營業的食肆（飯館、酒樓的意思）。

門框胡同的風味小吃有：年糕楊（楊德亮）的年糕，以餡子細、味香味鮮而著稱；王崇年的年糕則以料清、油清、色正、味厚見長；爆肚馮和爆肚楊都將肚子分檔切賣（分成肚仁散子、肚領、實信兒、蘑菇、肚板兒等），火候掌握極好。白文清的豆腐腦，用上等口蘑和鮮羊肉片製滷，滷汁明亮，豆腐腦白潤軟嫩。宛記的豌豆黃，用砂鍋熬製，色澤橙黃，味道清甜。

其他，如康記的老豆腐、劉記的油酥火燒、沙四把的炒餅，以及涮肉、麻花、包子等等，均各有千秋。

門框胡同最有出名的，是指它在飲食方面特有的「三絕」：南頭複順齋的醬牛肉絕，北頭馬玉昆的白羊頭肉絕，中間的小吃風味絕。劉國學（劉四把）開的復興齋醬牛肉舖，選料精，在製作及配料處方上均有不外傳的「絕招兒」，至今仍與月盛齋的燒（醬）羊肉齊名。馬玉昆的白煮羊頭肉攤，不用重色湯料和鹽，而另有祕方料。其肉質鮮嫩潔純，味道清香不膩。馬家的刀口堪稱一絕──用特製的大片刀片出薄紙般的肉片。

在廟會中發展起來的上海城隍廟著名小吃

上海城隍廟小吃是在廟會中發展起來的，其小吃點心品種繁多，風味獨特，價廉物美。

上海城隍廟大門口的松盛點心店的麵筋百頁歷來為人們所喜愛。該店原由郁、周兩位業主合開，賣酒釀圓子。後由郁家兒子郁品龔繼承經營。他向豫園老街九獅路上一個專售麵筋百頁的攤販學習，並引進店內，因此生意更加紅火，於是乾脆停售圓子，專賣麵筋百頁。麵筋是將麵粉洗去澱粉後裹了肉圓後在油鍋裡炸成。百頁（千張）用純黃豆製成，經鹼水煮過，配以上湯，味道異常鮮美。

第八章　食在當下：近代飲食的嶄新篇章

雞鴨血湯是 1910、1920 年代由華阿菊在城隍廟大殿前廣場邊沿設攤供應的一個品種，除血外，還有心、肝、肫、蛋黃、「小雞肝腸」等，味極鮮美。1950 年代，華阿菊攤位被併進豫新點心店。

在上海大街小巷中流傳百年有餘的「篤篤篤，賣糖粥」的兒歌中提到的「張家老伯伯」，就是張阿香。百餘年前，他肩挑粥擔，手敲竹筒，走街串巷賣糖粥。後來賺了些錢，在城隍廟大殿戲後臺下設立固定攤位，架起紫銅鍋，用棗樹枝為原料，配以白糯米、大紅袍赤豆、白糖、桂花烹成香糯的糖粥，並流傳至今。

「油汆魷魚」是 1940 年代時由「魷魚大王」過關秋首創的。他在大殿前支起油鍋，將精心發製過的廣東汕頭隔年魷魚汆到脆嫩，再蘸以五香椒鹽粉、醬油、甜醬等，香鮮可口。

開洋蔥油拌麵是由嘉定縣（1958 年改屬上海，位於上海市西北）南翔鎮八字橋畔日華軒糕團店店主黃明賢創製的，此麵餚有「香飄九曲橋」之稱。1958 年併入湖濱點心店，成為該店名點之一。此麵採用蘇北家鄉熬蔥方法，蔥油色澤深紅帶黃，聞之濃香，食之開胃，配上用素油炒、酒糖煮的開洋（海蝦去皮曬乾叫「開洋」），與無湯汁的麵條拌和，食用時潤滑爽口，滋味鮮香無比。

城隍廟著名餐廳之一的綠波廊集合了城隍廟眾多特色點心小吃。火腿蘿蔔絲酥餅為其特色點心，25 克一個，其餡以蘿蔔絲、火腿絲、蔥絲等精製而成。其特色點心還有眉毛酥、棗泥酥、百果酥等。

上海城隍廟的特色點心還有寧波湯糰店的豬油湯糰、松月樓的素菜包、滿園春（原名顧順興酒釀圓子店）的百果酒釀圓子等。

遍布各地、不一而足的中國清真名菜

清真菜餚是指穆斯林的菜餚而言，中國穆斯林遍布全國各地，各地清真菜點都有自己獨具的地方特色。

在北京，有享譽中外的東來順涮羊肉，月盛齋的燒羊肉和五香醬牛羊肉，鴻賓樓的全羊大菜，烤肉宛和烤肉季的烤肉，通縣小樓的燒鯰魚。還有風味別具的爆糊、爆肚、炸捲果、它似蜜、炸回頭、傲子麻花、門釘肉餅、蜜三刀、艾窩窩、荷葉餅、燉餑餑、糖火燒、開花饅頭、碗蜂糕、螺絲轉等各種菜餚和風味小吃。

東北三省中的瀋陽有能經營全羊大菜和舉辦喜慶宴席的大型回族飯莊，如慶仙樓、於家館、思德園、北市場的清真之店、太原街口的全羊樓。還有第一商場的回族小吃群和遍布全市的回族飲食商販。源於瀋陽西關回回營的燒燉牛肉，湯鮮味濃，酥爛醇香，是瀋陽典型的地方清真風味菜。其他如馬家館的羊湯花捲、嫩肉米飯；鐵家館的燒麥；於家館的攪麵餡餅；白家館的抻麵；周光金的麻酥燒餅、老豆腐；王井龍的肉滷片粉等，也都各有千秋。

河南省的清真小吃遍布全省各地，主要特色經營熟食小吃。風味小吃品種繁多，味美色鮮，歷來為人們所稱道。開封馬豫新的桶子雞，與北京烤鴨相媲美，是獨具一格的清真食品。開封中興樓清真飯莊，以鯉魚焙麵、羊肉涮鍋名聞遐邇。開封新生飯莊的羊肉泡饃、小籠包子久負盛名。漯（音落）河市臨潁縣繁城洪家的鹹牛肉，是全省優質產品；駐馬店市新蔡縣李橋回族鄉的羊肉，味美不膻，為人們交口稱讚。

江蘇鎮江的火麵，與香醋，餚肉並稱「三怪」。清真火麵店占同業一半以上，其中中華獅子街口楊大漳火麵店，做工考究，選料精良，尤享盛譽。五雲齋清真茶食店、春生和清真茶食店、福祿全茶食店、皆吉茶食

第八章　食在當下：近代飲食的嶄新篇章

小店等店的清真糕點也頗受青睞。其中「京江䭔（音柴）」（又稱「缸䭔」、「䭔兒」），不同凡響。成䭔兒，可用牛肉湯、雞湯泡食，泡後用箸一夾，䭔兒分成一瓣瓣的百合片形，更別具風味。待客上門，主人以鹹水蛋泡䭔兒招待，以表示最友好，最恭敬。談森和兄弟以及談萬和的清真醬園歷史久，規模大，產量高，品質好。他們所製醬菜、醬油、香醋、清真掛麵，不僅銷鎮江、揚州地區，且遠銷南京、上海等地。

此外，在其他省市，西安有羊肉泡饃，牛羊臘肉；南京有清真醬板鴨；濟南有湯爆雙脆（羊肚爆鴨肫）、水爆肚絲、油爆肚仁；鄭州有羊肉燴麵；蘭州有清湯牛肉麵；甘肅有炒雞塊；寧夏有羊肉臊子麵、麻辣羊羔肉、髮菜山，農村筵席十大碗；青海有手抓肉等等，不一而足。

1930年代盛行天津的成套飯菜──「八大碗」

1930年代，天津的一些飯館、酒樓，如天一坊、會錦齋、慧羅春等經營一種大眾化宴席，叫做「八大碗」。「八大碗」分「粗八大碗」和「細八大碗」。

當時的粗八大碗有：溜魚片、燴蝦仁、全家福、桂花魚骨、燴滑魚、獨麵筋、川肉絲、川大丸子、燒肉、鬆肉等。細八大碗有：炒青蝦仁、燴雞絲、燒三絲、全燉、蛋羹蟹黃、海參丸子、元寶肉、清湯雞、拆燴雞、家常燒鯉魚等。當時粗八大碗每桌銀元一元二角，細八大碗一元六角至一元八角。由於菜品用大碗盛，適合用提盒送菜上門，可保證湯水滴水不灑。有時辦喜事，也可支棚搭灶，請飯館廚師到家中做八大碗席，這叫做「外燴」。

一般百姓家如果來了賓客親友，也可視經濟條件叫一桌八大碗，非常方便。各老字號酒樓對老客，也常以八大碗相待。八大碗在天津盛行，甚

至當時的軍政要員、巨紳富豪，也要求品嘗八大碗席，「八大成」大型飯莊便操辦高級八大碗，如以魚翅四絲代替燒三絲；以燴魚錢羹代替蛋羹蟹黃等，甚至以一品官燕做八大碗中湯菜的。可見同樣是八大碗，碗內菜品也可根據情況而有高低之分。

可稱得上天下一絕的雲南鶴慶吹肝

鶴慶吹肝是雲南鶴慶的地方特色食品。鶴慶是雲南西北高原金沙江畔的一個小縣，鶴慶有一個聞名於世的手工藝製作之鄉——石寨子，這裡世世代代居住著勤勞聰明的白族人民。吹肝這一鶴慶的特色食品，就是勤勞聰明的白族人家創造出來，奉獻給人類的一道精美食品，這道精美食品可以稱得上是天下一絕。

每年的十月（這裡指陰曆十月）過後，大多數白族人家，就忙著殺年豬了。天還沒有亮，遠遠就聽到從村子裡傳來豬的叫聲。聽到叫聲，村裡的很多人，都可以去宰豬的人家裡，痛痛快快搓上一頓。這裡人人是收拾年豬的好手。大家一面動手，一面交流。

大家一起動手宰豬，將豬開膛破肚，趁著還有些熱乎氣，就將豬肝從豬胸膛裡取出來，然後除去豬膽。站在一旁的家庭主婦，已經將前一天準備的佐料擺好了：有自家園子裡種出來、紅彤彤香脆脆、用手工沖出來的新辣椒；有完全不受汙染、純天然的本地產的小香蔥；有鶴慶東山特產紅花椒，還有本地傳統醋廠生產的老陳醋。更值得一提的是，鶴慶人自己釀造的酒，據說是用明清時候的老配方釀就的，是乾隆下江南時封的名酒——鶴慶乾酒。就連沖洗豬肝用的水，也是用從玉龍雪山上淌下來的純天然雪水。

對豬肝打氣要趁豬肝冒著熱氣時用打氣筒對著豬肝的氣管使勁打，打

第八章　食在當下：近代飲食的嶄新篇章

完氣兒的豬肝鼓鼓的，像只肥大的手掌。然後把事先準備好了的辣黔子、花椒、切細的香蔥和乾酒，往膨脹起來的豬肝氣管裡填塞、澆灌，再在外面塗上一層精鹽，用根細麻繩，將吹豬肝掛在屋簷下麵，讓其在冬天風霜中吹打。當然在晾晒過程中也是有一定的技術含量的，要在半陰半涼的環境，那樣吹肝吃起來才口感獨特。

食用吹肝時最好時節是在清明時節。這時候因為天氣乾燥而且體內肝火旺，容易二便不通，口舌生瘡，心情憂鬱。清明白族有上墳的習俗，且要到墳地上進行野炊，這時最好吃的食品就是吹肝涼片了。當然吃吹肝涼片，關鍵還在於那碗讓人垂涎欲滴的蘸水。這蘸水調味料也是非常講究的，一定用上好的鶴慶醋廠生產的漆醋（這種醋釀製的工藝特別，顏色因像黑油漆而得名），山間頭茬香椿和用泉水澆灌出來的芫荽、自家菜地裡用手工沖出來的鮮辣椒面、鶴慶東山產的花椒，金沙江邊種出來的草果，味道才算得上正宗。要注意的是千萬不能加進去用機械生產的任何精啊、粉啊、料啊之類的製品，否則那味道就全變了。

吹肝當然也可以在春節或者有親朋好友自遠方來時用，只要將吹肝在水裡煮上幾分鐘，做成拼盤涼拌，那味道的純美，絕對天下一絕。

「廢料」變名餚的四川菜品夫妻肺片

夫妻肺片是四川地區的名餚，它不僅作為一種小吃流行於街頭，而且常作為冷碟出現在高檔筵席上。它色澤紅亮，麻辣鮮香，非常受人們的喜愛和稱讚。

那麼，夫妻肺片是怎麼產生的呢？夫妻肺片創製於1930年代，是由一對年輕夫妻發明的，其中丈夫叫郭朝華，妻子叫張田政。當時夫妻二人常常挑著擔子沿街叫賣，或是在學校附近擺攤。他們賣的是涼拌牛肚、牛

肺、牛腸、牛頭皮。這些東西本是難以上桌的「廢料」，可是經過夫妻倆精心研製，切片後再淋以紅油辣椒、花椒粉、滷水等製成的調味汁，變得軟糯可口，味美非常，令人食之不厭，深受歡迎。因為夫妻二人總是形影不離，孩子們垂涎美味，常常追隨其後，調皮的孩子用紙條寫上「夫妻廢片」，悄悄貼在夫妻倆的背上或小擔上，有的還前後跑著喊叫：「夫妻廢片、夫妻廢片」。

後來有一家張婆酒鋪，看見人們喜愛夫妻二人的小吃，便讓他們在鋪前擺長攤，這樣一來，吃的人就更多了。其中一位客人深愛此味，特意製作了一塊匾牌送來，上面寫著「夫妻廢片」四個金字。從此，「夫妻廢片」的名稱漸漸叫開了。

當時，在街頭吃夫妻肺片還有一些講究，而且主要是得有點「功夫」：拌好「廢片」後，如果使用攤上的長筷子，不可讓嘴接觸到夾住「廢片」的筷子（也算出於衛生的考慮吧）。於是大家便將臉仰向青天，高高舉著夾著「廢片」的筷子，「廢片」接近嘴巴時，鬆開筷子，讓「廢片」及湯水做「自由落體」掉入口中。小販的筷子對孩子來說太長了，要乾淨俐落完成這一過程可不容易。小孩子常常弄成花臉，連衣服也灑上了佐料。不過也有一個竅門，在夾取的時候，先設法將「廢片」捲成「筒狀」，附帶的汁水多，吃的時候還方便些。孩子們一吃夫妻肺片，就圍在攤子前比賽吃的技術。

1958 年，郭氏夫婦將「夫妻廢片」的製作技術毫無保留獻了出來，他們也成為成都市飲食公司的正式員工。「廢片」也改稱「肺片」，夫妻肺片數十年在蓉城（成都）都賣得很好。1980 年代成都市飲食公司為「肺片」註冊了「夫妻牌」商標，原中國國內貿易部還授予它「中華老字號」稱號，夫妻肺片成為享譽中華的美食。

第八章　食在當下：近代飲食的嶄新篇章

上海為數不多的經典小吃之一小籠包

在上海，小到街頭巷尾的點心店，大到高檔的酒店，差不多都有小籠包賣。但最正宗的永遠非城隍廟的南翔饅頭店莫屬。那裡的小籠包，口味最佳。

南翔饅頭店的小籠包在每一小籠內一般放湯包十個，用松針鋪底，不黏皮、又清香。小籠包的皮，總是半透明的，吹彈得破，卻總也做不破。可能是剛剛蒸好，還熱氣騰騰的小籠包，皮是一層朦朧的有造型的皮，小巧玲瓏，形似寶塔。咬上一口仍能保持有彈性且不黏牙的口感，同時浸有肉汁的鮮美。皮薄、汁多、肉鮮、味美，看著雅，品著香。做工精細，小巧玲瓏，不論是蝦肉、蟹肉哪一種餡，都鹹淡適度，口感特佳。

吃小籠包是很有講究的，要按照一定順序食用：先將皮咬個小口，吮乾裡面的湯汁，然後再蘸醋，放進嘴裡細品。當你輕輕咬破薄薄的麵皮，五官就立刻被那滿含蟹香的湯汁俘虜了，慢慢將這湯汁吮入口中，感覺鮮美得就像剛咀嚼過一大口蟹肉。撥開小籠包的麵皮，可以清楚看到絲絲黑白的蟹肉和粒粒金色的蟹黃密密鑲嵌在肉餡裡，一同造就了獨一無二的美妙口感。而湯汁可以說是整個小籠包的精華所在。

小籠包的肉是最能展現出味道的，吃在嘴裡，齒頰留香。藝術的東西總是需要烘托的，美食就是藝術。小籠的籠屜裡，總是仔仔細細紮著蘆葦，鋪著松針。它們原本的清香滲入小籠，是小籠包的畫龍點睛之處，實實在在提升著小籠包的芳香氣質。

來源於趣聞的不要命的「鬼城抄手」

在一些小說或電視劇裡，我們曾聽到或看到「豐都鬼城」的字眼，事實上它確實是存在的，而且豐都（就是重慶豐都縣）「鬼城」還聞名天下。

名品由來─口耳相傳的智慧典藏

　　根據以前傳說，當人的軀殼消亡之後，亡靈就會來到「豐都鬼國」，等待閻羅王發落。生前積德行善的人會升入天界，為非作惡的人會被投進地獄，其餘的則要等待天、人、神、鬼、傍生（牛馬乃至蚊蟻等動物）、地獄等六道輪迴的考驗，尋求轉生機緣。由於這些離奇的迷信說法，古往今來到「鬼城」求神拜佛、祈福還原、施捨濟物的人來往不斷。不管出於何種目的，來到「鬼城」的人，必會品嘗當地的小吃「抄手」。

　　「鬼城」抄手也叫「鬼城」包麵，以皮薄餡大、調味鮮香著稱，與「鬼城」同樣聞名遐邇。「鬼城」抄手品種多樣，根據餡料可分為豬肉抄手、牛肉抄手、雞肉抄手、羊肉抄手等；湯料又分雞汁湯、骨髓湯和三鮮湯。其湯料也非常講究，不論雞汁湯、骨髓湯還是三鮮湯，調製時都加香菇和黃豆芽熬煮，香味濃郁，清鮮可口。一般豬肉抄手配雞汁湯，雞肉抄手配骨髓湯，牛、羊肉抄手配三鮮湯。原湯濁白，滋味醇厚，因此又有「一碗鮮湯穿喉過，五臟六腑都活起來」的讚嘆。

　　「有了抄手不要命」，這是當地流傳的一句話。這足以說明人們對「鬼城」抄手的喜愛。這句話並非出自豐都人的自誇，而是有一個有趣的來歷。據說民國三十年（1941年）間，有幾位外地客因避難流落到豐都。有一次，幾個人來到一家叫麥地香的麵館吃飯，點了抄手和小麵。

　　抄手做好端上來後，幾位客人片刻便吃完了，然後又要，就這樣他們接連要了四次抄手，店夥計被他們的大食量驚呆了，脫口說道：「先生，你們吃完抄手還要不要『命』？」當地話裡「麵」與「命」同音，夥計的意思是還要不要小麵。客人吃得正高興，冷不丁聽見這句話，十分震驚，以為發生了不測，一個個撒腿奔到店外。他們一跑，店主和夥計還以為遇上吃霸王餐的了。齊聲喊叫著追了出來。外地客被攔阻回來。攪鬧了半天，雙方才弄明白因為語言不通發生了誤會。這個笑話很快傳得盡人皆知，「鬼城」抄手一時名聲大振。從此這句話變成食客們的口頭語。

第八章　食在當下：近代飲食的嶄新篇章

在四川地區，人們把餛飩叫做抄手，廣東人則稱之為雲吞。餛飩不過極為平常的吃物，可是「鬼城」卻因製作精美、風味獨特而備受人們青睞。

馳名中外的上等魚品武昌魚

武昌魚，俗稱鯿（音邊）魚，學名團頭魴（音房）。這種魚在古代就很有名，《詩經》記載：「豈其食魚，必河之魴。」（意思是：要吃魚的話，一定要吃團頭魴）《湖北通志》記載：「鯿魚……產樊口者甲天下。」樊口今在湖北鄂城縣境內，其境內梁子湖經此匯入長江。古時武昌並非今天的武昌，而是現在的鄂城區。

其實，武昌魚產於鄂城和武昌區境內的梁子湖。該湖湖面遼闊，直通長江，江水可倒灌。由此使湖水水質好、餌料豐富，便於武昌魚的生長繁殖。

武昌魚不僅肉味鮮美，而且營養豐富，屬於高蛋白、高脂肪魚種，含有人體需要的多種胺基酸和維他命，是珍貴的滋補營養佳品。武昌魚被稱為樊口鯿魚，是因為長江水透過樊口湧入湖裡，武昌魚隨著長江水進入湖裡繁衍生息，到枯水季節，又隨湖水進入長江河槽深處越冬，因往返於樊口，因此被當地人稱做樊口鯿魚。

以武昌魚為主料，可以烹製出數十種不同風味的魚菜，如清蒸武昌魚、花釀武昌魚、蝴蝶武昌魚、茅臺武昌魚、雞粥奶油武昌魚、紅燒武昌魚、楊梅武昌魚、白雪臘梅武昌魚等。

以清蒸武昌魚為例，烹調好的清蒸武昌魚盛在魚盤裡端上桌，除了身上幾道刀口，看上去完好如初，魚身還泛著銀色的光澤。夾一口，味道清淡鮮淳；再喝口魚片湯，清爽適口。

豫菜中的絕中之絕——「套四寶」

在豫菜中，有一道稱絕的菜餚，叫做「套四寶」。為什麼叫「套四寶」呢？這是因為，當這道菜上來之後，人們看到的只是一隻首尾完整的全鴨臥在湯盆中間，而當人們吃完酥軟的鴨肉，裡面會露出一隻清香全雞，雞肉剝吃後，味道鮮美的全鴿又呈現在人們面前，最後在全鴿的肚子裡是一隻體態完整，腹中填滿了海參、香菇、竹筍的鵪鶉。這道原汁原味，柔嫩潤滑，色澤光亮、型整不散的菜，就叫做「套四寶」。

這道稱絕的菜，絕就絕在四隻層層相套的全禽，個個通體完整又皮酥肉爛，從小鵪鶉到大鴨子相互包裹，食用時卻吃不出一根骨頭。

在各地的眾多雞鴨的名餚中，將整隻雞或鴨做到口味特佳的舉不勝舉，然而，集兩三禽為一體烹製菜餚的，卻為數不多。偶然有人提到三套鴨等，能做的也很少。真正把四隻禽加在一起的更是為數寥寥。掌握這項佳餚技藝的是開封市一級廚師陳景和兄弟，大多數菜譜中還沒有譜寫這一菜餚。

套四寶的選料一定要精，鴨子要選「北京填鴨」，而雞、鴿子、鵪鶉一定要肥嫩。加工要細，經宰殺、退毛、掏取五臟的初加工後，最為複雜的是剔除骨架。一般來說，雞鴨較為好剔，鴿子鵪鶉骨頭難除。剔骨時要聚精會神，手持鋒利小刀，有如進行一項精心的藝術雕刻。要求剔出的骨架塊肉不剩，剔後的皮肉滴水不漏。

「套四寶」的套是個關鍵，這需要鴨、雞、鴿子、鵪鶉首尾相照，身套身，腿套腿。訣竅是，在給加工洗淨的鵪鶉肚裡填充海參蘑菇配料後，用竹針把破口插合，在開水鍋中焯一下。這不僅可清除血沫，更主要的是使皮肉緊縮，便於在鴿子腹內插套。鴿子套進鵪鶉後，仍要在鍋中開水焯一下。然後再向雞腹插套。同樣焯過的雞再向鴨腹填充。最後成了體態渾

第八章　食在當下：近代飲食的嶄新篇章

圓，內容豐富的四寶填鴨。再配上佐料，裝盆加湯蒸熟，整個過程才告結束。

在中國的主要菜系中，豫菜占有一定的位置。而開封烹調在豫菜中又獨具風格。開封菜系烹飪分官（講功夫細膩、顏色美觀）、商（色香味形、招徠顧客）、民（經濟實惠、適口飽腹）、寺（素菜齋食、風味獨特）等四種不同類型。套四寶是在官菜中套三環基礎上發展形成的。陳家是開封豫菜世家，名廚陳景和、陳景望兄弟，繼承祖傳技藝，使「套四寶」這道名餚一直保留了下來。

製作相當考究的桂發祥什錦麻花

桂發祥什錦麻花與天津的「狗不理」包子、耳朵眼炸糕並稱為「天津三絕」。如果你到天津遊玩，接待你的天津朋友少不了為你做「導吃」服務——首先當然要吃一頓「狗不理」包子；接下來遊逛的時候，不小心就走到賣耳朵眼炸糕的店鋪前，看到色呈金黃、形狀可愛的炸糕，自然要吃上幾個；觀光完畢離開天津時，不必說，十有八九要帶上幾盒桂發祥什錦麻花，甚至你還沒開口，朋友就已經準備好給你了。

桂發祥什錦麻花是用半發酵麵經油炸製成，裡面包有以芝麻、青梅、糖薑、核桃仁等調拌的什錦餡料。具有口感油酥、酥脆香甜的特點，因為材料豐富，香味特別醇厚，而且可以長時間保存而不變味。

桂發祥什錦麻花創製於1920年代，因其店鋪原址設於天津東樓十八街，所以俗稱「十八街大麻花」。當時的店主為范貴才、范貴林兩兄弟。他們經潛心鑽研，探索創新，採用半發酵麵搓條，其中再夾上什錦餡條，以獨特的手法和別致的風味贏得了廣大顧客的青睞，暢銷於京津地區。後來，兄弟倆分開經營，分別名為貴發成、貴發祥。透過互相競爭，麻花的

品質日臻完善。1956 年，兩家再次合併，定名為桂發祥。隨著經營規模的不斷擴大，演變成為今天的桂發祥麻花公司，並在天津市內外建立了多個生產廠和分店，名聲傳遍大江南北。桂發祥什錦麻花最重的有達 1.5 公斤的特質大麻花，可以說是麻花之王。

桂發祥什錦麻花的製作相當考究：將麵和好後，用軋條機軋成長短兩根條，將短條沾滿芝麻，搓為和長條同長（36 公分）。另將青梅、糖薑、核桃仁、青絲、紅絲切碎，與麵粉、花生油、白砂糖、桂花、鹼水和勻，搓成 36 公分長的餡條。烹製時將一根餡條與七根白條、兩根麻條搓成麻繩形，折過兩頭捏好，擰成長扁圓形，下熱油鍋炸，至色呈棕黃撈起即成。

社會影響巨大且名揚東南亞的阿一鮑魚

鮑魚可以說是海鮮中的「精品」，無論是古代還是現代都是一種名貴的珍饈，是宴席上的美味之一，普通人以其名聲太大，價錢太貴，往往不敢購買。

鮑魚由於味道鮮香，很早就受到人們珍視，對此歷代文獻多有提及（在三國時期以前，鮑魚被稱作鰒魚）。如王莽事敗後飲酒食鰒解憂；光武時，張步獻鰒魚；曹植作的悼文提到曹操嗜鮑魚等。

鮑魚有一百多個品種，中國出產的有盤大鮑、雜色鮑、耳鮑、羊鮑、半紋鮑等種類。盤大鮑質最優，殼長約 12.5 公分，寬約 6.8 公分，產於山東及北方沿海，肉柔味美，乾製後半透明，又稱明鮑。鮑魚適用於多種烹飪方法，乾燒、紅燒、爆炒、清蒸、氽湯、白煮、糟醃、涼拌、燻烤皆可，如果要保持其鮮香純正的原味，則以清蒸、清燉最好。以鮑魚烹製的名菜有山東扒原殼鮑魚、廣東蠔油網鮑片、江蘇雞粥鮑魚、遼寧鮮貝鮑

第八章　食在當下：近代飲食的嶄新篇章

魚、福建紅燜鮑魚、香港阿一鮑魚等。下面重點介紹一下阿一鮑魚。

阿一鮑魚是上海人楊貫一創製的，1949年他隻身到香港謀生，最早做過飯店服務員，後與人合夥經營富臨海鮮飯店，並學習烹飪廚藝。透過反覆研製，終於以阿一鮑魚名揚東南亞，獲得「鮑魚王」的美譽。楊貫一曾應邀在亞洲各國做美食表演，因其社會影響巨大，1990年與戈巴契夫、密特朗一起榮獲「世界傑出風雲人物」稱號。楊貫一1986年曾應邀到北京釣魚臺國賓館做烹飪指導，現在阿一鮑魚已經風行中國，載譽大江南北。

吃阿一鮑魚要遵循一定的步驟，這樣才能吃出阿一鮑魚的鮮美味道。首先要用餐叉將整隻鮑魚叉起，先從邊緣小口品嘗，逐漸蠶食至中央部位，其糯軟的魚心有如年糕，味道鮮美，無與倫比。達到這樣的效果，自然有其獨到的烹製方法。對此，楊貫一曾做過解釋，他認為除了選料等方面要求盡善盡美外，關鍵還在於火候的掌握。阿一鮑魚使用炭火砂鍋烹製，炭火的火力穩定、旺盛；砂鍋的儲熱能力強，而且不會破壞鮑魚的食味。煨煮時間則需8～12小時才能將魚心煨透，使之達到軟Q如年糕的效果。

廚家風範 ── 留名千古的飲食權威

精於飲食之道的譚廷闓及其造就的譚廚們

「譚廚」可以說是湖南菜最高規格的廚師，「譚廚」這一名號的由來與咸豐年間的嗜好飲食的譚鐘麟和他的第三個兒子譚延闓有直接關係。咸豐年間，譚鐘麟擔任兩廣總督時，其廚房內所用的廚役都是粵人（即廣東人）。粵菜講究清、鮮，與傳統重味、厚汁的湘菜（即湖南菜）大相徑庭。

愛好食藝的譚鐘麟將粵菜與湘菜結合，創製出了獨具特色的湘菜。

譚鐘麟兒子譚延闓比他父親更加精於飲食。通曉飲食之道的譚延闓，造就出很多技藝高超的大師傅，其中的佼佼者，為江蘇籍的譚奚庭及湖南籍的曹敬臣。

譚奚庭開始是在揚州某鹽商家做廚師，從清代末年到民國初年，鹽商富甲一方，無不精研美食，他們所聘請的家廚，全是千挑萬選，個個身負絕技。該鹽商以吃出名，非常精通飲食之道。後來這位鹽商去世了，譚奚庭便投靠譚延闓，受到了譚延闓的賞識和重金禮聘。

曹敬臣是一位飲食界奇才，他先任大吃家湖南布政使莊賡（音耕）年的廚師，與宋善齋、柳三和、蕭麓松齊名，合稱「長沙四大名廚」，後追隨祖庵先生多年，得其親自指點，烹調技藝日新又新，並摸得透譚延闓的飲食習慣與口味。譚延闓在宴客前，首先策劃籌備，積極張羅食材，力求口味道地與花樣翻新，因而得到眾多社會名流的讚許，於是湘菜中別樹一幟，格調高雅的「祖庵菜」成形，其盛名足以與北京譚瑑青的「譚家菜」、成都黃敬臨的「姑姑筵」、廣州江孔殷的「太史蛇宴」並稱，各甲一方，堪稱四大天王。人們都以吃到「四大天王」烹調的菜餚引以為豪。

譚延闓也是吃魚翅的專家，曹敬臣當然是個燒魚翅的大行家，其作法像「以領南焗燜為經，淮揚煨燉為緯，再摻糅譚氏兩代熟爛為上、助味無雜的無上心法」。因而其拿手的紅燜大裙翅（今稱祖庵魚翅或畏公魚翅），除在深秋宴客改用蟹粉魚翅外，其他時間都是筵席八大菜之首。當這一魚翅端上桌來，只見針長唇厚，滿滿一盤魚翅，魚翅入口，稱得上甘肥膏腴、濃郁淋漓，大凡吃到這一菜餚的食客都稱之為「神品」。

糖心鯉魚是曹敬臣的絕活之一。此鯉魚一定要用土種的大鯉魚，「去頭尾，整塊用文火煨燉，因為魚肉未用刀劃，不經鐵器」，一旦「火工到家」，魚肉濃郁軟嫩。

第八章　食在當下：近代飲食的嶄新篇章

另外，曹敬臣的菜以熟爛黏稱拿手，其原因不外譚延闓中年以後，牙口不佳，所以「祖庵菜」多以文火煨焗而成。譚延闓去世後，曹敬臣由南京回到長沙，在坡子橫街開設了「健樂園」，繼續從事飲食行業。這段期間，他訓練了一個好幫手，就是日後在臺灣廚界名聲大噪的彭長貴。

彭長貴學廚時，由於學習認真，加上過人的毅力，短短的三年間，廚藝漸臻純熟，整天緊隨曹敬臣，成為得力助手，經其一再點拔，終於得其真傳。後來，他在臺北成都路開了生平第一家餐館——「玉樓東」。彭長貴一開始在經營上並不是很成功，但自從他在中央銀行福利餐廳司廚後，事業次第開展，「彭園湘菜館」再度躍上食林，成為璀璨巨星，不但分店廣設，甚至遠渡重洋，在紐約市第五十二街上及華盛頓開設分店，在當時臺灣湘菜界，坐穩第一把交椅。

當時哈密瓜大行其道，彭長貴觸類旁通，用哈密瓜去瓤、雕花，替代竹節，名哈密瓜盅。為了提升級別，乃用乳鴿代雞，滋味益美，鮮甜討好，於是成為「彭園」的看家菜之一。

彭長貴晚年極少下廚，將其全副心力與時間，放在試驗新食材、開發新菜餚和配菜單上。偶爾也會到廚房指點後進或試味。他曾自嘲說：「經驗的累積，使我的嘴成了『品管口』。現在我已有相當自信，任何菜只要我這關通過，顧客一定會喜歡。」

其實，「譚廚」的菜是淮揚菜的底子，嶺南菜的手法，與其說它是湖南菜，倒不如說成是集中國菜之精華。

享有「西秦第一美味」之稱的陝西名廚李芹溪

李芹溪為陝西藍田人，原姓薛，名松山。他在襁褓中時，父親病逝，母親改嫁李姓，所以更名李松山。他十三歲那年，向當廚師的舅父學廚，

廚家風範—留名千古的飲食權威

三年後,已能獨當一面,操辦普通筵席。但他不以此為足,為了提升烹飪技藝,先後在陝西、甘肅、北京等處拜名廚為師,時間長達二十年,終成一代大家。

1900 年,八國聯軍將要打到北京時,慈禧逃往西安。由於李芹溪廚藝高超,被徵入行宮事廚。所烹菜餚多款,屢受慈禧誇獎,並親書一幅「富貴平安」作為賞賜。此時,他在秦菜燉魚的技法上,自創的「奶湯鍋子魚」,已聲名遠播,不久後更被稱為「西秦第一美味」。

辛亥革命前夕,他參加同盟會,在武昌起義時,還曾率一批青年廚師奮勇殺進西安,被譽為「鐵腿鋼胳膊的火頭軍」。民國建立後,他結識了于右任[73],兩人於是成為好友。精於吃的于右任認為他的名字不雅,為他取名芹溪。

李芹溪不僅精曉陝(陝西)、甘(甘肅)的菜點,且對豫(河南)、魯(山東)、京(北京)、川(四川)等地方風味菜餚的烹製也有一定研究,其最拿手者,是湯菜與燕菜(就是蘿蔔)。他不僅善用雞架、鴨架、肉骨等葷料製湯,並雜用豆芽、大豆、黃花菜等素料,在綜合運用下,所煲的湯極棒,成為今日主流。他所擅長的佳餚極多,除奶湯鍋子魚外,尚有湯三元、湯四喜、清湯燕菜、溫拌腰絲、煨魷魚絲、炸香椿魚、金錢釀髮菜、釀棗肉及葫蘆雞等。他教授了很多弟子,其中,最著名的且最值得一提的是同鄉的曹秉鈞。

曹秉鈞不僅將師父李芹溪的名菜有所發揮,且對新創的美饌,如枸杞燉銀耳、雞米海參、三皮絲、蓮菜餅、酸辣肚絲湯等,也有獨得之祕。其技藝特點有三:一是刀工技藝嫻熟;二是火候掌握適當;三是調味恰到好

---

[73] 于右任(西元 1879～1964 年)陝西三原人。復旦大學校友。記者,詩人,書法家,政治家。早年加入同盟會,追隨孫中山先生反對帝制。曾任上海辦《神州日報》、《民呼日報》、《民立報》、《民籲日報》,鼓吹革命。辛亥革命後,曾任南京臨時政府交通部次長、國民政府常委、軍委會常委、審計院院長,後長期任監察院院長。于右任的詩、詞、曲均有很高的造詣,曾寫下不少寄託國家民族興衰之情的詩篇。尤其為世人所推崇的、成就最高的還是他的書法藝術。

第八章　食在當下：近代飲食的嶄新篇章

處。有人讚其所燒的酸辣肚絲湯為調味一絕。他調教出的徒弟秦崇九、周友堂、翟耀民等，也都是陝西名廚，他們一同維繫著秦菜的獨特風格。

善於繼承和發展的川廚的佼佼者們

川菜中的佼佼者出自成都的「正興園」，主管廚務的叫貴寶書。貴氏收有兩個好徒弟，他們是藍光鑑與周映南，二人都是成都人，且自幼即開始學廚。

藍光鑑廚藝學成後，一直留在「正興園」事廚。1912年，「正興園」歇業，他便與戚樂齋創辦「榮樂園」，並主持廚務。其一生事廚，能博採宮廷、官府、寺院、民間甚至國外的烹調技藝，融會於川菜烹飪之中，遂被四川烹飪界公認為川味正宗。其最大貢獻在於訂定近代川菜的筵席格局。原來的川菜筵席講究瓜手碟、四冷碟、四熱碟、四對鑲到堂點、席點、糖碗、八大菜等，內容複雜繁瑣，多半華而不實，流於目食耳餐。一經藍光鑑改良設計後，只剩下冷盤、大菜、席點（或小吃）、水果等內容，既可表現烹飪文化藝術，又能反映烹飪技藝水準，正因實際活用，深受人們歡迎。培育的弟子中，孔道生、朱維新、周海秋、曾國華等，也成一代川菜名師。

周映南是藍光鑑的師弟，他精通川菜紅白兩案（紅案是做菜的，白案又稱麵案，是專指點心或者主食的），旁通西菜西點的周映南，其長處在於同時吸收南北各幫菜之長，融於川菜的製作之中，昌大川菜內涵，對近代川菜的發展作出了超一定的貢獻。而製作國宴菜餚和高檔筵席，尤為其強項，所燒製的紅燒熊掌、千燒魚翅、蔥燒鹿筋、酸辣海參、清湯鴿蛋燕菜等，至今仍膾炙人口，與師兄藍光鑑並為川菜的一代宗師。

藍光鑑有很多弟子，其中孔道生及朱維新尤其出色，曾多次與師父、

師叔周映南一起烹製滿漢全席，蜚聲國際。他們全精通川菜紅白兩案的技藝與各式的麵點、小吃，只是孔道生尤精川菜素席，其仿葷素菜，可以假亂真。其中，他所創製的八寶鍋珍、豆沙鴨方、蟹黃銀杏、波絲油糕、子麵油花、白蜂糕等，全成為後來者必學之品。至於朱維新則擅長燒烤，所製作的烤乳豬、烤酥方、烤雞、烤魚等，均有獨到之處。另其紅燒熊掌、紅燒鹿沖（即鞭）、清湯燕窩、水晶涼糕、玫瑰發糕、椒鹽油花等，也以新穎獨具而著名。

成都的川菜固然取得正宗的地位，重慶的川菜也有不可磨滅的成就，其中的廚行高手，首推廖青亭。

廖青亭是四川省重慶市巴縣人，十三歲即至重慶「適中樓餐館」向杜小恬學廚，出師後，與他人合夥創辦「小洞天餐館」，並擔任主廚。後來他應聘到上海「麗都花園」、「經濟飯店」主持廚務。還一度應陳天來之邀，在臺北的「蓬萊閣酒家」行廚，開臺灣主理川菜的先河。中華人民共和國成立後，則先後事廚於重慶「蜀味餐廳」、「民族廚餐廳」等多處。

烹調技藝高超的廖青亭，最為人稱道的特點是善於補救烹飪過程中的失誤。譬如海參中的烏狗參、梅花參、虎皮參等，在漲發的過程中，要是沒處理好，熟後會覺麻口，經他一再試驗，以米泔水浸泡，絕無麻口之弊。另外，烤乳豬時，豬皮破損，有礙觀瞻，他則用蛋清和土豆粉調勻，抹在傷處再烤，隨即復皮如初。此外，他還創製了醋溜雞、半湯魚等多種川味菜式，豐富川菜品種，現仍廣為流傳。

說起川菜，就不能不提伍鈺盛，他可以說是現代川菜史中不可或缺的一位人物。他出生於四川遂寧，十四歲即到成都的「天順源飯館」向田永清、甄樹林學藝，出師後到重慶「白玫瑰酒家」事廚。1960年代，他先在北京東安市場籌辦「四川食堂」，後經當時的中國副主席張瀾試菜，同意他在西長安街創建專營川菜的「峨嵋酒家」，履歷豐富，見多識廣。其在

第八章　食在當下：近代飲食的嶄新篇章

實際操作中和教學上,均力主「正確繼承不等於墨守成規,改進創新不能亂本」,現已成為其傳人及後學者所遵守並篤信的至理名言。伍氏擅長川菜,尤以善製湯,巧用湯見長。他所燒製的傳統名菜如燒牛方、豆渣豬頭,贏得多國同行的讚譽。而且,他拿手的豆瓣大蝦、玉蘑雲腿、千燒魚翅、水煮牛肉、乾煸牛肉絲、開水白菜等,均在傳承中有創新,故能「平中出奇」——使俗菜不落俗套,既保持住傳統菜的風味之本,還有錦上添花之妙,被稱為食林一絕。

經伍鈺盛在1950年代改進的「宮保雞丁」,可以說是對原來的「宮保雞丁」的一大突破。雞丁切「梭子塊」,既使其「受熱面勻、進味面廣」,再添上花生米為配料,使形色相得益彰。被許多美食家讚為「狀元菜」,我們現在所吃到的川味宮保雞丁,即源自其創意。

川菜還有一名名號響噹噹的大廚,叫何其坤,他的川菜可謂別出心裁。他雖是四川富順人,但十四歲即在上海「美麗川菜館」學廚,七年後出師,始終在上海各大四川菜館擔任主廚工作。何其坤擅長小炒烹調,文火細燒,重用鮮湯。他用乾燒技法所製作的魚翅、海參等菜,光亮爽滑,鮮而入味,腥氣全無,號稱一絕,足見功力。

令人嘆為觀止的正統魯菜大師傅的技藝

中國的魯菜正統有兩支,一為膠東福山,另一為省會濟南。

福山是個「烹飪之鄉」、「廚師之鄉」。從明清一直到1930年代前後,北京、天津一帶的各大飯館,幾乎都是「福山幫」的天下,出身福山的大師傅固然比比皆是,但最為人稱道的是朱維萃。

朱維萃生於1911年,十四歲背井離鄉,到北京「鴻慶樓飯莊」拜張潼軒為師。滿師後,先後在天津、哈爾濱、上海、雲南等地主廚,所以在其

菜色中，常加入雲南盛產的雞縱（一種食用菌，也叫雞菌），實為魯菜及滇菜注入活血，別開生面。

擅長海味烹製及製作抻（即拉）麵的朱維萃，其所烹製的蔥煌雞縱海參及扒黃燜翅兩道菜可以說是中國一絕。前者在製作時，海參視料改刀，務求大小一致，先用高湯入味，等到完全上味，撈出瀝乾，接著過油，待蔥段煸至黃色，隨即倒入海參、淋上蔥油即成。成品類油炮肚，以鮮嫩香甜、醇厚清爽著稱。後者妙在翻鍋，待魚翅燒好時，右手持鍋柄，左手持盤子，鍋往上一甩，魚翅躍老高，並順勢翻出，用盤子接盛，手法乾淨俐落，翅入盤中不亂，齊整井然有序，鍋內不見芡汁，令人嘆為觀止。

魯菜的名家王益三，烹飪技藝嫻熟至極。其特點為翻勺瀟灑自如，調味十分精準，用火恰到好處，刀工細膩利爽。其所烹製的珍珠海、梅雪爭春、麒麟送子、龍鳳絲托、繡球金魚、鳳凰魚翅、茄汁百花雞排等多款菜點，均在廚界廣為流行。

而出生於濟南市的梁繼祥及孔憲垣，也為烹製魯菜的傑出人物。梁繼祥十五歲就到濟南「魁元樓餐館」學廚，技藝全面，專精魯菜，不拘泥於濟南菜或膠東菜，皆能得心應手。其所製菜餚，均以醇厚的清湯、奶湯調味，以原汁原味、清鮮脆嫩而名揚食壇。例如他所創製的荷花魚翅一菜，即以魚翅、雞茸、火腿和口蘑等為食材，再加各種調味料，經過蒸釀手續，製成翠綠色的蓮蓬和粉紅色的蓮瓣，然後澆淋特調的清湯，使其色相美、湯清而味鮮，現已被列為魯菜八珍之一。

孔憲垣最精通濟南菜本身的製作，所以在實踐過程中，翻新傳統菜，並博採眾長，具自家面目。其名菜有一品燕菜、清燉元魚、七星螃蟹、釀荷包鯽魚、扒通天魚翅及塌雞籤等。

第八章　食在當下：近代飲食的嶄新篇章

受康乾屢下江南影響而自成體系的蘇菜名廚

　　自清代時康熙、乾隆屢下江南，造成揚州空前繁榮，蘇菜於是自成體系，名廚輩出。最著名的莫過於莫氏父子。

　　莫氏父子是揚州人。父親叫莫德峻，其長子叫莫有賡（音耕），次子叫莫有財，小兒子叫莫有源。莫德峻自幼精研飲食，尤精淮揚菜。1930年代時，應揚州銀行公會聘請，掌勺一段時日。所創製的花生牛肉湯，以湯濃肉嫩著稱，後來聞名上海。在他精心培養下，三兄弟皆身手不凡，1950年時，莫有賡與兩個弟弟合作，開設「莫有財廚房」（即今揚州飯店），由於精益求精，進而聞名全國。

　　莫有賡除向父親學廚外，又拜名師學廚，不僅擅長製作揚州風味名菜，並以此為基礎，汲取上海、廣東、北京等風味菜的精髓，巧為運用，有所創新。其擔任「莫有財廚房」主廚這段期間，與弟弟們集思廣益，推出一連串歷史名菜及新創佳餚，打響「莫家菜」這塊金字招牌。此一時期燒菜的特點為選菜考究，製作精細，口味上以清鮮為主，講究鹹甜適中。所烹製的肉餚，特重慢火，呈現原汁鮮湯。然而他們並不以此自滿，後又推出松仁魚米、三色魚絲、水晶蝦仁等五十餘種創新菜。其中，又以松仁魚米最負盛名。

　　有「金陵食神」或「廚王」之稱的胡長齡，為南京市人。他十四歲開始學廚，滿師後，相繼在南京「金陵春」、「老萬全酒家」、「雙葉菜館」、「狀元樓菜館」事廚。他不以文盲自限，工餘時間勤學，不僅廚藝精進，同時博覽群籍，能開飲食專欄，曾手抄《隨園食單》及《白門食譜》，深究精研，終成大器。其所撰寫的《金陵美餚經》、《南京菜譜》等書，誠為「京蘇大菜」的經典巨著。

　　胡長齡紅白兩案都擅長，最擅長烹製南京的地方風味菜，以口味淡而

不薄、濃而不膩、辣而不烈、脆而不生、滑嫩爽脆不失其味，酥爛脫骨不失其形的風格見長。所烹製的香炸雲霧，芳香撲鼻，食味奇佳，已與龍井蝦仁齊名。

胡長齡一生致力於飲食研究，晚年更用哲學中的辯證法來提升燒菜。認為「砧板和刀就是對立的統一」，故兩者相互撞擊時，更需掌握節奏、速度、力度、輕重緩急的竅門。臨終前說：「我做菜求的是不斷創新，學生們千萬不能只學其形，而忘其意。我死後，不要礙於我的名聲而不敢改變。比如扁大枯酥（以豬肋、荸薺及菊花等一同燒製）這道菜，其油膩顯然與現代人的口味不符，但完全可以在保留原有風味的基礎上做改變。」循循善誘，只求提升，追求完美，不愧廚王。

生於揚州的丁萬谷，也是蘇菜大師。他於十六歲時，即向揚州市「金魁園」的名廚孫黃毛、許明祿學藝。1930、1940年代，先後創辦「天鳳園菜館」及「揚社菜館」。1950年代後，相繼任「揚州飯店」、「冶春園」及「菜根香飯店」的主廚，創新傳承兼具。

丁萬谷率先將富於變化、一菜一格、講究精細且配合時令的官府菜與市肆菜結合，提高菜餚的品味、格調和檔次，其所製作的醋溜鱖（音貴）魚，火候刀工一流，成菜帶有濃郁果醬風味，已與烤鱖魚成為揚州菜中的雙絕。他也能以低檔食材替代高檔食材，製出以假亂真的假鯽魚、假熊掌、假燕窩等佳餚，食者難辨風味。此外，一些尋常的花、草、葉、芽、根等，一到他的手裡，居然「麻雀變鳳凰」，皆可成為道道珍饈，其能立足食壇，確有獨到之處。

出身廚師世家的朱殿榮，也是淮揚菜中的佼佼者。他十四歲即在北京淮揚風味飯莊「玉華臺」拜名廚為師，練就一身真功夫，能烹大菜及操辦筵席，成為1950年代北京的四大名廚之一。其在「北京飯店」任過總廚，期間，曾組織並主理過「開國大典盛宴」等大型國宴。

第八章　食在當下：近代飲食的嶄新篇章

中國四大名菜之一的粵菜的眾多名廚們

粵菜與川菜、魯菜、蘇菜並稱中國四大名菜，其中自然也不乏烹飪高手和大師級人物。

在二十世紀初，廣東當時出現了四大酒家，分別為「西園」、「南園」、「文園」及「大三元」，主廚政者，皆非泛泛之輩，各有絕活。像西園的主廚為「八卦田」，其拿手菜為鼎湖上素，以料繁味醇而名揚嶺南。南園主廚政者為邱生，所燒製的紅燒大網鮑片，不論在選料、刀章或勾芡上，皆高人一等，其妙處在食完鮑片碟上不留一點芡汁；另外，他的鴨汁炒飯，也惹人垂涎。主理文園廚政者外號為「妥當全」，其做事認真負責。所創製的江南百花雞，已成粵菜一絕。至於主大三元廚政的，是博得「翅王」尊號的吳鑾（綽號鬍鬚鑾），他所燒製的六十元大裙翅，鼎鼎有名，號稱第一。

而將粵菜發揮到極致的是綽號「桂魚仔」的黎和，他雖出身廚師世家（其伯父黎錦，為清末民初受邀必乘四人轎的名廚），但十二歲即在「生記館」當學徒，刻苦學習，藝高膽大。年僅二十一便嶄露頭角，先後在「大三元」、「陸羽居」、「南園」、「北園」、「大同」等酒家事廚，由於經驗豐富、知識面廣，既博採眾家之長，又善於主理廚政，指揮高級大型筵席從容齊備，因而被譽為廣東烹界大方家。

黎和不僅烹飪技藝精湛，功底深厚，而且辨貨能力超強，對各種食材的名稱、產地、特點、貨色如數家珍，且對粵菜「料頭」組合和味形結構，均有獨到見解。其最難能可貴處，一為能烹製上千種不同款式的菜餚，運用自如，恰到好處；二為擅燒鮑、翅、參、肚及山珍野味類的頂級筵席，已臻色、香、味、形、器俱佳的最高境界。而且，其創新的菜餚近三百款，像西汁焗乳鴿、嶺南一品窩、西湖菊花魚、冬瓜陳皮雞、糖醋松

子魚、滿罈香、花雕雞等皆被同行公認為不可多得的傑作，影響兩廣、港、澳至今。

出生於廣東省新會縣的陳勝，十一歲到上海學廚，1940年代北上，為北京四大名廚之一，多次擔任大型國宴的主廚，擅長以蛇、狗、貓、魚、鴨等食材烹製全席，像全狗宴、全貓宴、全魚宴等，已成經典教材，影響十分深遠。其代表菜有紅旗飄飄、龍虎鳳大會、上游大鱠魚、雀肉海棠蕉和瓜皮扒大鴨等，設想出奇，扣人心弦。

郭呂明為廣東省潮安縣人。十二歲向父親學廚。藝成之後，曾在潮安、汕頭、韶關等地的餐館主廚，以成菜粗獷奔放、造型自然、味道準確見長，所傳承的名菜有檸汁煎雞脯、東江鹽焗雞、椰子水晶雞、豹狸燴三蛇、大良炒鮮奶等，他為使粵菜登入國宴的大雅之堂，虛心學習各地風味，促進粵菜的改革及創新。故他所創製的臘味焗雞球、西汁脆皮魚柳、三圓沙菜鴨、珊瑚廣肚、薑汁蟹等菜餚，既可保持粵菜取料廣泛、新穎奇異、鮮嫩爽滑的風味，又帶有京菜精美的格調、蘇菜調味的風格及魯菜用湯的特色。現多款已成為國宴上的保留菜。

廣西也有三位名廚，分別是周端復、蘇森與劉耀。他們可與廣東的名廚相提並論。

周端復出生於廣西省貴縣。十三歲開始學廚，曾創辦「萬國酒家」，並主理其廚務，尤致力於紅案。其燒菜以善烹山珍野味而為食林所重。傳統名菜如紅扒山瑞裙、蛤蚧燉豹狸、龍虎鳳大會、紅扣果子狸等，深得個中滋味，詮釋異常精準。其創製的羨雅掛爐雞、金錢雞夾、魷魚鴨札、雪山燉山甲等各具特色，膾炙人口。他研發出的老友麵，現已是南寧的特色風味小吃，愛吃的人非常多。

蘇森為廣東省增城縣人。曾先後在香港、南京等地的粵菜館事廚。1960年代起，開始定居桂林。其烹飪首重掌握火候，能根據時令變化及土

第八章　食在當下：近代飲食的嶄新篇章

產野味燒出不同菜品，具有明顯的季節性及濃厚的地域氣息。拿手菜有霸王香酥鴨、金錢香酥盒、串燒金錢雞及脆皮雞等多種。

劉耀在烹調技藝上以動作快、調味佳、火候準及做工細著稱。除擅長燒什錦海參羹、紅燜海參、紅燒鮑脯、蠔油煎雞等菜色外，悉心鑽研改造傳統菜「紙包雞」，使其在刀工、調味、用料、火候等方面整個提升，色澤明亮，香氣濃郁，形神兼具。

浙菜廚師大家中可稱道的於迎祥和蔣水銀

浙菜中的廚師大家可稱道的是余迎祥和蔣水根。前者出生於寧波市，活躍於上海等地，以擅燒寧幫菜揚名；後者出生於杭州市，以製作杭幫菜及仿宋菜知名。

烹調水準高超的余迎祥，對冷拼、切配、乾貨漲發、臨灶烹調等，無一不精，尤善製各色寧波風味菜餚。光是黃魚這種食材，就能燒製雪菜大湯黃魚、菊花黃魚、桂花黃魚等數十種佳餚。所創製的特別黃魚羹，以蝦仁、黃魚、海參、雞高湯、香菇等食材燒成，料繁而鮮，品高且雋，深受食家好評，已成上海名菜。他又用帶魚及山藥等食材，巧手烹成一道道筵席佳餚，擴大並豐富寧幫菜的內涵。

出身廚師世家的蔣水根，十四歲即拜杭州「聚豐園」的名廚霍繼昌為師，習得上乘手藝，終其一生，繼承杭幫菜的傳統特色並勇於創新。他所製作的西湖醋魚，特重火候，使魚肉不老不嫩，味賽蟹肉，成菜酸甜鹹鮮合一，無不恰到好處，故有「當代宋嫂」之譽。經他改進的八寶豆腐，風味直追康熙朝御膳，以色白如玉、潤滑似脂、鮮美無比而為食家所津津樂道。此外，他研製的仿宋菜如武林媾鴨、蓮花雞籤等，別出心裁，好評如潮。

梅家菜的靈魂人物 —— 王致福

　　在梅府家宴吃飯很特別，這裡沒有菜單，確定了用餐標準和人數後，主廚就會根據四季時鮮安排好一切。也因此，這裡的主廚是靈魂人物。

　　王致福一談起廚師行業和菜式，他的眼睛就有了神采。小時候，他覺得能做出一桌子菜的廚子是厲害人物。直到如今，他還是喜歡看同行穿著白制服、戴著高帽子。看著心裡就高興。

　　梅家菜是京劇大師梅蘭芳先生生前吃的私家菜，注重的是清音、養顏、美容，很講究健康。從王致福十幾歲在上海梅府家宴當學徒開始，就聽七十多歲的老管家講很多以前的故事和梅家菜的種種典故。比如一般飯店做的清蒸魚都是帶骨頭的。有一次，梅蘭芳先生吃飯時魚刺卡了嗓子，眼看著飯後就要演出，這個意外讓大家都大為著急。以後，梅家菜做的魚必定是把魚刺剔了，切成細絲，就像龍鬚一樣 —— 龍鬚桂魚就是這麼來的。還有由棗泥、蜂蜜、核桃仁等做成的核桃酪，是梅先生唱完戲後必吃的，據說有潤喉滋補的作用。

　　王致福剛開始學廚時，做的都是雜事，打掃環境、疊盤子，練習著廚房裡的十八般武藝。剛學炒菜時，他天天練習在鍋裡翻沙子，練左手的腕勁和巧勁。比如掂勺，要講究大翻，要求翻出來的食物是完整的。這要靠悟性，不是有股蠻力就行了。梅家豆腐這道菜，就最需要翻鍋的功夫。平常的盒裝豆腐，切成四小塊放在鍋裡，煎到合適的時候，就靠翻鍋把豆腐完整翻過來，而豆腐本身不能有任何程度的碎裂。

　　在各行各業競爭日益激烈的現代社會，梅家菜也開始南北結合、中西薈萃。每一天都是現開菜單，而王致福也總在思索著如何改良，去適應人們口味的變化。某個菜換上別的原料炒出來會是什麼樣？擺盤的時候換個樣子會怎麼樣？盤子裡放上別的東西會有什麼樣的效果？……每晚睡覺

第八章　食在當下：近代飲食的嶄新篇章

前，他躺在床上想到什麼，一大早就會匆忙跑到廚房去試驗。有客人覺得香酥鴨吃起來有點膩，王致福就會改良。他實驗了很多種方法，反覆醃製、用不同原料炸。最後他把骨頭都拆掉，用打好的雞蛋糊，撒上芝麻，炸出來，吃的時候就不膩了。

王致福不僅是一位廚師，而且也是個美食家，只要有人推薦，他都有興趣去別的飯店嘗嘗。一般菜上來後，他先看擺盤的造型。然後再吃，吃的時候他80%能判斷出它經過的工序。他最愛吃的是牛肉，無論去哪裡吃飯都會點上來品嘗品嘗。

王致福認為，美食佳餚是不能用語言說清楚的東西。廚房外的他安靜、平和。一入廚房，就有了一種大將風度——一種操控大局的篤定。

美器食談——相得益彰的飲食器具

現代社會常用的飲食器具與食物的搭配講究

在現代社會，人們常用的鋁鍋、不鏽鋼器具、不沾鍋、高壓鍋等等。耐用方便，容易清洗。

可以說，無論是哪種食器，都代表了時代的發展，對於菜餚的製作也不是一成不變，根據原料、製作方法、製作目的選用不同的器具。

在食物與食具的配用上，可以根據菜餚的特點選擇器具。菜餚乾溼程度不同，盛器也不同。乾菜一般用平盤或碟；煎、炸、炒、爆等無芡汁或雖有芡但無湯或湯不多的菜餚用平盤；湯汁較多燴、燉、氽等菜餚則用湯盆或碗。

也可以遵循菜餚的形狀須和器皿相統一的原則選擇。菜餚的形狀不

美器食談─相得益彰的飲食器具

一,有的圓潤飽滿,有的絲條均勻,有的片塊整齊,有的造型特殊,器皿的形可以產生補充加強菜餚「形」的效果的作用。如整魚用長盤、丸子用圓盤等。

菜餚的數量也要和器皿的大小相適應。數量多的用較大的器皿,數量小的用較小的盛器。

器具的色澤也應和菜餚的顏色相協調。器皿和菜餚顏色搭配的好與壞,會產生較大的視覺差異。一般主張紅色配淡藍色,黃色配青紫色,綠色配玫瑰紅色,橙色配青色;或簡單將淡色菜配深色器皿,深色菜配淡色器皿。透過視覺刺激增加食慾。

器具的級別應和菜餚的價值相配合。菜餚原料貴、價格高,盛裝的器具也應精緻,特別是造型菜、精雕細刻、經過裝飾的菜餚,更具欣賞價值。

中餐烹飪既是文化也是藝術,歷來講究色、香、味、形、器五大要素。中餐烹飪術博大精深,飲食器具以其精湛的工藝和特殊的文物價值馳名世界,一起推動著中華飲食文化潮流滾滾向前。

不是庖丁，也可以解牛：
野人超愛 BBQ、易牙殺子獻烹、素食皇帝、廢片變肺片……
中華飲食文化筆記，寫不盡的味蕾記憶

作　　　者：沈銓龍，金躍軍，才永發
發　行　人：黃振庭
出　版　者：清文華泉事業有限公司
發　行　者：清文華泉事業有限公司
E - m a i l：sonbookservice@gmail.com
粉　絲　頁：https://www.facebook.com/sonbookss/
網　　　址：https://sonbook.net/
地　　　址：台北市中正區重慶南路一段 61 號 8 樓
8F., No.61, Sec. 1, Chongqing S. Rd., Zhongzheng Dist., Taipei City 100, Taiwan

電　　　話：(02)2370-3310
傳　　　真：(02)2388-1990
印　　　刷：京峯數位服務有限公司
律師顧問：廣華律師事務所 張珮琦律師

- 版權聲明 -
本書版權為作者所有授權崧博出版事業有限公司獨家發行電子書及繁體書繁體字版。若有其他相關權利及授權需求請與本公司聯繫。
未經書面許可，不得複製、發行。

定　　　價：420 元
發行日期：2024 年 10 月修訂一版
◎本書以 POD 印製
Design Assets from Freepik.com

國家圖書館出版品預行編目資料

不是庖丁，也可以解牛：野人超愛 BBQ、易牙殺子獻烹、素食皇帝、廢片變肺片……中華飲食文化筆記，寫不盡的味蕾記憶 / 沈銓龍，金躍軍，才永發 著 . -- 修訂一版 . -- 臺北市：清文華泉事業有限公司，2024.10
面；　公分
POD 版
ISBN 978-626-7165-35-5(平裝)
1.CST: 飲食風俗 2.CST: 文化史 3.CST: 中國
538.782　　　　113014816

電子書購買

爽讀 APP　　　臉書